Sumário

1

Eu e o *coaching* integral sistêmico

Depois de ter me formado em *coaching* integral sistêmico, surgiu uma grande dúvida: largo minha carreira profissional bem-sucedida como publicitária na área comercial de grandes e importantes veículos de comunicação ou sigo essa nova profissão, conhecida como potencializadora de pessoas em âmbitos pessoais e profissionais entendendo isso como a grande missão da minha vida?

Ailin Schiavetto

Ailin Schiavetto

8

Bacharel em comunicação com ênfase em publicidade e propaganda, formada pelas faculdades integradas Alcântara Machado (Fiam), atriz formada pelo Teatro Escola Macunaíma. *Master coach* integral sistêmico formada pela Federação Brasileira de Coaching Integral Sistêmico (Febracis) com certificação Green Belt. Realizou cursos como *team coach life, team coach bussiness, bussines high performace,* curso de palestrantes e oradores, 26 horas de *coaching for money. Professional coach* pelo *IAperforma.*

Contatos
amastercoach@uol.com.br
https://www.facebook.com/ailinmastercoach
(11) 98174-4929

Ailin Schiavetto

Primeiramente, vou esclarecer o que é *Coaching* Integral Sistêmico, uma metodologia que promove mudanças potencializando competências pessoais, trabalhando os dois lados do cérebro, tanto o cognitivo como o emocional, desenvolvendo o indivíduo como um todo, como um SER.

Conheci o *coaching* por meio de uma amiga, que me levou a um curso de final de semana, sobre inteligência emocional. Após o curso, notei muitas mudanças, mas eu queria mais, cada vez mais. Fui para o *coaching* individual e só aí decidi me formar.

Depois de ter me formado em *Coaching* Integral Sistêmico, veio uma grande dúvida, largo toda minha carreira profissional como publicitária bem-sucedida na área comercial de grandes e importantes veículos de comunicação ou sigo essa nova profissional, conhecida como potencializadora de pessoas em âmbitos pessoais e profissionais e entendo isso como a grande missão da minha vida?

Após alguns meses de reflexão e já atendendo gratuitamente pessoas para aperfeiçoar técnicas e conhecer ainda mais essa brilhante profissão, veio a oportunidade de me graduar como *Master Coach* Integral Sistêmico, o que foi um verdadeiro presente de Deus em minha vida.

Larguei tudo em três dias e lá fui eu encarar uma nova profissão, já na primeira semana de volta, estava com dez clientes e sendo remunerada muito bem por isso.

Pronto, tudo pronto e lá estava eu com a minha carreira e tratando casos bastante diferentes e totalmente desafiadores.

Caso número 1

Vamos à prática, estou finalizando um processo agora e gostaria de compartilhá-lo com vocês, usarei o nome de Carol.

Carol é uma professora em escola infantil de 30 anos, infantilizada pela profissão e muito além do seu peso.

Ao chegar na sessão, suas reclamações eram diversas, além do descontentamento com uma turma específica de crianças muito rebeldes, na faixa etária de sete anos, o que, obviamente, era reflexo de uma má educação em casa. As crianças não só não prestavam atenção à aula, como também não mostravam nenhum respeito pela hierarquia da professora em questão como também pelos coleguinhas.

Tínhamos também a reclamação do sobrepeso e também da falta de namorado, o que aflige hoje a maioria das mulheres.

Começamos a trabalhar com seus sonhos e objetivos nas sessões de *coaching*, datando tudo o que é possível, afinal só podemos construir um plano de ação efetivo quando temos uma data a ser seguida, não que sejamos gurus e que devemos focar na data, mas o inconsciente trabalha para ações quando damos um prazo possível a ele realizar.

Primeiro dos muitos ganhos do *coaching* individual, o namorado que apareceu, e se tornou um *gentleman* como ela mesma gosta de chamar.

Ela começou com uma série de ações para controlar sua turminha do barulho, que a fazia chorar constantemente, se permitindo ser humilhada por aquelas crianças.

O mais interessante foi quando ela pediu para o líder da turma ajuda, ele se prontificou a cooperar, mas como era criança, e tinha muita influência externa, isso não durou muito tempo.

Um dia surgiu a grande ideia, vamos aplicar exercícios, que aplicamos como rotineiros no *coaching* integral sistêmico nas crianças.

Ela usou a técnica do abraço, que como todo mundo sabe, libera endorfina, serotonina que são conhecidos com o hormônio do bem-estar, melhora o fluxo sanguíneo, reduz estresse, alivia a tensão e, principalmente, no caso dessas crianças, ajuda na autoestima.

Primeiro as crianças não entendiam muito bem, mas com o passar dos dias, elas já cobravam tal atitude da professora, começaram a se abraçar entre elas, abraçar a professora e dizer coisas lindas que todas as crianças que gostam das professoras nessa idade tão ingênua, coisas do tipo, você é linda professora Carol, quando crescer quero ser linda como você professora, nós a amamos e muito mais, passaram a ser frases comuns.

Na reunião de pais e mestres, os pais se rasgaram em elogios à professora e contaram como as crianças estavam mais calmas e obedientes em casa, ajudando inclusive nas tarefas domésticas.

Objetivo alcançado no profissional e no conjugal, automaticamente com a autoestima elevada, a vontade de se exercitar apareceu, ao longo das sessões já foram eliminados mais de sete quilos.

Isso é só o começo

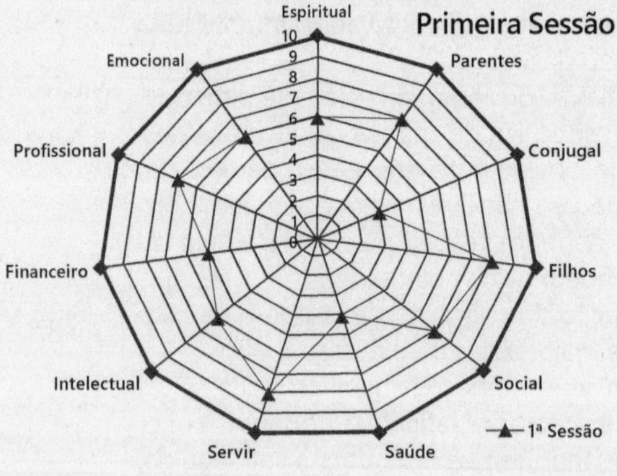

Um ano se passou, Carol já está de casamento marcado e com 22 quilos a menos.

Caso número 2

Vamos chamá-la de Adriana.

O caso da Adriana torna-se cada vez mais comum entre as mulheres profissionais hoje, muito independentes, por vezes provedoras do lar, amante, esposa, sexy, feminina, ou seja, milhões de atribuições.

Ao chegar na segunda sessão, Adriana havia pedido demissão de um emprego estável, com um excelente salário, e quando falo excelente, é excelente mesmo, por estar cansada do mundo corporativo de competição e também da área de vendas.

Ao trabalharmos, notamos a inconstância empregatícia de Adriana, a cada um ano e meio a dois anos, arranjava um bom argumento para precisar sair, pois se sentia realmente sufocada.

Quando olhamos sua infância, havia casos de sentimento de abandono, pais presentes, mas ausentes de afeto, amor e carinho.

Ao projetar o sucesso profissional, pois começou a trabalhar desde cedo, para se tornar independente, substituiu a família pelo trabalho e cada vez que não sentia que era amada como deveria no trabalho, procurava outro, outro e mais outro, numa busca incansável de amor, que teve falta na infância.

Ao perdoar pai e mãe pelo comportamento, às vezes inocente, como a hora do jornal, todos tinham que ficar em silêncio na casa, afinal eles trabalhavam o dia todo achavam que tinham esse direito adquirido em detrimento aos filhos, ela encontrou o que tanto buscava, reconhecer o amor dos pais

Descoberto isso, a Adriana, que não queria filhos, mas era um sonho do marido, começou a sonhar com a possibilidade de ser mãe e já se prepara para isso.

Ah, e o trabalho?

Na sexta sessão, ela já estava com três outras propostas inclusive de uma promoção dentro da própria empresa. Ao analisarmos perdas e ganhos de todas as possibilidades, Adriana recebeu a promoção e hoje trabalha diretamente com o vice-presidente da empresa na área estratégica, deixando a área comercial em definitivo.

No processo de *coaching* integral sistêmico, trabalhamos a mudança de hábitos e ferramentas efetivas para um novo estilo de vida, lhe dando uma visão muito mais ampla e compreendendo que existem infinitas possibilidades de ações para uma mesma situação.

Einstein já dizia: "Loucura é continuar fazendo a mesma coisa e esperar resultados diferentes" e isso emocionalmente é tão desafiador assimilar devido às crenças que nos foram ensinadas com o passar dos anos e a traumas vividos ou presenciados.

O que concluímos com tudo isso é a responsabilidade de pai e mãe na fase da infância, especificamente de zero a 12 anos, quando se forma a inteligência emocional do indivíduo, ou seja, sua capacidade de realização, a partir dessa idade, com a escola, estudos extracurriculares, vamos desenvolvendo o nosso lado Intelectual, deixando assim o lado emocional um pouco de lado, conforme gráfico abaixo:

Autoestima

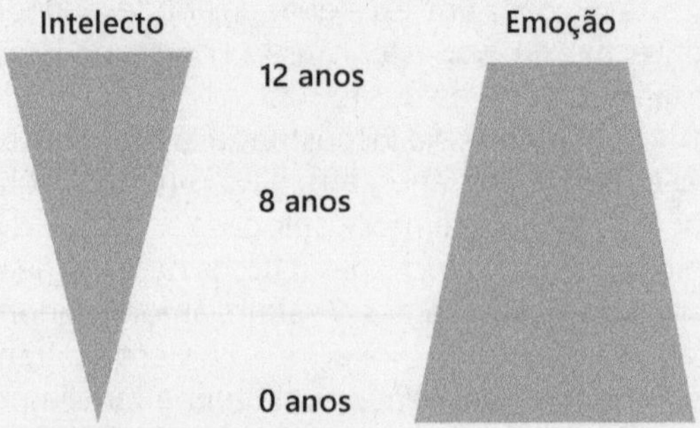

Com isso, fica o alerta aos pais.

Você tem sido o melhor para você e também para seus filhos?

Há toque e atenção, mesmo na mais inocente e boba pergunta?

O quanto você elogia seu filho?

O quanto você o parabeniza pelas pequenas conquistas diárias?

O quanto ele se sente importante?

A conversa e explicação de dúvidas são sempre pacientes e pacíficas?

O que posso fazer para ser melhor a meu filho diariamente?

Respondidas essas questões de maneira muito franca e sincera, está agora nas suas mãos o poder de ser o melhor que puder em todas as áreas da sua vida.

E além de cuidar dos filhos, permita-se principalmente e inicialmente a ter uma vida abundante e plena, mudando crenças e atitudes em relação a todas as áreas.

Voltando aos filhos, ajude-os a conquistar a autoestima e serem humanos e adultos muito mais equilibrados emocionalmente e, com isso, muito felizes e bem-sucedidos em todas as áreas da vida.

Referências

GOLEMAN, Daniel. *Inteligência emocional: a teoria revolucionária que redefine o que é ser inteligente.* Rio de Janeiro: Objetiva, 1996.

VIEIRA, Paulo. *Método Cis.* Federação de Coaching Integral Sistêmico.

2

Coaching para professores: A busca pela excelência na aprendizagem

O professor deve ser mestre na gestão dos ativos intelectual e emocional de seus alunos, cabendo a ele o papel de desenvolver as inúmeras competências e reflexões que o levem a atuar de forma adequada no processo de transformação de informações em conhecimentos e de conhecimentos em comportamentos e atitudes desejáveis

Alexandre Marques

Alexandre Marques

Sócio-diretor do Instituto Nacional de *Coaching* e Neurolinguística. *Master Coach Practitioner* em Programação Neurolinguística, atuante nas áreas executiva, de negociações estratégicas, educacional e de desenvolvimento comportamental, com formação pelo Instituto Humanity, sendo membro afiliado à ISC – International Society of Coaching. Especialista em *coaching* educacional com formação pelo Instituto Alleanza Brasil. Ministra treinamentos e palestras nas áreas de vendas, motivacional, educacional, *coaching* e de liderança de equipes. Hipnoterapeuta com formação clínica pelo Instituto Rogério Castilho. MBA em administração de empresas com ênfase em marketing graduado pela Fundação Getulio Vargas, e graduado em análise de sistemas pela Faculdade de Tecnologia da Baixada Santista. Mais de 17 anos de experiência nas áreas de CRM e de estratégias de negócios, em empresas de grupos como Banco Itaú Unibanco, Pão de Açúcar, C&A, Natura e Price Waterhouse Coopers.

Contatos
www.incn.com.br
alexandre.marques@incn.com.br
(13) 99751-0036

Alexandre Marques

"...Por aqui, contudo, não olhamos para trás por muito tempo. Seguimos em frente, abrindo novas portas e fazendo coisas novas... e curiosidade nos conduz a novos caminhos..."
(Walt Disney)

O processo de coaching

O ***coaching*** é uma estrutura de planejamento e de mudança comportamental, encadeada racionalmente e voltada à realização contínua de pequenas metas que levam a pessoa à realização de grandes objetivos de forma organizada e com parâmetros de controle de eficiência. Tal estrutura é trabalhada através de ecologia, cuja definição é levar a pessoa aos seus objetivos com segurança, responsabilidade e consciência dos impactos de suas ações.

Coaching tem tudo a ver com comportamentos, práticas, estratégias, mudanças, sonhos e conquistas.

O profissional responsável por sua condução, o ***coach***, é especialista na arte de construir estradas que conduzem à realização dos sonhos de seus clientes, os ***coachees.*** Esse profissional coleta inúmeras possibilidades e as disponibiliza ao ***coachee***, para que este escolha as melhores dentre elas.

O processo de ***coaching*** é relativamente novo em nossa sociedade, se considerarmos que como ciência das relações humanas ele foi descrito pela primeira vez em 1974, no livro ***The Inner Game of Tennis***, de Timothy Gallwey. Nessa obra o autor, através de suas experiências, primeiramente como praticante de tênis e depois como treinador, apresenta uma importante visão de como todos nós, em nossas relações de vida, podemos ter uma melhor performance se contarmos com um treinador, um ***coach***, que nos apresente um processo que possibilite realizar nossos objetivos, nossos sonhos.

Foi, portanto, através dessa visão que surgiu este processo poderoso chamado ***coaching***. Na verdade, uma ferramenta indispensável nas relações de aprendizagem humana, ainda que bastante recente, se considerarmos que para a ciência pouco mais de 40 anos é um tempo relativamente curto, e principalmente para nós, aqui no Brasil, que somente tivemos conhecimento efetivo da existência desse processo a partir do início dos anos 1990.

Quando atingimos uma realização, um objetivo, um sonho, nossa necessidade inconsciente por uma vida mais prazerosa e mais feliz nos faz sonhar novamente e de forma mais confiante.

Coaching é um jogo de fortes premissas e de imensurável recompensa.

Comprometimento, autodesenvolvimento e ação constituem o tripé estrutural indispensável à construção de estradas que levam à realização de sonhos! É o foco, é o mapa que orienta o ***coachee***, desde as primeiras pegadas até o tão desejado sonho, durante toda a viagem! A recompensa? Felicidade plena! As pessoas recorrem ao ***coaching*** porque buscam, aspiram, desejam ser felizes ou mais felizes.

Como ***coach,*** sempre digo aos meus ***coachees*** que quanto mais opções tivermos em mãos, maiores nossas possibilidades de êxito e, consequentemente, obtendo mais responsabilidades, mais consistência, perenidade e visão holística.

O coaching educacional

Sendo uma aplicação específica do processo formal de ***coaching***, sua contextualização se dá na aplicação dos conceitos dessa ferramenta à área educacional, possibilitando, sobremaneira, potencializar a excelência de produtividade dos níveis gestor (estratégico), docente (tático) e discente (alunado).

Desta forma, o processo do ***coaching educacional*** pode ser segmentado em três níveis distintos considerando, para sua aplicação, ferramentas, metodologias e tempos específicos para cada nível, conforme o diagrama abaixo:

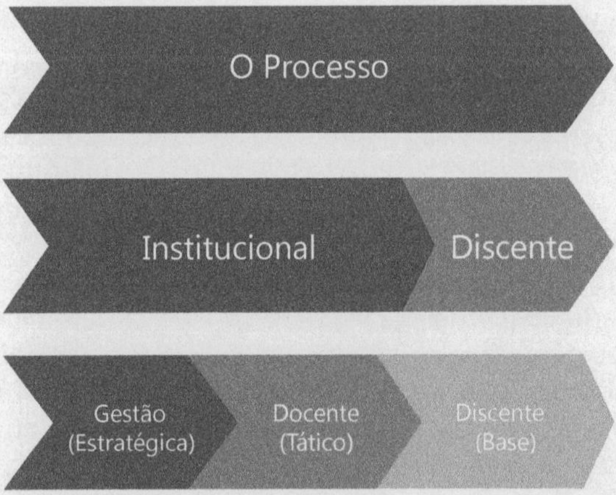

O processo do ***coaching educacional***, sendo uma especialização do processo formal de ***coaching***, disponibiliza metodologia e ferramentas específicas com foco na atuação dos gestores, no trabalho dos docentes e nos projetos, atividades e ganho de produtividade e compreensão dos alunos.

O ***coaching* educacional**, com destacada e crescente presença (principalmente) no Sul do país, vem obtendo consideráveis resultados em nível qualitativo dos gestores e docentes, tanto de caráter pessoal quanto profissional, pois utiliza instrumentos que orientam o indivíduo a transformar intenções em ações que geram resultados práticos, consistentes e de forma responsável.

As escolas, sejam públicas ou privadas, têm culturas e características totalmente distintas de instituições de outros segmentos de atuação. As escolas trabalham sob os olhares cautelosos de pais/tutores, da ansiedade de alunos e de expectativas da própria sociedade mais que qualquer outra empresa ou que a grande maioria das corporações.

O ***coaching educacional*** vem contribuir, sobremaneira, para que os envolvidos neste processo (áreas de apoio, alunos, pais e sociedade) sejam detentores de mais ferramentas para consolidar suas habilidades, recursos, autoconhecimento, confiança e melhoria de desempenho e equilíbrio comportamental e emocional.

Os resultados do ***coaching*** são de excelência a médio e longo prazos e capacitam os envolvidos no avanço, em seus próprios termos, na busca de reflexão, autoconhecimento e autodesenvolvimento.

A seguir, segue uma pequena síntese da abordagem do ***coaching para professores*** para os diferentes níveis de escolaridade de nossa estrutura educacional vigente:

- ***Nível fundamental:*** ambiente no qual se utilizam conceitos, técnicas, modelos e ferramentas de ***coaching*** para crianças. Para a condução desse processo se faz necessária equipe multidisciplinar formada por coordenadores e profissionais com experiência e conhecimento em nível pedagógico;
- ***Nível médio:*** fase de grandes desafios por marcar o início da adolescência e algumas responsabilidades já da vida adulta. O processo de ***coaching*** abrange questões de como melhorar o aprendizado, alternativas viáveis profissionais, definições de metas em diversos segmentos da vida;
- ***Nível superior:*** nesta etapa da vida do estudante, o processo de ***coaching*** o auxilia no planejamento e direcionamento a uma carreira mais condizente às suas habilidades e, também, se necessário, a um curso superior mais adequado às suas expectativas e perfil.

O coaching para professores

Na época em que vivemos, tanto o papel dos professores como a eficiência e eficácia dos resultados práticos de seus feitos tornam-se indispensáveis, em nível de recurso intelectual, reflexivo, holístico e emocional, para a composição de uma sociedade mais responsável.

O ***coaching para professores*** é um processo contínuo de autoconhecimento e desenvolvimento que auxilia o professor no planejamento e estratégias para conquista de seus objetivos, com consequente melhoria de recursos, competências e habilidades, levando a uma aprendizagem eficiente, individualizada, focada e muito mais aderente à realidade do aluno.

Atualmente, é preciso que o professor deixe de ser um revelador de conhecimento para tornar-se um verdadeiro gestor dos ativos intelectual e emocional de seus alunos, cabendo a ele o papel de desenvolver as inúmeras competências e reflexões que o levem a atuar de forma adequada no processo de transformação de informações em conhecimentos e de conhecimentos em comportamentos e atitudes desejáveis.

Neste contexto, o ***coaching para professores*** surge como um processo indispensável à superação pessoal e profissional, através de um conjunto de técnicas que auxilia no alcance de metas e do aperfeiçoamento de competências, capacidades, autoconfiança, motivação e atitudes. Esse processo vem obtendo excelentes resultados quanto ao aprimoramento do corpo docente tanto em níveis de vida pessoal quanto profissional, pois utiliza instrumentos e orienta o professor a transformar intenções em ações que gerem resultados planejados e extremamente consistentes.

"Coaching *é uma relação de parceria que revela e liberta o potencial das pessoas de forma a maximizar o seu desempenho. É ajudá-las a aprender, ao contrário de as ensinar...*"
(Timothy Gallwey)

Desenvolvendo coaching para professores

Dentre as diversas formas das quais me utilizei do ***coaching para professores***, considero a mais efetiva aquela na qual segmento o processo em dois níveis distintos e sequenciais, a saber: o primeiro se refere à condução do processo de ***coaching*** convencional junto ao professor. Aqui se trata de trabalharmos autoconhecimento e autodesenvolvimento, valores, crenças, plano de ação, *feedbacks* e acompanhamento de resultados. Quanto ao segundo nível, relativo ao processo de ***coaching*** ambientado em sala de aula, este é o processo sobre o qual falaremos com mais detalhe, visto ser imprescindível sua aplicação em âmbito educacional.

Como ponto de observação em ambos os níveis citados, me utilizo de vários recursos disponibilizados pela Programação Neurolinguística (***PNL***) para potencializar os resultados esperados e diminuir sensivelmente, na grande maioria das vezes, o tempo de retorno de tais resultados.

Rapport, equilíbrio emocional, ecologia, ancoragem de recursos e psicogeográfica, ensaio mental, linhas de tempo, desenvolvimento de acuidade sensorial, posições perceptuais, *ressignificação* de experiências, foco na solução e não em problemas, gerenciamento de *submodalidades*, dissociação visual/cinestésica e muitos outros recursos disponibilizados pela ***PNL*** são totalmente aplicáveis quando abordamos processos de ***coaching***.

Do coaching ambientado em sala de aula

Como parte complementar do processo de ***coaching para professores***, o *coaching* ambientado em sala de aula promove nos alunos, como primeiros resultados, reflexão, consciência de si e visão holística.

Os objetivos principais do processo de ***coaching para professores*** basicamente compreende os seguintes ganhos:

- Capacitar os professores no autodesenvolvimento de suas habilidades tanto em nível pessoal como profissional;
- A partir do conhecimento e posse das técnicas e metodologia do processo de ***coaching***, levar o professor a inovar, enriquecer e potencializar suas atividades frente à aprendizagem;
- Habilitar o profissional como disseminador do processo e metodologia do ***coaching para professores*** na instituição escolar.

Através de ferramentas especificamente modeladas para os professores, torna-se possível um mapeamento de perfil que abrange um vasto leque de informações sobre estes profissionais, tais como: autoimagem, autoestima, nível de comprometimento com suas responsabilidades, níveis de iniciativa e proatividade, autoavaliação de performance, fomento de ideias e estratégias, e muitos outros parâmetros. Níveis de autopercepção e de percepção externa sobre si são tidos como informações para chegarmos a definição de como o professor se comporta, como se vê e como se comunica e interage no ambiente escolar.

A estruturação do ***coaching*** ambientado em sala de aula, para melhor entendimento, segmenta-se em quatro passos macros principais:

- ***Entendimento do ambiente:*** identificação das características e perfis dos alunos a serem trabalhados. Compreende também o mapeamento de valores, comportamentos, lideranças e tipos de aprendizagem necessários;
- ***Sensibilização e orientação***: contextualizar que o ***coaching*** é um caminho eficiente para a realização de objetivos e motivar os alunos quanto à busca do que querem realizar durante o curso e em que disciplinas, orientando, capacitando e disponibilizando ferramentas para o correto acompanhamento dessa busca;
- ***Motivação***: gerar e garantir comunicação assertiva e um ambiente de criatividade e propício à ludicidade na geração de ideias para que o aluno tenha curiosidade e confiança quanto ao seu autodesenvolvimento dentro de suas capacidades e limites. Gerar reflexão e consciência holística nos alunos;
- ***Feedback***: etapa na qual o aluno participa com troca efetiva de percepções quanto ao seu desenvolvimento, com o intuito de, se necessário, ajustar estratégias e criar novos marcos de controle.

Como forma de sintetizar o material acima apresentado, ele traz em si a proposta de reflexão sobre as necessárias mudanças em termos de pensamento e aperfeiçoamento da bagagem do professor em consequência da aplicação do processo de ***coaching*** em sua vida acadêmica.

Sabe-se que a responsabilidade e o papel do professor, independentemente do nível ou segmento de ensino, têm crescido nas últimas décadas. Mais que simplesmente apresentar conteúdos, ao professor é indispensável a iniciativa de gerar conhecimento a partir das inesgotáveis fontes de informação hoje ao alcance de todos.

O professor deve ser mestre na gestão dos ativos intelectual e emocional de seus alunos, cabendo a ele o papel de desenvolver as inúmeras competências e reflexões que o levem a atuar de forma adequada no processo de transformação de informações em conhecimentos e de conhecimentos em comportamentos e atitudes desejáveis.

Referências

CASAGRANDE, Renato J. *Aprendizagem e inovação organizacional.* Atlas, 1997.

GALLWEY, Timothy. *The Inner Game of Tennis. Nova York: Random House, 1997.*

KISE, Jane. *Differentiated Coaching.* Corwin Press, 2006.

LUCK, Heloísa et al. *A escola participativa: o trabalho do gestor escolar.* Vozes, 2005.

3

Coaching e resultados: parceria de sucesso

O líder de sucesso busca resultados por meio do desenvolvimento de capital humano, confiança, autonomia e responsabilidade fazendo uso de técnicas e estratégias eficazes. O *coaching* é uma ferramenta poderosa que apoia o líder *coach* nesta jornada de aprendizado, com a tríade: ação, desenvolvimento e resultados

Aline Gomes

Aline Gomes

22

Executive Coach certificada pela Sociedade Brasileira de Coaching, centro de referência nacional em *coaching*, pesquisa e desenvolvimento, com parcerias internacionais. Idealizadora e Fundadora da Make Different. Graduada em Psicologia pela Universidade Presbiteriana Mackenzie, pós-graduada em Administração de Empresas pela Fundação Getulio Vargas. Experiência na área de Recursos Humanos em posições gerenciais com atuação internacional em multinacionais líderes nos segmentos de bens de consumo, indústria e tecnologia. Atuação como *Business Partner* com foco no negócio e parcerias estratégicas. Ministra treinamentos, aulas, palestras e escreve artigos para sites, revistas e blogs. É apaixonada pelo seu trabalho e se entrega com total comprometimento, foco no cliente e visão de negócio.

Contatos

www.mdifferent.com.br
www.sacadasdecarreira.com.br
contato@mdifferent.com.br
(11) 99773-7377

Aline Gomes

No mundo corporativo, a busca por excelência de resultados tornou-se como oxigênio para os líderes. Com isso, a pressão por entregas melhores, com recursos otimizados e custos reduzidos tornaram-se essenciais, assim como a equipe com foco, o trabalho em equipe, caminhando na mesma direção.

O papel do líder ao longo da história e dinâmica corporativa foi se transformando para atender as demandas de desenvolvimento e gestão.

Em qualquer grupo, cada indivíduo desempenha um papel próprio e neste contexto sempre há um personagem cujas funções são essenciais para que os objetivos do grupo sejam atingidos.

A liderança é necessária para qualquer grupo e se trata de uma relação entre indivíduo e grupo, mas essa relação apenas existirá se o grupo considerar esse indivíduo-líder como um mediador capaz de satisfazer suas necessidades, prover resultados e atingir metas.

As pessoas são os ativos mais importantes da empresa e o líder deve, por meio de sua influência positiva, guiar sua equipe de forma a contribuir significativamente para os resultados e negócio com produtividade, qualidade e engajamento.

Até 1940, as primeiras abordagens da liderança centravam-se na definição de líder e na procura das qualidades comuns a todos os líderes. As teorias genéticas e dos traços, por exemplo, diziam que líderes nascem líderes e não se tornam líderes, e mantêm alguns traços característicos em comum.

Teorias posteriores começaram a afirmar que liderança poderia ser ensinada, treinada. Assim, as empresas poderiam selecionar os profissionais com traços de liderança e os desenvolver.

A partir de 1950, surgiram estudos apontando dois tipos básicos de estilos de líder: aquele que pode ser orientado para a tarefa e aquele que é orientado para o relacionamento.

A liderança, então, começou a ser vista como uma forma de relação entre o líder e as outras pessoas do grupo, como sua capacidade em adequar os comportamentos às exigências das diversas situações.

Com base nesses estudos, surgiu a teoria da liderança situacional. A situação faria surgir o líder necessário e conveniente; ou seja, os grupos escolheriam o líder ou líderes adaptados às suas necessidades. Dessa forma, o líder hábil poderia adaptar-se e antecipar-se às necessidades dos elementos do seu grupo.

Outra teoria ganhou força até os anos 1990: a teoria das relações humanas. Essa teoria apontava que o trabalho é uma atividade tipicamente grupal. A tarefa da administração seria formar líderes capazes de compreender, comunicar e persuadir; e a pessoa seria motivada essencialmente pela necessidade do trabalho em equipe.

A maior contribuição dessa teoria foi ressaltar a necessidade de boas relações humanas no ambiente de trabalho, do tratamento mais humano, da adoção de uma administração mais participativa em que todos tenham um papel mais dinâmico. E é justo este o papel dos líderes: melhorar o tratamento dado às pessoas e propiciar um ambiente motivacional de trabalho mais favorável e amigável.

Atualmente, o grande líder é aquele que sabe servir, construir relações positivas, desenvolver talentos e conduzir resultados por sua influência em transformar a equipe de forma harmônica e complementar, utilizando cada potencialidade em recurso fundamental na excelência dos resultados.

A gestão de pessoas com todas as suas técnicas de *feedback*, comunicação, desenvolvimento de competências, plano de ação e definição de metas claras passam a fazer parte da função do gestor de forma efetiva.

Um diferencial para líderes que buscam transformar seus colaboradores em pessoas autônomas, corresponsáveis com brilhantes resultados é utilizar em suas estratégias técnicas de uma poderosa ferramenta de desenvolvimento: o *coaching*.

O *coaching* é um processo de desenvolvimento, transformação que visa resultados. Trabalha com técnicas efetivas de aumento de performance, em busca de suas metas, objetivos e sonhos. Ensina a pensar diferente, ampliar sua visão sobre o negócio, carreira e vida. Busca o autoconhecimento e ação imediata gerando uma parceria entre *coach* (profissional) e *coachee* (cliente) com definição de caminhos e planejamento estratégico eficazes.

Líderes *coaches* utilizam ferramentas e técnicas do *coaching* de forma a gerar resultados assertivos e consistentes. Desenvolvem o capital humano, com aumento de performance e engajamento. Lidam com situações criativas e inovadoras através de uma visão empreendedora, gerando autonomia, responsabilidade e desafios.

Os líderes passam a agregar não somente como exemplos, mas compartilham responsabilidades, lideram e desenvolvem o potencial de cada indivíduo, ensinam para que seus colaboradores aprendam a aprender e alcancem suas metas.

Para isso, utiliza técnicas e ferramentas que levem à reflexão e à ação, mostrando a importância de cada um, de forma integrada e autêntica.

O papel do líder *coach* é orientar e desenvolver pessoas, sem julgamento com foco em solução e retenção de talentos com a tríade: ação, desenvolvimento e resultados.

Uma das técnicas utilizadas é a identificação de valores, motivações e crenças. Entender quais são os valores e motivações dos colaboradores dá a direção e entendimento de algumas escolhas de ações e decisões. Muitas mudanças podem deixar de ocorrer devido alguma crença limitante ou pela não consciência das perdas caso continue com determinado comportamento ou atitude. Conhecer a trajetória e a história do colaborador gera confiança e quebra barreiras. Ele se sente importante, reconhecido e visualiza no líder uma abertura para dúvidas, troca e aprendizado.

O líder *coach* pode fazer também um mapeamento de forças e oportunidades de melhoria, trabalhar com os ganhos e perdas de determinadas atitudes ou escolhas e definição de objetivos profissionais claros.

Mas para que essa parceria dê certo, é preciso o comprometimento das partes e um aceite numa jornada de autoconhecimento, desenvolvimento e ação imediata. São fundamentais nossos pensamentos e sentimentos durante o processo, mas o que são essenciais são as ações e atitudes que tomamos na busca de nossas metas.

O líder *coach* só terá êxito se seu colaborador fizer a sua parte, tornando-se corresponsável dos caminhos que escolher trilhar, aceitar os desafios a buscar e ter clareza quanto aos resultados a vencer.

Uma das técnicas mais efetivas é das perguntas poderosas realizadas pelo líder *coach*. Mais do que perguntar, o líder deve despertar e provocar a ação positiva e engajada do colaborador por meio de novas perspectivas e dimensões. Para uma pergunta assertiva, o líder *coach* deve descobrir em qual momento seu colaborador está, se existe alguma dificuldade, pensamentos e sentimentos que não o deixam agir. São o que chamamos de "nós", ou seja, situações em que o indivíduo não está encontrando solução. Esses "nós" podem ser: de não saber, não ver e não querer.

O nó de não saber está relacionado à performance do indivíduo. Muitas vezes, o colaborador não sabe o que é esperado dele, como expressar suas ideias claramente, não sabe como realizar algo e lidar com pressão.

O nó de não querer está relacionado aos sentimentos e emoções que o indivíduo pode sentir. Pode não querer falhar, sentir medo, perdido e vulnerável frente aos colegas. Pode iniciar alguma atividade e não conseguir completar e, por isso, não quer deixar nada sair do controle.

O nó de não ver mostra que o colaborador pode não ter consciência de suas ações e do quanto seus comportamentos impactam positivamente ou negativamente os outros. Não vê outras opções, perspectivas, sem perceber que sua dinâmica afeta o ambiente em que está inserido.

Entender e saber perguntar, para que o colaborador tenha este *insight* de qual momento está, é chave para o desenvolvimento de um caminho e comportamento desejado. Quando este *insight* ocorre, gera significado e o processo ganha fluidez e credibilidade.

O próximo passo é o desenvolvimento de um plano de ação com as oportunidades de melhoria, com clareza e prazos. Assim, colaborador e líder podem fazer um *follow up* da evolução e ajustes necessários no caminho, bem como os recursos adicionais.

Refletindo-se sobre as oportunidades de ganhos ou riscos com o impacto de suas atividades, o desenvolvimento de um plano de ação será mais assertivo, com comprometimento e clareza.

O líder *coach* deve ter como premissa que todos possuem potencial. Seu papel é exercitar a leitura, análise e descoberta dos pontos fortes e mostrar ao colaborador suas oportunidades de melhoria, uma vez que todos têm ajustes a fazer. É seu papel mostrar que somos todos exemplos para alguém, seja no trabalho, na família ou para os amigos e entender que nossas atitudes fazem com que tenhamos consciência do quanto somos observados, tidos como referência e reconhecidos.

Mais do que demonstrar o caminho, a jornada deve acontecer em conjunto entre gestor e colaborador de modo que ambos aprendam, ensinem e cresçam.

A consequência dessa parceria é o sucesso, pois resultados positivos e atitudes fortalecedoras tornam-se hábitos e juntos podem celebrar suas conquistas e riqueza do aprendizado.

A empresa, enfim, atinge seus resultados, cria-se uma cultura de conhecimento, desenvolvimento e engajamento. Gera inovação, criatividade, visão de valor e confiança.

O grande líder será aquele que desenvolve pessoas melhores que a si mesmo e melhores que jamais imaginariam ser. Passa a direcionar ao futuro, formar novos líderes e, assim, completa sua missão. Líderes de sucesso jamais são esquecidos, deixam sua marca e levam um pouco de cada um na sua história.

Mais do que entregar resultados, grandes líderes nos ensinam como crescer, aprender e sermos exemplos. Líderes de sucesso entendem que precisam praticar o autoconhecimento para desenvolver suas competências e fortalecimento de liderança. Acima de tudo, líderes grandiosos escolhem as melhores técnicas como ferramentas preciosas para desenvolvimento de grandes talentos. E uma dessas ferramentas com certeza é o *coaching*, que gera resultados, uma jornada linda, sucesso e uma parceria de resultados.

4

Coaching de relacionamentos Como torná-los saudáveis em sete passos

Como estão seus relacionamentos? Torná-los saudáveis é mais desafiador do que podemos imaginar. Mas com algumas ferramentas do *coaching* conseguimos acelerar resultados e torná-los cada vez mais agradáveis. Neste artigo apresentaremos sete passos rumo ao sucesso de seus relacionamentos. Vamos conhecê-los?

Aline Sahara Miyoshi

Aline Sahara Miyoshi

28

Graduada em Administração de empresas, atua como compradora de materiais técnicos industriais em uma multinacional europeia. Formada em *Professional Coach* pelo Instituto de Alta Performace Humana (IAPerforma) com reconhecimento internacional World Coaching Council. Atua como *personal coach*, oferecendo aos clientes uma parceria de melhoria dos resultados e desempenho pessoal. Desenvolve um trabalho de *coaching* de relacionamentos minimizando conflitos nas relações pessoais e profissionais, maximizando a confiança e as realizações de objetivos.

Contatos
aline.miyoshi@gmail.com
(11) 99963-5018

Aline Sahara Miyoshi

Já imaginou como seria sua vida sem os relacionamentos? De certo, eu diria, não existiríamos. Nossa vida é baseada em nossos relacionamentos: amoroso, amigável, profissional, entre outros. Mas esses relacionamentos, nos quais nos envolvemos, são saudáveis?

Como estão seus relacionamentos com as pessoas mais próximas? Em casa, com seus familiares; com as pessoas do seu local de trabalho ou escola; e a sua vida amorosa, como anda? Agora vamos um pouco mais além: como está o seu relacionamento com a pessoa que realmente importa, você?

Muitas vezes nos preocupamos tanto com as outras pessoas, abraçamos os problemas alheios e acabamos nos esquecendo de viver a nossa própria vida, correr atrás de nossos objetivos, dos nossos sonhos.

Você considera seus relacionamentos saudáveis? Qual a evidência de que é verdadeiramente saudável? Você sabe o que a outra pessoa pensa sobre o relacionamento? Ou só pressupõe?

Desde a antiguidade até os dias de hoje é comum ver pessoas tentando mudar as outras, mudar a maneira de encarar as coisas, interpretar, agir e se comportar. Você se identificou com essa situação? Presenciou ou já vivenciou? Há maridos tentando mudar esposas, e esposas tentando mudar maridos (isso vale para namorados, noivos, etc.), há colegas tentando mudar o outro, chefes tentando mudar o subordinado e vice-versa; até mesmo dentro das famílias há mães/pais tentando mudar seus filhos ou filhos tentando mudar os pais.

Tal atitude leva a pessoa a viver em conformismo, ou seja, viver uma vida planejada pela outra pessoa, da maneira como a outra pessoa deseja, indo contra sua verdadeira vontade, contra seu desejo.

Devemos identificar que é muito mais sábio e maduro entender que as pessoas vão refletir e mudar comportamentos através de exemplos, ou seja, quando elas veem a mudança em nós ou nos modelos de exemplos para elas.

Jamais vamos conseguir mudar alguém simplesmente porque queremos. Podemos até conseguir, mas não por muito tempo. A pessoa muda porque ela mesma quer, e essa é a base processo de *coaching* – o *coachee* não recebe respostas prontas, não será influenciado a algo, mas encontrará suas respostas em si mesmo. Basta utilizar a ferramenta adequada.

Convido você a acreditar que é possível ter um relacionamento saudável. E que por meio do *coaching* de relacionamentos podemos acelerar resultados para que isso se torne realidade, seja que tipo de relacionamento for.

1º passo – Acredite que é possível

Sim, nós podemos e merecemos relacionamentos saudáveis. De zero a dez, quanto você avalia que seu relacionamento seja saudável? Para tornar algo realidade, em primeiro lugar é preciso acreditar que é possível e você merece ter um relacionamento saudável.

"A dúvida compromete o resultado".
Roberto Shinyashiki

Se você não acredita que esse relacionamento pode dar certo, quem vai acreditar? Depende de quem acreditar?

Para que qualquer coisa se torne realidade, com certeza é preciso que alguém acredite que seja possível.

2º passo – Queira mudar para melhorar

Se você acredita em um potencial para melhoria de seu relacionamento, pergunto: você está disposto a mudanças?

O processo de *coaching* só terá resultado positivo se o *coachee* tiver como objetivo verdadeiro melhorar o relacionamento e estiver disposto a encarar os desafios e mudanças que esse objetivo possa exigir. Caso contrário, o resultado será frustrante.

"Quem tem um porquê enfrenta qualquer como."
Viktor Frankl

Muitas vezes, quando estamos certos da nossa decisão de querer mudar, melhorar, aparece alguém ou acontece algo para o qual não estávamos preparados e simplesmente "puxa nosso tapete", nos colocando para baixo, sabotando nossos objetivos. São esses desafios que devemos classificar em aqueles que podem ser contornados e aqueles que não podem.

No processo de *coaching*, você vai se permitir se autoconhecer, identificando quais são suas potências e fraquezas e como aperfeiçoá-las ou minimizá-las, além de identificar seus valores, as crenças que favorecem ou o limitam – esses são somente alguns dos benefícios do *coaching* em nossas vidas e relacionamentos.

Devemos estar cientes que para mudarmos o ambiente em que vivemos devemos primeiramente mudar a nós mesmos, nossos comportamentos, só assim conseguiremos mudar de fato as coisas ao nosso redor.

Uma gestora que passou pela minha trajetória profissional sempre me dizia: "o bem sempre vence", portanto os tratamentos e as palavras positivas que lançamos para o universo ele nos retornará em ações positivas. Ou seja, hoje você é bom, mas se melhorar, com certeza, ficará melhor!

3º passo – Comunique-se adequadamente evitando conflitos

Poderia dizer que a comunicação é a principal ferramenta para o sucesso ou para o fracasso. É por meio dela que se pode evitar ou não os conflitos, evitar ou não uma guerra, tornar ou não o relacionamento saudável.

Comunicar-se é uma arte, é por ela que as pessoas conhecem a opinião umas das outras, os gostos, os conhecimentos, etc. E comunicação também engloba os gestos, a maneira como você mexe o corpo e o rosto; o tom de voz, a entonação da fala, a maneira e o momento em que você transmite a mensagem e o vocabulário utilizado. Ou seja, há várias maneiras de nos comunicarmos.

Dialogue com seu parceiro, com seus amigos, e até consigo mesmo, por que não?

Como você tem se comunicado? Você prefere discutir ou dialogar? Conversar ou gritar? Nas últimas tentativas de se comunicar com alguém, você entrou em conflitos ou os evitou? A pessoa entendeu a mensagem corretamente?

Por tudo isso, no processo de comunicação você precisa ser claro e objetivo, enviar a mensagem sem ruídos, ou seja, quem a receber deve interpretá-la da maneira correta. Durante um diálogo a pessoa é ao mesmo tempo emissora e receptora da mensagem, além de saber se comunicar corretamente, ela deve saber compreender a mensagem que o outro está passando. Ouvir não somente com os ouvidos, mas com o corpo e a emoção, é querer entender como o outro sente ou vê determinada situação. Você sabe ouvir o próximo? Você está preparado para ouvir, ou só quer falar? Será que realmente está compreendendo a mensagem do próximo? Ou está somente pré-julgando o que o emissor diz ou expressa? Quando você está diante de um desafio, e recebe um tratamento áspero, você responde da mesma maneira, ou evita conflitos? Geralmente você cria ou evita conflitos?

4º passo – Coloque-se no lugar do próximo

Quando você se coloca no lugar do próximo, acaba por tratá-lo como gostaria que tratassem a você, ou seja, da melhor maneira possível. Tenho certeza de que você não quer ser tratado mal ou com injustiças. Se colocando no lugar do próximo, você se torna mais humano.

Claro que muitas pessoas não fazem isso, razão por que há hoje tantos maus comportamentos na sociedade mundial, tantas notícias ruins na TV, programas que só demonstram a maldade do ser humano.

É um desafio se manter calmo quando recebemos algum tratamento mais áspero, não perder a paciência e parar o processo, mas é justamente nesses momentos desafiadores que testamos verdadeiramente o quanto nosso objetivo é importante.

Lembre-se de que se colocar no lugar do outro não é mudar a sua própria personalidade. Seja você sempre!

Seja sincero, exponha opiniões verdadeiras, mostre quem realmente é e não a pessoa que gostariam que fosse. Como diria um velho ditado, que meu falecido pai dizia e minha mãe diz até hoje: "mentira tem perna curta", uma hora você vai acabar mostrando seu verdadeiro eu. E complemento dizendo que quando é sincero com o próximo, você acaba sendo sincero consigo mesmo.

"Devemos respeitar as pessoas mais velhas, as regras sociais e os direitos humanos. Mas não devemos respeitar os pensamentos e as emoções que assaltam nossa personalidade".

Augusto Cury

A grande maioria das pessoas culpa as outras pessoas, outras coisas e outros acontecimentos por aquilo que não deu certo, ou que deixou de acontecer, mas daí eu pergunto: e a sua responsabilidade? Qual é sua parcela de responsabilidade nisso tudo? Coloque-se no lugar da pessoa por um instante. Será que você poderia tê-la auxiliado de alguma maneira para que o objetivo tivesse sido alcançado?

A maior parte daquilo que chamamos de "problemas" é causada pelo nosso próprio cérebro, ou seja, nós os criamos. Não transfira sua responsabilidade ou culpa.

5º passo – Tenha objetivos claros

Você tem algum objetivo para seu relacionamento? Qual? Esse objetivo favorecerá ambos ou somente a você? O que ganhará e o que vai perder atingindo tal objetivo? O que move você a continuar esse relacionamento?

Vários são os objetivos possíveis a um relacionamento, mas entenda que todo e qualquer objetivo deve ser claro e real, ou seja, possível de se realizar, e que dependa somente de você.

Claro que poderá incluir a outra pessoa no objetivo, porém se o objetivo é seu, então quem deverá atingi-lo? Quando incluímos alguém para o alcance de um objetivo, devemos ter em mente a importância dos acordos entre as partes, o que significa que ambos devem aceitar as condições e nenhum deles deve sair prejudicado.

"Na relação desinteligente, um é perito em reclamar do outro, enquanto na relação saudável, um se curva em agradecimento ao outro".
Augusto Cury

Por que você mantém esse relacionamento? Tenha um objetivo para seus relacionamentos, independente de qual relacionamento for.

6º passo – Identifique e respeite os valores de cada pessoa

Cada pessoa é única, cada um tem sua opinião, sua maneira de encarar os acontecimentos, seus sentimentos, seus objetivos, propósitos e também seus valores.

O autoconhecimento o ajudará a identificar seus reais valores pessoais, e é por meio deles que você saberá por que age de determinada maneira.

Os valores podem ser influenciados pelos acontecimentos, relacionamentos, crenças e vivências. Quando você identificar seus valores e respeitá-los vai atrair pessoas com valores semelhantes aos seus, acertando suas futuras escolhas.

Para Costa (2013, p. 42), em busca da felicidade e dos sonhos você encontrará desafios nada fáceis e, em alguns momentos, se sentirá sem importância alguma, mas quando se lembrar de seus valores pessoais terá forças para seguir em frente.

Em todos os nossos relacionamentos devemos respeitar os valores de cada pessoa, ninguém é obrigado a agir da maneira que você julga ser a melhor, pois talvez para o outro isso que você considera importante talvez não condiga aos valores pessoais dele.

Principalmente no relacionamento amoroso, devemos conhecer e identificar os valores da pessoa amada. Será que eles são compatíveis aos seus? Lembre-se de que os valores pessoais não precisam ser exatamente os mesmos, mas se forem totalmente diferentes a chance do relacionamento não ser saudável é muito grande, pois a atitude de um vai ferir o valor do outro e vice-versa. Quanto mais você se conhece e aos seus potenciais, menos tolerará coisas/situações de que você não gosta, evitando-as.

Quais são seus valores? No que acredita verdadeiramente? O que move você? Por que acredita que estes são seus alicerces?

7º passo – *Feedback*, você pratica?"

Feedback nada mais é que um complemento da comunicação, é apresentar os pontos positivos e negativos de determinada situação, identificar o que pode ser aperfeiçoado. Com essa ferramenta temos a chance de mostrar para a outra pessoa que algo nos fez bem ou nos desagradou, e se justificar. É por meio dela que as diferenças e conflitos são minimizados.

Para utilizar tal ferramenta, as pessoas devem estar preparadas e abertas para receber todo o tipo de informação, agradável ou não. Deverá expor os fatos de maneira clara, baseada na realidade, expor sua opinião diante da situação, analisar por que a outra pessoa não gostou de determinada atitude e como você pode melhorar, ou aperfeiçoar algo que a outra pessoa gostou.

O *feedback* quando utilizado de maneira saudável fortalece o relacionamento, pois aproxima as pessoas interessadas estreitando e criando um laço maior de confiança. Analisar o resultado dessa ferramenta mostrará se está no caminho certo para o alcance do objetivo ou se deverá mudar o percurso. Não utilize essa ferramenta quando uma das partes não estiver aberta para receber um *feedback*, pois ela pode se fechar ainda mais se receber algum *feedback* de melhoria.

A partir de tudo que vimos até aqui, podemos concluir que tornar seu relacionamento saudável está em suas mãos, basta estar disposto para que isso seja concretizado. São inúmeras as ferramentas utilizadas pelo *coaching* de relacionamentos, além das citadas aqui, que nos fazem refletir no dia a dia tornando nossos relacionamentos motivos para que sejamos felizes e realizados, ou seja, que seja um motivo para acelerarmos nossos outros objetivos de vida. A mudança deverá partir de nós!

Referências

CURY, Augusto. *Ansiedade: como enfrentar o mal do século*. São Paulo: Saraiva, 2014.

PERCIA, André (Org.). *Coaching: grandes mestres ensinam como estabelecer e alcançar resultados extraordinários na sua vida pessoal e profissional*. São Paulo: Literare Books, 2013.

____. *Master Coaches: técnicas e relatos de mestres do coaching*. São Paulo: Literare Books, 2012.

SITA, Maurício (Org.). *Felicidade 360º*. São Paulo: Literare Books, 2013.

5

Coaching: um estilo de vida que acelera resultados

A metodologia do *coaching* consiste em levar uma pessoa ou empresa do estado atual para o estado desejado. Nas próximas páginas você verá como o *coaching* acelera resultados se transformando também em um estilo de vida

André Renato Ferreira Dias

André Renato Ferreira Dias

Formado no programa Empretec do Sebrae. Tem formação de *coach* no Programa *Leader Coach Training* – Instituto Brasileiro de Coaching; Behavioral Coaching Institute. É *Professional & self coach* pelo Instituto Brasileiro de Coaching e analista comportamental pelo Instituto Brasileiro de Coaching; *Global Coaching Community* (GCC); Instituto Solides. *Coaching Executive* – Abracoaching e *Coaching* para líderes – Youcanbe.

Contatos
arenarep@globo.com
(21) 98725-1207 / 99964-8737 / 2451-1207

A metodologia do *coaching* diz que o processo proporciona uma melhora significativa na performance de pessoas e empresas, um rápido crescimento tanto pessoal quanto profissional, um relacionamento saudável entre colaboradores e alta gestão, a possibilidade de ter uma equipe mais coesa e determinada e o alcance de metas, entre outros benefícios. Porém, para que isso aconteça é necessário que haja um acompanhamento feito por um *coach* (profissional que aplica o programa) comprovadamente preparado e que os *coachees* (clientes) estejam realmente comprometidos com o processo e coloquem em prática as ações propostas pelo *coach* durante as sessões.

Nos encontros, que podem acontecer a cada semana ou quinzena, os *coachees* têm à disposição mais de 50 ferramentas que lhe possibilitam transformar crenças limitantes em crenças potencializadoras e permitem ao *coachee* que encontre seu caminho, descubra sua verdadeira essência, potencialize seus pontos fortes, identifique seus pontos de melhoria e transforme sonhos em realidade.

Para que os objetivos do *coachee* sejam alcançados, além de ferramentas, o *coach* aplica muitas outras técnicas, expressões e termos que, quando usados na vida transformam o ambiente, produzem uma relação de confiança, amizade e companheirismo que fazem a jornada ficar mais leve.

O método do *coaching* produz uma série de questionamentos que fazem o *coachee* repensar sua vida, sua atitude diante das adversidades, sua forma de interagir com outras pessoas e com o ambiente, sua real vontade de alcançar resultados satisfatórios, sua atuação como ser humano e o legado que ficará para gerações futuras.

Escuta ativa e perguntas poderosas são pilares fundamentais para o processo de *coaching*. Quantas vezes um amigo o agradeceu por você tê-lo ouvido? Quantas vezes uma pessoa saiu de um encontro com você melhor do que entrou simplesmente pelo fator de você ter dado atenção ao que ela dizia? Quantas vezes você chegou ao final de uma estrada com várias saídas possíveis e foi obrigado a escolher uma? Foi fácil essa escolha? Quantos dias você foi dormir com a consciência pesada por ter agido de forma errada com alguém? Quantas oportunidades você teve de elogiar alguém ou uma ação e por motivos diversos não o fez? Qual é o sentido da sua vida?

Que exemplo está amplificando para quem convive com você? Que efeito causa na vida das pessoas que convivem com você? Qual é seu maior sonho? Em quem você quer se transformar? A quais tipos de comportamentos você precisa dar mais atenção? Essas e outras perguntas fazem parte do arsenal de um *coach*, são perguntas poderosas que fazem o *coachee* refletir e chegar a respostas que nunca imaginou. Ao conseguir esclarecer os questionamentos, o *coachee* cresce em sua caminhada evolutiva, agregando novos costumes que transformam sua vida em algo significativo.

A grande vantagem que o *coaching* tem em relação a outros métodos é a aceleração dos resultados e o que torna essa metodologia ainda mais apaixonante é que, enquanto trabalha para atingir metas, você adquire um novo estilo de vida, colocando em práticas técnicas como:

- **Ouvir na essência**: escutar é a forma mais sincera de lisonja, é uma força criativa, estranha e magnética. Ao praticar a escuta ativa, você mostra para a outra pessoa como ela é importante, como você a respeita. Ouvir com atenção significa interpretar o que acabou de ser dito, perceber o que está nas entrelinhas do pensamento. Quando o *coachee* escuta o que ele acabou de dizer, mas com outras palavras, com outro significado, ele passa a conhecer o mesmo assunto a partir de uma nova perspectiva. No *coaching* essa ferramenta recebe o nome de "recapitulação" e é posta em prática sempre com autorização do *coachee*.
- **Empatia**: praticar a empatia significa conseguir sentir a dor do outro, se colocar no lugar dele, ser empático é uma prova irrefutável de respeito pelo próximo. A regra de ouro diz que devemos tratar o próximo da maneira que gostamos de ser tratados. Lendo esse ditado de forma empática teríamos: devemos tratar os outros da forma que eles gostam de ser tratados.
- **Não julgamento**: sem dúvida é a parte mais complicada de ser aplicada durante o processo de *coaching*. A prática do julgamento nos acompanha desde a infância. Quando somos crianças nos acostumamos a chamar as pessoas de feias e bobas e muita gente acha graça nisso, mais tarde, na

adolescência, queremos ser mais bonitos, mais populares, mais interessantes que nossos colegas, e chegamos à idade adulta impregnados de julgamentos, críticas, achismos e preconceitos de todos os tipos. O processo de *coaching* nos ajuda a rever valores, crenças e a mudar paradigmas, nos ensinando a praticar a ausência de julgamento e a respeitar e entender as pessoas como elas realmente são, praticando a valorização do ser.

- **Ressignificação**: o método de *coaching* proporciona ao *coachee* repetir uma ação desconfortável, mas com outra roupagem e alcançando resultados satisfatórios, ou seja, rever o que foi feito no dia que passou e apontar possíveis falhas e deslizes que podem ter acontecido tanto no trato pessoal (a maneira agressiva de se expressar, por exemplo) quanto profissional (algum erro de processo) e não mais repeti-los. A ressignificação é um poderoso exercício para mantermos a humildade, pois ao revermos erros cometidos pedimos perdão a quem se sentiu de alguma forma ofendido, pedimos perdão à vida e a nós mesmos. Uma forma de colocar em prática a ressignificação é usar um diário e anotar todas as atividades ou situações produzidas que causaram algum mal-estar, para no final do dia analisar caso a caso o que foi anotado. Essa prática, quando vira um hábito, nos permite diminuir erros e constrangimentos.
- **Rapport**: quando uma conversa alcança níveis máximos de comprometimento dizemos que acontece um *rapport*, palavra de origem francesa que significa relação. Gestos, respiração, posicionamento de braços e pernas e tom de voz são espelhados entre *coach* e *coachee* em um total estado de fluxo, e o que realmente importa é o teor da sessão. Tudo ao redor fica sem importância quando se consegue o *rapport*, o que efetivamente interessa é o que está sendo dito dentro do lugar seguro (local escolhido pelo *coachee* onde acontecem as sessões). Crianças brincando, casais em harmonia e sintonia um com outro, o enredo de uma reunião bem-sucedida, colegas conversando animadamente em um bar são exemplos de *rapport* na vida real. *Rapport* é, por si, a essência da comunicação eficaz.

Ouvir na essência, empatia, não julgamento, ressignificação e *rapport* são técnicas que proporcionam uma grande mudança na qualidade de vida das pessoas, fazendo do *coaching* não apenas uma metodologia, mas um estilo de vida.

De que forma o *coaching* acelera resultados?

Para melhor explicar o *coaching* como uma metodologia de aceleração de resultados, vou apresentar dois *cases* meus, ambos autorizados e com as identidades preservadas, além de minha própria história.

Case 1

Em uma sessão de *Piercoaching* durante uma de minhas formações, fui *coach* e *coachee* de Pétala. Logo nas primeiras perguntas que fiz no início da sessão, percebi que Pétala estava na defensiva, com muitas dificuldades de entrar no processo e frágil emocionalmente. Ainda não nos conhecíamos e criar *rapport* estava difícil, então sugeri a Pétala trocar de posição comigo e eu passei de *coach* para *coachee*. Começamos a minha sessão de *coaching* e Pétala a conduziu de forma brilhante, o *rapport* estava acontecendo e estávamos em completo estado de fluxo. Foi quando tive um *insight*, apresentei a Pétala uma vulnerabilidade minha, um acontecimento que era quase um segredo. Neste momento, o subconsciente de Pétala me aceitou como uma pessoa de confiança e eu tive a certeza de que quando ela trocasse de posição comigo iria se sentir mais segura em participar efetivamente do processo. A maravilha do *coaching* aconteceu e aquela menina antes na defensiva se transformou em uma *coachee* totalmente à vontade, quando Pétala voltou para a posição de *coachee* estava totalmente segura e o nível de confiança no *coach* estava altíssimo. Nossa sessão obteve resultados extraordinários, Pétala que vivia há alguns anos insegura em vários aspectos de sua vida se transformou em uma jovem guerreira e até hoje quando se sente triste ela volta sua lembrança para aquela sessão e se fortalece imediatamente. Nesse processo utilizamos as técnicas: ancoragem, ouvir na essência, local seguro, comprometimento, escala, patrocínio positivo, recapitulação, espelhamento, estado de *flow*, *rapport*, ressignificação e o que mais? Montamos um plano de ação que foi seguido a contento por Pétala, a meta foi estipulada para acontecer até o dia 31/12/2013 e Pétala conseguiu os primeiros resultados em menos de 24 horas e alcançou sua meta seis meses antes do prazo estipulado. Eis um depoimento dela: "estou imensamente agradecida ao *coach* André Renato e encantada pelo *coaching*, realmente uma metodologia que acelera resultados".

Case 2

Patrício estava há quase um ano com um prejuízo mensal de R$ 5000,00 em uma de suas empresas, fato que o incomodava bastante por se tratar de um assunto familiar, pois sua esposa e cunhado faziam parte da sociedade. Quando começamos nossas sessões de *coaching*, estipulamos que até 30/06/2014 a empresa seria sanada e imediatamente vendida. Montamos um plano de ação baseado nas ferramentas *smart* e rota de ação e, além disso, traçamos algumas metas semanais e quinzenais como: toda terça-feira Patrício iria trabalhar na obtenção de novos clientes e na procura de uma pessoa para comprar um caminhão da empresa que estava sem uso. Começamos o processo de *coaching* no dia 30/03/2014 e no dia 15/04/2014 Patrício vendeu o caminhão, no dia 17/04/2014 a empresa não pode atender a uma solicitação de um cliente novo, pois estava com muito trabalho para entregar e no dia 24/04/2014 Patrício vendeu a empresa com as contas em dia. Palavras do *coachee*: "eu conheço a ferramenta *smart* e sei como fazê-la funcionar, porém o acompanhamento do *coach* André Renato foi vital para o alcance de resultados satisfatórios e imediatos".

Case 3 (minha história)

Em novembro de 2013 formei-me em *executive coaching*, dando mais um passo em minha formação completa (tenho as formações de *leader coaching, professional and self coaching* e analista comportamental). Quando terminei o *executive* tracei algumas metas que deveriam ser alcançadas até 31/12/2014, que eram: ministrar um treinamento (meta alcançada em março e repetida em maio, julho e agosto de 2014), escrever um livro (meta alcançada em abril e maio de 2014, ao participar como coautor de dois livros da Editora Literare Books) e começar minha carreira como *coach* (meta alcançada em abril de 2014, atendendo quatro *coachees* em sessões semanais). Todas as metas foram alcançadas com meses de antecedência.

Todos os *cases* apresentados anteriormente comprovam como o método do *coaching* acelera resultados satisfatórios proporcionando uma melhora na autoestima das pessoas, encorajando-as a executarem ações em outras áreas de suas vidas, além de contribuir de maneira direta para a melhora na qualidade de vida dos envolvidos, diminuindo consideravelmente a carga de estresse, abrindo espaço para um melhor aproveitamento das coisas positivas que a vida oferece. Tudo isso dá ao método do *coaching* uma significância essencial e o transforma em um estilo de vida.

Referências

MARQUES, José Roberto, SITA, Mauricio, PERCIA, André, DE MATTEU, Douglas. *Master coaches - Técnicas e relatos de mestres do coaching.* São Paulo: Editora Literare Books, 2012.

MARQUES, José Roberto. *O poder do coaching: ferramentas, foco e resultado.* Gioânia: Editora IBC, 2013.

6

Mudando o curso do rio

Cada pessoa é única e especial de sua própria maneira, por isso, de acordo com sua própria determinação e vontade, o *coachee* acelerará seus resultados de modo proporcional ao seu autodesenvolvimento. O texto que segue é uma visão clara e objetiva do processo de *coaching* como forma de melhoria pessoal

Andrea Guimarães Umbuzeiro

Andrea Guimarães Umbuzeiro

Diretora de recursos humanos com experiência em aplicação e desenvolvimento de treinamentos. *Master coach* certificada pela IHCOS, pelo IBC em Neurocoach, *Coach* Ericksoniano e em Emotologia pela Cidade do Cérebro. Formação acadêmica em Comunicação Social com MBA Gestão de Pessoas. Habilitada no Instrumento MBTI I e II, *Practitioner* em PNL – Programação Neurolinguística – e Psicoterapeuta credenciada desde 1994 pelo CRT/SP 21.473.

Contatos
www.engenhariadehabilidades.com.br
contato@engenhariadehabilidades.com.br
www.facebook.com.br/EngenhariaDeHabilidades
(13) 3022-2244

Andrea Guimarães Umbuzeiro

"Nós não podemos nunca entrar no mesmo rio, pois como as águas, nós mesmos já somos outros."
(Heráclito de Éfeso)

A única certeza que existe é a de que tudo na vida está sempre se transformando. Mais rapidamente para uns do que para outros, variando de acordo com seus mapas mentais. Como você se sente, depende de como você pensa. Sua realidade é criada pelo que você pensa e sente. A percepção de mundo é uma projeção do resultado da história construída por valores, crenças, identidade e memórias. Todo processo evolutivo decorre de mudanças, embora ocorram de forma involuntária, não é a mesma coisa em relação aos nossos comportamentos e atitudes.

Mudança é a única coisa que nos oferece novas oportunidades. Mudar não é tão fácil quanto parece, exige mais do que apenas pensar. Requer atenção constante e uma dose significativa de vontade: determinar-se a agir ou deixar de agir. A palavra "vontade" vem do latim voluntas, volo, velle, que significa querer. A vontade nos impulsiona à vida; está intrinsecamente ligada a uma necessidade.

A formação de novos mapas mentais é como abrir caminho em uma densa floresta em vez de utilizar uma trilha conhecida. O ciclo de aprendizagem nos leva à prática automática – depois que aprendemos a dirigir, o fazemos inconscientemente. A forma já está consolidada. Assim, alguns comportamentos tornam-se automáticos.

A mudança comportamental demanda maior energia, pois iremos a um campo desconhecido, e é comum querermos nos esquivar, criando um conjunto de defesas que nos deixa acomodados e tende a buscar o conforto de nossos valores e crenças.

Biologicamente, existe uma explicação: o medo daquilo que desconhecemos ativa o cérebro. A amígdala, uma pequena, mas importante porção do cérebro relacionada aos aprendizados emocionais e ao armazenamento de memórias afetivas, reage.

O desenvolvimento psicossocial de cada indivíduo também contribui para suas respostas comportamentais e, na maioria das vezes, tendemos ao que nos é confortável. Porém, se não ousarmos sair dessa zona de conforto, perdemos as oportunidades de crescimento emocional e intelectual, limitando nossa própria existência.

Ao ter a vontade de transformar o comportamento e conhecendo seu próprio mapa mental, são necessários, então, alguns recursos adicionais.

O processo de *coaching* é uma das formas de conscientizar-se de seus potenciais e habilidades e de desenvolvê-los. É uma maneira de conduzir a atenção, reflexão, *insight* (percepções) e ação para novos mapas e trilhas do pensamento.

Não existem limites para uma mente aberta às oportunidades

O *coaching* conduz a pessoa a focar-se na mudança que pretende fazer, deixando que ela conclua de maneira clara o que quer mudar. Só então o trabalho pode começar.

O processo é de atenção!

Onde estiver sua atenção, ali estará sua energia! Focar-se em soluções e propósitos é o modo de conseguir uma revisão permanente de suas motivações e chegar às suas próprias respostas, além de estar estimulado a ter diferentes perspectivas sobre o mesmo ponto. Isso tudo dá mais eficiência a suas ações.

Nosso cérebro tem a capacidade de expansão na medida em que estimulamos a criação de novos mapas mentais. Por exemplo, após um acidente, por vezes, uma determinada área do cérebro assume nova função para compensar alguma perda.

A mente transforma o cérebro!

Conhecemos muito pouco ainda sobre nossas capacidades, porém, de acordo com a neurociência, atenção focada em soluções gera soluções! O desenvolvimento de novas conexões neurais através de estímulos evidencia que a atenção focada pode transformar o mapa mental.

Dedicando esforços e energia intelectual para o alvo escolhido (objetivo), eliminamos tudo aquilo que não se relaciona diretamente à nossa vontade.

Acelerar resultados é calibrar a lente para soluções, criando-as

Aquilo em que escolhemos colocar nossa atenção muda nosso cérebro e a maneira como vemos e interagimos com o mundo.

Pequenas tarefas podem se tornar um grande aprendizado, pois ter foco desenvolve o autocontrole. Prestar atenção em algo que se faz diariamente e de forma automática e entender o passo a passo dessa ação, nos permite observar detalhes e promove melhorias.

Proponho um bom exercício para o desenvolvimento da propriocepção (sentido de percepção corporal): dê atenção à respiração. Você pode ler este texto e exercitar a respiração, como também pode gravar sua leitura e escutar ao se exercitar ou, ainda, exercitar-se com mais alguém.

Perceba o ar entrando pelas narinas, a temperatura, a velocidade, a pressão, se há algum odor. Perceba o caminho do ar pelo seu corpo, quais músculos se movem. Sinta a expansão da caixa torácica. Aproveite todo o ciclo respiratório e, por fim, a saída lenta do ar quente. Praticando diariamente, além de todos os benefícios físicos de mais oxigenação, você vai perceber-se vivo.

Como você pode ver, sem foco realizamos coisas de forma automática, sem o aproveitamento integral de cada situação. É como olhar admirado a vida passar pela janela.

Quantas coisas que você começou e deixou passar? O que o levou a fazer isso?

Objetivo

Aqui vamos unir vários aspectos do que discorremos nos parágrafos anteriores: vontade, atenção e foco. Para que essa união aconteça, é necessário um objetivo muito bem definido. Afinal, quanto mais específico e detalhado um mapa, mais rápido chegaremos ao destino.

Para ilustrar, vamos utilizar uma vontade bastante comum: emagrecer!

Será que só essa afirmação é clara o bastante para que se chegue ao objetivo de emagrecimento? Essa força motriz é originada onde? Qual o motivo que leva você a isso?

Na medida em que colhemos essas informações, deixamos o objetivo específico, claro e significativo.

"Quero emagrecer cinco quilos no período de três meses para usar um vestido maravilhoso no casamento de meu filho." Esse é um objetivo que permite um plano de ação com tempo determinado, porém, o que mais precisamos além disso?

Quanto essa pessoa está acima do peso? Existem fatores clínicos que a deixam com excesso de peso? Quais são os hábitos anteriores dela?

Para o processo de *coaching*, a pesquisa do objetivo com o *coachee* é um momento muito rico, pois permite a ele várias percepções e, com isso, novas estratégias para o plano de ação.

Continuando com esse mesmo objetivo, podemos explorar algumas outras questões, levando o *coachee* a refletir sobre sua saúde e percepções existenciais. Dessa forma, ele poderá beneficiar-se ainda mais do seu objetivo de emagrecer e evitar o famoso "efeito sanfona".

Nesse caso, há um fator importante a ser explorado: o pensamento coletivo de emagrecimento-sofrimento pela privação de comida, um fator gerador de estímulo para recusa do desafio.

Um objetivo deve ser positivo em sua essência, gerando bem-estar e felicidade não só em seu resultado, mas no caminho que leva até lá – a cada passo, uma comemoração. Em todas nossas intenções, atitudes e ações, ao reforçar o bem presente ou bem em potencial (pela palavra, imagem ou ação), devemos perceber o aprimoramento das ações que levam ao objetivo.

Nessa dança de perguntas, um novo mapa mental vai se desenhando, permitindo ao *coachee* realizar seus feitos analisando ponto a ponto, conscientizando-se dos recursos que lhe são necessários.

Sempre há alguma coisa que você pode fazer

Para uma entrada há uma saída, para um problema, uma solução! Temos todos os recursos necessários para o sucesso. Experimente!

Esse é um processo de empoderamento pessoal. Ao conhecer-se, o *coachee* toma consciência de suas capacidades e habilidades, tanto as que possui, quanto as que pode desenvolver. O "aqui e agora = foco" dá uma visão do futuro planejado de acordo com seus objetivos de vida.

Para ter poder, é necessário autorizar-se, permitir-se o poder. Isso gera uma nova dança, um volteio mental e novas descobertas pessoais.

Voltando ao objetivo da perda de peso, podemos alterá-lo após alguns passos, por exemplo: "Quero eliminar cinco quilos no prazo de dois meses assim, me sentirei mais saudável, bonita e mais feliz comigo".

Dessa forma, o objetivo vai se desenhando com vontade e forma mais específicas para si. A mente passa a transformar o cérebro – comandos cerebrais que favorecem o objetivo de eliminar o peso.

Algumas mudanças pessoais podem fracassar porque essa relação de benefício foi traçada de maneira mal ajustada e os "efeitos colaterais" acabam sendo maiores do que os benefícios. A ecologia pessoal é a pesquisa das consequências de se chegar ao objetivo, tanto para si mesmo, quanto ao seu redor.

A ecologia pessoal é uma ferramenta essencial para que o objetivo seja realizado. É uma verificação de pensamento sistêmico – você como parte de um todo.

De qual forma essa mudança pode alterar sua relação com o sistema em que vive? Essa mudança, já que é parte de um sistema, não vai causar problemas em outras áreas?

Algumas perguntas para reflexão sobre o objetivo formulado: quais as consequências do meu emagrecimento? O que perderei com cinco quilos a menos? O que terei que fazer a mais? Vale a pena? O que ganharei ao eliminar cinco quilos do meu peso corporal? Do que abrirei mão para eliminar esses cinco quilos? Quais os aspectos bons do estado atual? Como posso manter esses aspectos bons eliminando os cinco quilos que desejo?

Uma reação desagradável pode ser um estado de incongruência entre sentimento, desejo e objetivo. Por exemplo, "me sentirei mais feliz eliminando cinco quilos, mas..." Nesse momento, há que se revisar os planos e verificar os "mas" da questão.

Como fazemos parte de um sistema, nos relacionamos com outras pessoas, a ecologia pessoal também serve para examinar como seu objetivo poderá afetar pessoas significativas de sua vida.

Como meu emagrecimento afetará as pessoas com quem convivo? Vai contra algum de meus valores? Isso importa? Como as pessoas reagirão após ter atingido meu objetivo?

Assim, teremos o objetivo claro, específico, mensurável, atingível e ecológico. Então, mãos à obra!

Vamos aos planos de ação: de que forma esse objetivo proposto pode se tornar realidade?

Fazer uma consulta médica? Qual especialidade? Quando (data/hora)? Fazer uma consulta ao nutricionista/plano alimentar? Frequentar academia a partir de quando?

Ou seja, a melhor forma é a sua forma de planejar e disciplinar-se para realizar seu objetivo.

Disciplina é fundamental para manter-se em foco

Com objetivo bem definido, planejamento pronto e plano de ação desenvolvido, é hora de disciplinar-se.

Disciplina é doutrina e instrução, é observar as regras e as ordens (cumprindo-as e as respeitando).

Você criou os passos e as regras! A autodisciplina é uma forma de aprendizado mental para criar novos hábitos de pensamento, de ação e de linguagem para o seu autoaperfeiçoamento e para o ajudar a atingir suas metas.

Cada tarefa cumprida é um estímulo à realização do objetivo. Utilizar todos os recursos práticos disponíveis para desenvolver o plano de ação reforça a criação de novos hábitos – escrever/desenhar o seu planejamento, deixar bem claro datas e prazos, usar ferramentas visuais com cores e imagens. Ao cumprir uma tarefa, sinalize isso de forma positiva. Lembre-se, seu cérebro está aprendendo coisas novas!

O processo de *coaching* é a condução do *coachee* ao reconhecimento de suas capacidades e habilidades, o que gera mudanças profundas de hábitos mentais, transformando o comportamento, possibilitando ao *coachee* a liberdade de escolher tornar-se melhor a cada dia.

7

O risco do negócio

Você já sentiu medo? Descubra neste
emocionante artigo o que é sentir
medo e como vencê-lo

Annelise Fonseca da Cruz

Annelise Fonseca da Cruz

Formada em Direito pela Uni-FMU, advogada com experiência em Direito do Trabalho, *Life Coach* utilizando a técnica do *Coaching* Integral Sistêmico.

Contatos
annelise.fonseca@uol.com.br
Instagram: @fonsecaanne
Facebook: Annelise Fonseca

Annelise Fonseca da Cruz

Eu estava internada há cinco dias, quando o médico entrou no meu quartou, em um sábado pela manhã, e me avisou que eu precisaria sim passar por um segundo procedimento cirúrgico. Ele já vinha me preparando para essa possibilidade, mas havia me dado o prazo de sete dias. E, não posso dizer que foi de repente, afinal eu fui piorando, ele antecipou esse prazo.

Tive pneumotórax espontâneo e, por um erro no diagnóstico de um médico que havia me atendido anteriormente, cheguei ao hospital com a pleura – tecido que reveste o pulmão – furada já há quatro dias. Conforme me disseram e mostraram os exames, quando cheguei ao pronto socorro meu pulmão direito já não funcionava mais, e ouvi diversas vezes que cheguei ao hospital realmente no limite.

A experiência foi drástica, forte, marcante, impressionante, inesquecível...nunca desejada. E naquele sábado, já à noite, ao retornar ao meu quarto, o médico cuja equipe me acompanhava me explicou que aquela cirurgia quem determinava quando fazer era o paciente.

Lembro-me quando ele disse: "Annelise, se você quiser passar a vida com esse dreno aí, que leva ao seu pulmão, pode passar, mas não terá alta." Claro que, para mim, isso não era uma opção, mas escolher adiantar a segunda cirurgia, em dois dias, para mim era algo extremamente desafiador. Exigia uma coragem que, eu tinha certeza, não possuía.

Chegamos ao ponto de minha família conversar comigo, pedindo que eu aceitasse agendar a cirurgia e eu negava, principalmente por um motivo. Dentro do relacionamento que tenho com Deus, aprendi a consultar-lhe a respeito de tudo e, também, aprendi que posso lhe pedir qualquer coisa neste mundo. Incrível. Eu pedi, Ele respondeu, mas não da forma que eu quis, e sim da forma que eu precisava.

O pedido que eu havia feito a Deus, naquele 25 de maio de 2014 foi: "se Tu quiseres que eu entre nessa cirurgia antes de completar sete dias, preciso que o Senhor me diga isso diretamente, sem usar nenhuma outra pessoa para falar a mim, embora sempre use minha família para falar comigo de forma tão maravilhosa. Eu quero a Tua resposta diretamente a mim. Se for para eu entrar naquela cirurgia amanhã, me diga para levantar e ir, que eu irei!"

Enquanto chorava, naquela noite, deitada naquela cama, com acesso no braço esquerdo, trazendo soro e medicação, e um dreno cuja extensão para dentro do meu corpo era de 20 centímetros, na frente do médico e da minha mãe, eu disse que não queria fazer a cirurgia, por que além de ter medo, Deus não havia me respondido da forma que eu queria.

E sempre vou me lembrar das sábias palavras de minha mãe, Raquel Fonseca: "Anne, muitas vezes nós precisamos decidir, avançar e, então, Deus confirmará Sua vontade e aprovação em nossa decisão."

Entretanto, aquilo tudo para mim era extremamente difícil. Eu jamais havia sentido tamanha dor – física e emocional – em minha vida. A morfina não fazia efeito. Os remédios não adiantavam de nada. Eu mal dormia à noite. E o apoio, carinho e amor que recebi durante todo aquele período foram como um jato de ar, na velocidade da luz, que me sustentava no ar, por que antes disso eu nunca havia recebido tanto, de tantas pessoas, ao mesmo tempo.

Quando finalmente eu aceitei fazer a cirurgia para fechar a pleura que não havia fechado sozinha, no dia seguinte, o médico saiu para fazer os ajustes e fiquei sozinha com minha mãe. Eu não conseguia parar de chorar pelo pacote todo. Medo, dor, cansaço, medo, fome, fraqueza física, medo, vontade de chorar, incertezas...eu já disse medo?

De repente toca o telefone do meu quarto, e era Rosana Fonseca, minha tia, irmã mais nova de minha mãe. Ela é alguém de uma sensibilidade e sabedoria fora do comum. Seu relacionamento com Deus é algo impressionante e tudo o que ela me ensina enquanto tia, amiga, irmã de fé, *coach*, conselheira, é algo incomensurável.

Minha mãe me passou o telefone, e enquanto caminhava em direção à porta me disse "fique tranquila, vou segurar todos lá fora".

Quando eu disse "alô" e ela respondeu, eu chorei mais ainda. Creio que estava com medo...e ela me disse o seguinte: "Anninha, há cerca de 40 minutos Deus me pediu para ajoelhar e orar por você, e me pediu que orasse por você até que Ele dissesse chega. E assim eu fiz. Quando Ele disse que era suficiente, eu me levantei e Deus me pediu que ligasse para você, lesse um texto e ficasse quieta. Posso ler?".

Desconhecemos o autor, mas pedi que ela me mandasse o texto por e-mail, e compartilho agora com você:

Por que você vacila?

Filho Meu, preciso de você. Não o chamei e abençoei? Não coloquei Minhas mãos sobre você e o moldei de acordo com os Meus propósitos? Por que, então, questiona e duvida?

Somente os padrões do passado comprometem os seus pensamentos. Eles não podem exercer poder algum sobre o amanhã, a não ser que deliberadamente os alimente. Para cada tarefa que designo, também dou a devida capacitação. Se exijo algo de você, além do que tenho pedido anteriormente, saiba que tenciono dar-lhe uma força maior e uma compreensão mais clara, porque estou ciente de que necessitará dessas coisas.

Tenho provado sua fé muitas vezes, e sei que é forte. Por que vacila? Levante-se e vá em Meu Nome. Esse é o Meu plano para você. Com esse conhecimento o caminho deveria tornar-se fácil.

Quando minha tia terminou de ler o texto, eu voltei a chorar. E ao perguntar o motivo, eu respondi que era exatamente a resposta que eu precisava. Deus falou diretamente a mim, pediu que eu me levantasse e fosse no nome dEle e, já no título, Por que você vacila, eu já havia entendido que deveria mesmo fazer a cirurgia no dia seguinte.

E então foi ela quem começou a chorar. O motivo?

"Anne, enquanto eu orava por você, durante aqueles 40 minutos, Deus já havia me dito que você precisaria fazer a cirurgia amanhã. E, ao me pedir que lhe telefonasse para ler esse texto, Ele me pediu que não dissesse nada, pois você queria ouvir isso dEle."

A despeito de suas crenças, atente-se ao aprendizado: muitas, inúmeras vezes precisamos agir sem termos a certeza do chão sob os nossos pés no passo seguinte.

Sim, você sabe disso. Aceitou aquele emprego, decidiu permanecer no emprego onde está, resolveu perdoar seu cônjuge mais uma vez, internou seu filho mais novo em uma clínica para dependentes químicos sem ter o apoio de ninguém da família, mudou-se de país, de estado, ou de bairro...em condições excelentes ou sem ter onde morar nos primeiros dias.

Quantas vezes você já precisou agir com medo? Aliás, antes que você responda, vou refazer a pergunta. Quantas vezes você já precisou agir a despeito do medo. Quantas vezes você olhou nos olhos do seu inimigo, fosse quem fosse, vestido com a fantasia do medo, e foi em frente?

Não, não vou lhe perguntar quantas vezes você recuou, pois isso todos fazem. Quantas vezes você olhou para trás e retornou. Quantas vezes você voltou de costas mesmo, sem nem olhar para trás. E quantas vezes você simplesmente assentou-se à beira do caminho e ali ficou, sem forças para continuar pois permitiu que o seu medo fosse a corrente de ferro a prender-lhe a perna àquela prisão invisível.

Minha pergunta para você é: quantas vezes, apesar de estar com medo, você segue em frente?

Tive a oportunidade de ter como um de meus professores, o *master coach* Paulo Vieira. E ele costuma dizer que tem poder quem age. Assim, pense: você tem poder? Você tem tido poder?

São inúmeras as situações em nossas vidas que precisaremos seguir em frente a despeito do medo.

Você tem agido? Quanto você tem agido?

Ao tratar sobre a coragem, o professor de teologia, missionário e pastor José Maria Barbosa Silva, nos diz que precisamos da coragem. Veja:

Você precisa de coragem quando é jovem e quando é adulto. A mãe precisa dela em casa, e o pai precisa dela no trabalho. Você precisa de coragem para ser puro e para ser paciente. Você precisa de coragem para não dizer nada. O que distinguiu muitos heróis não foi a diversidade de talentos, mas a coragem.[I]

Quantos sorrisos você dá, e qual seu grau de satisfação, ao olhar para trás e ver as vezes que você prosseguiu, agiu, seguiu em frente apesar do medo?

Duas das pessoas que mais me acompanharam durante os dez dias que estive internada, e depois em casa, durante a minha recuperação, quando passei por todo o quadro descrito acima, foram minha mãe e minha irmã, Ivelise Fonseca.

E até hoje o que eu mais escuto de ambas, e também já ouvi de outras pessoas que me acompanharam de perto, foi que eu fui e sou muito corajosa. E eu me lembro bem que, a primeira vez que minha mãe me disse isso, durante todo esse processo, foi quando eu já havia sido diagnosticada, mas ainda estava no pronto atendimento do hospital, aguardando o cirurgião chegar. E eu chorava tentando entender que coragem era aquela que me fazia chorar?

Finalmente eu aprendi, na prática, por experiência própria, que ser corajoso é seguir em frente apesar de todo o medo que se manifeste, de todas as impossibilidades registradas, de todas as estatísticas apresentadas e de todas as más notícias recebidas.

Ao consultar o dicionário, a definição para coragem é: força ou energia moral ante o perigo; ânimo, bravura, firmeza, ousadia, constância, perseverança.[II]

Sim, foi isso que eu tive naquele momento. Sim, é isso o que você tem quando segue em frente ainda que sem forças aparentes ou em meio às lágrimas.

I. Timidez Versus Coragem, Página 298, Momentos de Graça, José Maria Barbosa Silva, Casa Publicadora Brasileira, Tatuí/SP, 2011.

II. Dicionário Michaellis – UOL – Consulta em 18/01/2015 < http://michaelis.uol.com.br/moderno/portugues/index.php?lingua=portugues-portugues&palavra=coragem>.

É constância que você tem, quando decide insistir um pouco mais em valores de bem, quando tudo e todos já não veem sentido. Seu casamento, sua saúde, suas férias, seus amores e amizades. E o mundo precisa de mais pessoas que sejam constantes.

É firmeza que você tem quando age de forma moralmente correta, em seu trabalho, quando tudo lhe diz para fazer o que os outros fazem, pois é só um pouquinho, ou apenas uma vez, ou só para aquela pessoa...e, quantas vezes sob ameaça, é assim que você permanece....firme!

Pesquisei coragem, no Google, em imagens, e a que mais me chamou a atenção foi a de uma menininha em cima de um jacaré.

Loucura? Sim! Normalmente é isso que dizem, quando um corajoso se manifesta.

Brené Brown. Guarde este nome e busque tudo o que puder sobre ela. Tenho aprendido um bocado com seus livros e palestras – estas, inclusive, disponíveis no TED.[III] Ela é ph.D. em Serviço Social, é pesquisadora na Universidade de Houston, professora e palestrante premiada e autora de alguns livros.

Alguns dos temas que essa renomada profissional aborda são: imperfeição, vergonha, empatia, vulnerabilidade e coragem.

No Prólogo de seu incrível livro "A coragem de ser imperfeito", ela nos diz:

"Em vez de nos sentarmos à beira do caminho e vivermos de julgamentos e críticas, nós devemos ousar aparecer e deixar que nos vejam. Isso é vulnerabilidade. Isso é a coragem de ser imperfeito. Isso é viver com ousadia."[IV]

O foco aqui é a coragem de seguir em frente a despeito do resultado. Brené nos diz que o nível que nos protegemos mostra o tamanho do nosso medo.

Também nos ensina que "A vontade de assumir os riscos e de se comprometer com a nossa vulnerabilidade determina o alcance de nossa coragem e a clareza de nosso propósito."[V]

Em uma entrevista que assisti, de Colin Powell, aprendemos isso de outra forma: "Se quiser ter certeza que continuará seguindo em frente, tenha um destino!".

III. TED - Technology, Entertainment, Design; em português: Tecnologia, Entretenimento, Design. Trata-se de uma Fundação privada sem fins lucrativos, dos Estados Unidos da América, que realiza conferências ao redor do mundo, com o intuito de disseminar ideias.

IV. A Coragem De Ser Imperfeito – Brené Brown – Página 10, Editora Sextante, 2012, Rio de Janeiro/RJ.

V. A Coragem De Ser Imperfeito – Brené Brown – Páginas 10 e 11, Editora Sextante, 2012, Rio de Janeiro/RJ.

Quando sua visão de futuro, sua meta, seu alvo estão claros para você, ainda que doa, ainda que chore, ainda que lhe custe, o preço pago para chegar lá terá valido a pena. E mais, avançar com coragem não tem preço, mas tem um valor inestimável.

Já sei. Seu medo, provavelmente, deve ter como fim da linha, o mesmo que o meu: a garantia do resultado. Não, nós não temos. E jamais teremos. Mas quando temos um objetivo claro, traçado em tempos de paz e bonança, conseguiremos seguir em frente apesar dos desafios, a despeito dos obstáculos e mesmo em tempos de dificuldades, ainda que sejam imensas.

Podemos garantir, sim, individualmente, um comprometimento pleno, planos bem elaborados, ações completas. E, dentro disso, seguir em frente para o que vier.

É verdade sim que, quanto mais você se protege, mais se sente seguro. Você conhece onde está, acha que sabe o que pode acontecer e nada pode tirar-lhe o controle – pensa.

Ainda que isso seja verdade, ao permanecer à beira do caminho, nas palavras de Brené, você nunca saberá onde teria chegado, jamais conhecerá o sabor de cruzar a linha de chegada.

Foi em uma das palestras de Brené Brown, no TED, que ouvi, pela primeira vez, um trecho do discurso *Cidadania em uma república / O Homem na arena, feito em Sorbonne*, por Theodore Roosevelt, em 23 de abril de 1910.

Esse texto ecoa em minha mente até hoje, e eu o tenho, inclusive, em meu celular, para reler e manter vivo em minha mente que, na dúvida, eu sempre devo ter coragem.

Não é o crítico que importa; nem aquele que aponta onde foi que o homem tropeçou ou como o autor das façanhas poderia ter feito melhor.

O crédito pertence ao homem que está por inteiro na arena da vida, cujo rosto está manchado de poeira, suor e sangue; que luta bravamente; que erra, que decepciona, por que não há esforço sem erros e decepções; mas que, na verdade, se empenha em seus feitos; que conhece o entusiasmo, as grandes paixões; que na melhor das hipóteses, conhece no final o triunfo da grande conquista e que, na pior, se fracassar, ao menos fracassa ousando grandemente.

Como diz Carla Bueno, *master coach* e grande amiga de minha família: em tudo prossiga!

8

Estratégias avançadas de liderança e *coaching*: o seu diferencial!

Estratégias avançadas são exigidas em diversos cenários, principalmente nos organizacionais. Consistem em modelos mentais, desenvolvimento de competências e aplicações de técnicas. Potencializar o nível de autoconhecimento, a forma de comunicação, o senso de responsabilidade, a assertividade e construir objetivos claros aceleram a conquista dos resultados desejados. Construa o seu diferencial!

Bárbara Viana & Elaine Carreira Sbrissa

Bárbara Viana & Elaine Carreira Sbrissa

Bárbara: Administradora; MBA em *Coaching*; *Master Coach* pela SBCoaching, experiência de *Staff* com 2.000 horas de Desenvolvimento e Contribuição. Há dez anos atua em Recursos Humanos como facilitadora em treinamentos comportamentais e desenvolvimento de pessoas.

Elaine: Administradora; Pós-graduada em Modelos de Gestão Estratégica de Pessoas FIA/USP. *Master Coach* pela SBCoaching, Líder *Coach* pelo BCI. Há mais de dez anos atuando no mercado em diversos segmentos nas áreas de recursos humanos e financeira, com vivências internacionais.

Sócias da Carreira Coaching, certificadas internacionalmente em Teoria DISC e Motivadores TTI *Success Insights*, desenvolvem trabalhos de consultoria, *assessments*, análises comportamentais e mapeamento de equipes, utilizando ferramentas de referência mundial. *Executive Coaching* em desenvolvimento de liderança, aumento de performance, carreira e organizacional. Possibilitando contribuir com seus clientes de maneira expressiva para alavancarem seus resultados.

Contatos
www.carreiracoaching.com.br
contato@carreiracoaching.com.br
(11) 97222-1065 / (11) 99534-7255

Bárbara Viana &
Elaine Carreira Sbrissa

Com a dinâmica do cotidiano, líderes e organizações percebem a importância da inovação e do desenvolvimento contínuo. Estar atento a estratégias sobre como direcionar ações e potencializar recursos é a chave para o sucesso. A liderança e o *coaching* são essenciais para a alta performance, aprendizado e aceleração de resultados.

São conceitos ao alcance de todos, muitas vezes citados e explorados em cursos e universidades. A grande questão é: o quanto efetivamente são aplicados?

O mercado percebe a escassez de líderes realmente competentes, que aplicam estratégias efetivas em sua gestão diária. Compreender e aplicá-los irá levar você, líder, diretamente ao seu foco.

> *"É claro que o objetivo de melhorar a performance prevalece, mas o que está em questão é qual a melhor forma de se alcançar isso."*
>
> Jhon Whitmore

Ao pensarmos em estratégias avançadas, é relevante considerar que o líder influencia por suas ações e palavras. O quanto você se sente responsável por seu impacto? Por seus liderados e resultados?

A partir do momento que o líder percebe que além de fazer parte das soluções também faz parte do problema, consegue se posicionar de uma maneira aberta à busca de novas soluções, visando desenvolver engajamento e um sentimento de que todos façam parte. Este entendimento potencializa o empenho e a habilidade de tomar decisões equilibradas.

Uma das formas de fomentar o senso de responsabilidade é a conscientização de que o líder pode não ter o controle dos acontecimentos, mas sim de suas próprias reações. Pensando em sua parcela de responsabilidade, o líder compreende o que pode fazer, escolhendo e planejando novas estratégias. Estar aberto ao aprendizado pelas experiências positivas e negativas vividas irá gerar novas interpretações para realizar diferentes ações a longo prazo.

O líder também poderá construir essa linha de raciocínio com seu time, disseminando o foco no aprendizado. O relevante não é olhar o erro nas situações, e sim o entendimento do ponto a ser ajustado, exercendo uma nova estratégia, ou seja, outra forma de pensar: o que posso aprender com essa situação? O que devo fazer de diferente para alcançar meus resultados desejados?

Segundo Bergamini, a base da liderança está no relacionamento, onde seguidores consideram líderes e os seguem por escolhas, tendo um relacionamento de respeito em um processo de aprendizado mútuo.

Cada líder faz parte e impacta a estratégia.

> *"Em uma era em que liderança está substituindo a gestão e o aprendizado está substituindo a instrução, o coaching está surgindo como a face acessível da estratégia."*
>
> Lyons Laurence

O foco na solução está diretamente ligado aos aprendizados que você retira de situações passadas e da forma que olha os acontecimentos, o que é olhado é o que está errado ou o que precisa ser feito?

Uma estratégia de pensamento extremamente eficaz para os líderes é o Modelo G.R.O.W, desenvolvido por John Whitmore. É uma estrutura de pensamento direcionada para foco em soluções, por exemplo, quando o líder vai para uma reunião, ele possui uma estratégia do como irá conduzi-la? Quais as perguntas-chave para que o time tenha entendimento dos próximos passos, uma visão clara para a ampliar o cenário e encontrar a ideal resolução do problema? São indagações como estas que contribuem para essa aplicação.

Primeiro defina a meta específica da reunião. Após esse item estar claro, entenda a situação atual com sua equipe e criem estratégias, podendo neste momento realizar um *brainstorm* com seu time, na sequência estabeleça o plano de ação, ou seja, desenvolver o claro sentido de direção, definindo o que deve ser feito, quando e por quem.

Lembrando que o último passo é uma forma assertiva de delegação, contribuindo para efetividade no acompanhamento do time, pois estarão definidas quais ações devem ser feitas e as expectativas do resultado esperado. Esse comportamento faz com que o líder potencialize sua capacidade de delegação e *follow-up*. Além de desenvolver a equipe com esse conceito, poderá criar um novo modelo mental construtivo para as próximas reuniões e situações do cotidiano.

É importante que essas metas sejam validadas por um método conhecido como SMART, que faz a validação se o objetivo está específico de forma positiva, deixando claro o que deve ser feito e não o que deve ser evitado, também que seja mensurável, alcançável, relevante e que tenha um prazo definido.

Exemplo de uma meta: baixar o índice de refugo dos produtos.
Exemplo de uma meta SMART: aumentar o índice de qualidade dos produtos em 10% até a segunda quinzena de agosto de 2016. Validando, assim, se é alcançável e relevante para os resultados desejados.

A forma que ocorre a comunicação do líder com seu time impacta diretamente. Não adianta utilizar as estratégias de resoluções de problemas e de gestão citadas anteriormente, por exemplo, se a comunicação não for eficaz.

Para estruturar uma comunicação eficaz é preciso utilizar a filosofia da assertividade, ou seja, falar o que precisa ser dito com educação e respeito. Atentar-se ao tom de voz utilizado, o mais indicado é o moderado, se as expressões e linguagem corporal estão condizentes com o discurso.

As palavras têm o poder de construir ou destruir relacionamentos, de trazer a harmonia ou conflitos, de proporcionar amor ou ódio, indo longe, também podem proporcionar engajamento e motivação. Por isso, um comunicador competente escolhe com muito cuidado as palavras que utiliza em sua comunicação. Afinal, 7% da comunicação estão nas palavras, 38% na entonação e 55% na linguagem não verbal.

Ao pensarmos em comunicação, consideramos a fala, porém a escuta é parte integrante deste processo. Qual forma de escuta você utiliza com seu time? Imagine um cenário, você está em sua sala e chega um liderado para conversar, quais são seus pensamentos durante a conversa? Avalie se há similaridade:

- Penso em tudo que tenho que fazer e não ouço o que a pessoa está falando.
- Penso que ela nem precisa terminar que eu já sei o que irá falar.
- Penso que essa pessoa não tem nada para agregar.

Esses são exemplos de escuta agressiva que geram desgastes nos relacionamentos, ruídos na comunicação e diminuem a produtividade.

Idealmente devemos praticar a escuta ativa, que se refere a efetivamente ouvir, estar presente no momento atual, permitir que o outro se expresse até a conclusão da ideia, demonstrando interesse e empatia.

- Pare o que está fazendo, olhe nos olhos, dê atenção verdadeira.
- Pense antes de responder: o que eu preciso entender desta conversa? - Como posso contribuir para a solução? O que está acontecendo? O que realmente está acontecendo?

Após o entendimento do cenário, posicione sua opinião.

Uma maneira interessante de o líder se expressar é utilizar técnicas de *feedback*, que não precisam ser aplicadas somente para se posicionar sobre uma tarefa ou atividade, pode ser aproveitada para que consiga expressar a opinião assertivamente.

O que parece ser um tema tão fácil e explorado, mas até hoje é possível ver o seu impacto quando não bem utilizado. É premissa aplicar esse conceito de *feeback* para aumentar a performance, o entendimento, o desenvolvimento, melhorar o ambiente e até mesmo ajustar comportamentos improdutivos, potencializando os resultados. Por que não utilizar também para a comunicação cotidiana?

Busque utilizar o raciocínio do foco na solução que citamos acima quando estiver expressando sua opinião, exemplo:

Descreva sua opinião de forma clara e especifica, se preocupe em usar a linguagem adequada para o entendimento do receptor, validando se a mensagem foi entendida.

As maiores falhas de comunicação acontecem quando não há contextualização do assunto para o receptor.

Enquanto líder, caso precise usar o *feedback* corretivo deve focar no fato especifico, descrevendo o problema, deixando claro o que você sentiu e qual o impacto no ambiente. Permita que o liderado ofereça uma solução para que este evento não torne a acontecer. Atente-se à necessidade de ser individual e faça em particular, ou se for resultado do time como um todo, pode ser feito em grupo. Exemplo:

— Ana, sua apresentação não está boa, o que a diretoria vai pensar sobre isso?

Reação de Ana: — Sou mesmo uma incompetente, nada do que faço é bom, nunca chegarei em lugar nenhum.

— Ana, o conteúdo está bem interessante, a linguagem da sua apresentação está informal, para o nosso público formalidade é relevante. O que você propõe para sermos efetivos?

Reação de Ana: — Sei exatamente onde preciso melhorar, farei a adequação da linguagem da minha apresentação.

Algumas atitudes, como focar no aprendizado, apoiar a autoconfiança, lapidar habilidades, deixar claro o que precisa ser melhorado, oferecer apoio, suporte e direcionamento são fundamentais para uma boa comunicação e relacionamento sustentável. Evite procurar culpados, focar no erro, descontar sua raiva ou frustração podendo causar um comportamento de defensividade no seu time, baixando a autoestima e a performance. Elogie com sinceridade, atitude fundamental para que o *feedback* gere efeito.

O emprego assertivo da comunicação, escuta ativa e *feedback* geram aumento de responsabilidade na busca de soluções, engajamento, uma visão do cenário, além de maximizar pontos fortes e minimizar os pontos fracos do time, líderes e empresas.

Quanto mais o líder se desenvolve nessas competências, mais se compreende e conhece o seu time. Entender as diferenças, preferências de estilos comportamentais e valores contribui para escolhas assertivas no processo de tomada de decisão e gestão de equipe. São diversos os estilos comportamentais: introversão, extroversão, pensamento especialista, generalista, foco no relacionamento interpessoal ou nas tarefas, facilidade no início ou em termino de projetos, inclusive necessidades diferentes de poder, controle, segurança e até mesmo de aceitação.

Você sabe quais são as suas preferências? Quais são os seus talentos? Qual ambiente contribui para uma melhor performance? E com relação ao seu time?

Outro fator relevante são as razões pelas quais fazemos nossas escolhas, é fundamental que o líder compreenda o que move o seu time, como ele poderá gerar dedicação e empenho, atendendo ao que é realmente valorizado neste cenário. Razões pelas quais somos movidos como, por exemplo: crescimento intelectual, profissional, reconhecimento, contribuição, harmonia, segurança, retorno de investimento, até mesmo uma filosofia de vida. Você já parou para pensar o que realmente é importante para si? O que guia suas decisões? E finalmente o impulsiona?

Essa busca pelo autoconhecimento pode ser feita também por meio de *assessments*. São ferramentas assertivas que proporcionam levantamento dessas informações. Quando o líder possui essa visão, poderá compreender de forma mais estratégica como ele e o seu time realizam as atividades, quais suas preferências e como poderá alocar e otimizar seus recursos, impactando diretamente todos os seus resultados.

O conceito geral é desenvolver um senso de responsabilidade, foco no aprendizado e na solução. A busca pelo autoconhecimento, excelência na comunicação e assertividade são fundamentais para a liderança. Utilizando as estratégias elencadas, você criará uma forma de gestão eficaz com base na filosofia do *coaching*, tornando-se um líder *coach*, ou seja, um líder modelo.

> *"O exemplo não é a principal forma de influenciar as pessoas. É a única forma."*
> Albert Schweitzer

O desenvolvimento é um processo de avanço gradual por meio de mudanças e melhorias progressivas. É responsabilizar-se pelo seu próprio processo de crescimento. Pense em tudo que leu até agora:

Quais estratégias você já utiliza?
Quais precisa desenvolver?
O que aprendeu e pode aplicar agora mesmo?

O autoconhecimento é um dos pontos fortes do líder, esteja disposto a aprender. Esse é o segredo dos grandes líderes!

Referências

BERGAMINI, Cecília Whitaker. *Liderança: a administração do sentido*. 2. ed. São Paulo: Atlas, 2009.

DA MATTA, Villela; VICTORIA, Flora. *Livro de Metodologia Executive Coaching*. Rio de Janeiro. Publit, 2012

DA MATTA, Villela; VICTORIA, Flora. *Livro de Metodologia Personal & Professional Coaching*. Rio de Janeiro. Publit, 2012

LYONS, Laurence S. *O coaching no cerne da estratégia*. In GOLDSMITH, Marshall; LYONS, Laurence; FREAS, Alyssa. *Coaching o exercício da liderança*. 13. ed. Rio de Janeiro: Elsever, DBM, 2003.

Martins, Vera. Seja Assertivo. *Como conseguir mais autoconfiança e firmeza na sua vida profissional e pessoal*. Alegro, 2005.

WHITMORE, John. *Coaching para performance: aprimorando pessoas, desempenhos e resultados*. Rio de janeiro: Qualitymark, 2006.

TTI Success Insights. *Apostila de Metodologia Coaching Assessment Teoria DISC e Motivadores*. Brasil, 2014.

9

Os 5C's para alavancagem de resultados através da gestão de mudanças aplicada ao *coaching*

Mais resultados em menos tempo? A metodologia 5C oferece cinco passos para um *coaching* assertivo, por meio dos pilares que sustentam os processos de gestão de mudanças que geram resultados eficazes

Bianca Cassettari

Bianca Cassettari

Especializada em administração de RH, com MBA em gestão de pessoas pela FGV, trabalha há 14 anos com desenvolvimento organizacional em projetos nacionais e internacionais. Exercendo posição de liderança como integrante do *management team*, implementou a metodologia Assessment Center para a formação e desenvolvimento de equipes de alta complexidade, com mapeamento e desenvolvimento de competências, identificação de talentos e remuneração estratégica em indústria multinacional alemã. Responsável pela *start-up* de todos os subsistemas de RH no segmento varejo para multinacional espanhola no estado de SP, incluindo a criação de universidade corporativa. Sócia da Vértice Consultores, desenvolve projetos para RH, soluções em treinamentos, *change management* e *team building*. *Executive coach* e hipnoterapeuta ericksoniana, qualificada para aplicar e interpretar instrumentos de preferências psicológicas e comportamentais, com certificações internacionais. Fluente em inglês e italiano.

Contatos
www.verticeconsultores.com.br
bianca@verticeconsultores.com.br
https://www.facebook.com/VerticeConsultores

Coaching é resultado e resultado requer mudanças com planejamento e execução. Abordagens subjetivas não explicam diretamente como esse processo pode auxiliar pessoas e organizações a atingirem suas metas. De forma diretiva e sustentável, o papel do *coach* é apoiar o cliente na descoberta de novas direções e, em conjunto, definir ações que o levarão a alcançar seus objetivos.

Porém, o que acontece com frequência é encontramos clientes que ainda não sabem onde querem realmente chegar, pois têm apenas uma ideia vaga, influenciada por estímulos do ambiente, tais como:

- alterações pessoais positivas e negativas que impulsionam a necessidade de mudar ou atingir alguma meta;
- *outplacement*;
- alterações do cenário corporativo, como fusões ou aquisições;
- transformações ou melhorias de gestão ou de processos;
- planejamento sucessório;
- desenvolvimento de novas lideranças;
- respostas do clima organizacional;
- aumento dos resultados em vendas, etc.

Enfim, uma infinidade de possibilidades que quebram o status quo e levam pessoas e empresas a buscarem o processo de *coaching*. Esse momento normalmente se refere à tomada de consciência para que uma mudança ocorra e através dos estímulos de ambiente, as pessoas têm a tendência de encontrarem o que seria a melhor solução para si, ou seja, buscam a conclusão para uma determinada situação e procuram o processo de *coaching* para este fim.

Consciência > Conclusão = Não é o ideal!

Quando pessoas e empresas vão da consciência diretamente para a conclusão e buscam o *coaching* para chegar lá, ocorrem os erros. Se o *coach* não for hábil o suficiente para encontrar o cenário ideal, o processo será ineficaz.

Mais importante do que chegarmos a uma possível solução, é conhecer a percepção que uma organização ou indivíduo tem de sua realidade.

1º: Consciência > Cenário Ideal

Primeiramente, precisamos saber o que o cliente considera um resultado de sucesso e tirá-lo do pensamento preestabelecido de "melhor conclusão". Mapeamos, assim, o que seria o cenário ideal, ou seja, a sua visão de futuro independente da situação atual.

Quando contratado pela empresa, o *coach* traça um paralelo entre o cenário ideal da organização e do participante do processo de *coaching*, denominado *coachee*, para que haja a sincronização de valores, crenças e resultados esperados entre as partes.

Para aquele que não sabe o que é sucesso e nunca pensou onde realmente quer chegar, qualquer caminho serve. Por isso, é mais importante identificarmos o cenário ideal antes de estabelecermos metas que levarão a conclusões precipitadas.

É dessa forma que o *coach* auxilia na identificação do desejo real pela mudança e o cliente encontra a motivação que o levará ao sucesso. Nesse momento, o cliente poderá repensar as suas métricas e metas sobre o que, realmente, precisará ser alcançado. Citando Peter Drucker "a melhor forma de prever o futuro, é criá-lo".

Recentemente, uma cliente me procurou para o processo de *coaching*, pois sentia a necessidade de melhorar suas competências para, assim, aumentar a lucratividade da sua empresa. Ela já havia passado pela fase de tomada de consciência e estava, como muitos, direcionando a sua decisão para uma conclusão da situação. Após iniciarmos o processo de *coaching* e realizarmos os inventários de perfil individual com instrumentos de investigação de preferências psicológicas e comportamentais, e também o inventário do que seria para ela o cenário ideal, descobrimos que, na verdade, ela não encontrava mais sentido em continuar com a sua empresa, embora ainda quisesse manter suas atividades profissionais. Fizemos, então, um levantamento sobre a possibilidade dessa mudança ocorrer, ou seja, fechar a empresa e ela continuar exercendo suas atividades de forma independente. Verificamos que essa possibilidade era possível e viável, pois impactava de forma positiva seus objetivos pessoais, profissionais, sociais e financeiros. Este último seria, inclusive, impactado positivamente, mesmo sem ser o real objetivo do *coaching*. Ou seja, a partir desse momento, identificamos a consciência pela mudança e mapeamos o cenário ideal, criando a visão de futuro e o desejo pela mudança, que geraram a motivação para o cumprimento das ações necessárias, que, por sua vez, determinam o sucesso do processo de *coaching*. Na sequência, precisaríamos passar pelo levantamento de circunstâncias que tornariam suas metas possíveis ou deixariam o processo ineficiente, com resultados não sustentáveis em longo prazo.

Consciência > Cenário Ideal > Circunstâncias

Nesta fase, verificamos as circunstâncias da vida do cliente, mapeamos conjuntamente suas crenças, valores e conhecimentos atuais para que ele possa compreender o que será necessário para que a mudança aconteça e, consequentemente, o que fará com que suas metas sejam alcançadas.

Não existe mudança sem consciência e desejo. Porém, para sustentar essas mudanças, é preciso rever padrões de comportamento e realizar o inventário de conhecimentos técnicos e comportamentais, pois além de o cliente saber onde está e para onde quer ir (consciência e cenário ideal), precisa identificar como chegará até lá, ou seja, quais são as circunstâncias envolvidas na empresa ou as circunstâncias envolvidas na vida pessoal e profissional do *coachee* que servem de impulso ou de paralisia para alcançar os resultados almejados.

Sendo assim, questionamos quais são as crenças fortalecedoras e limitantes, quais são as forças (pontos positivos) e oportunidades (situações favoráveis), como também, as fraquezas, ou seja, pontos a serem melhorados, pensamentos bloqueadores de sucesso e os *gaps* de comportamento e conhecimento que precisarão ser supridos para a concretização das metas de forma sustentável.

Como cada pessoa ou grupo enxerga e lida com as circunstâncias relacionadas às crenças, valores, comportamentos e conhecimentos, fica evidenciado pelo jogo interno que executam para não confrontarem a si mesmos em um processo de mudança.

O trabalho do *coach* é entender, em parceria com o participante do processo de *coaching* (o *coachee*) quais são esses jogos internos, para que as perdas e ganhos do seu inconsciente venham à tona e sejam compreendidas. E também perceber o que o *coachee* tem recebido em troca por se paralisar, pois nossos jogos internos, que executamos e não ousamos enfrentar, sempre nos proporcionam algo positivo para que justifiquemos o nosso autoboicote. Somente com esse entendimento interno padrões serão quebrados, processos interiores reformulados e novas atitudes sedimentadas.

Um cliente da área de tecnologia procurou o processo de *coaching* para melhorar suas competências de liderança, pois queria ser promovido ou tentar uma coordenação de equipe em outra empresa. Após as quatro primeiras sessões com os inventários de preferências psicológicas e comportamentais, e com sua tomada de consciência sobre si mesmo, sobre o seu ambiente, sobre a sua vida e suas metas, mapeamos o seu cenário ideal de vida e carreira. O *coachee* não identificou em nenhum momento do processo a satisfação que seria gerada por conseguir essa liderança e, quando questionado, demonstrou certo desconforto com a ideia. Como notado na maioria dos casos, o *coachee* caminhava da consciência para a conclusão, imaginando que essa seria a resolução dos seus problemas, porém já vimos que esse caminho não é o ideal. Após definirmos o seu cenário ideal, que em nada se parecia com o conceito de sucesso pela liderança, entramos na fase das circunstâncias para entender os padrões que o levavam à busca de uma meta que não iria satisfazê-lo genuinamente. Ficou evidenciado que o *coachee* apresentava crenças fortemente enraizadas de que o sucesso só chegaria para aqueles que "virassem chefes", pois sua família havia trabalhado no sistema industrial de projeção de carreira linear, e essa era a "fórmula do sucesso" conhecida pelo *coachee*. Porém, questionei-o sobre como seria ser "chefe de si mesmo", desenvolver a sua carreira de acordo com o conceito Y e tornar-se um consultor especialista na sua área de atuação. Identificamos todos os padrões positivos que seriam alcançados, todas as oportunidades de carreira e sucesso que o *coachee* poderia ter de acordo com as suas próprias métricas e valores. Agora sim, fazia sentido para o *coachee* mapear quais comportamentos precisaria melhorar e quais conhecimentos seriam necessários adquirir. Só restava colocar o plano de desenvolvimento em ação e realizar o acompanhamento, que eu chamarei aqui de cultivo, pois uma nova semente foi plantada.

Consciência > Cenário Ideal > Circunstâncias > Cultivo

Ainda não chegaremos às soluções superficiais. Nesta fase, o *coachee* precisará praticar seu novo modelo de pensamento, reforçar novos hábitos necessários para a mudança e realizar um plano de ação sobre conhecimentos que possam ser necessários para chegar aos resultados.

Suas habilidades são colocadas em prática, ou seja, o *coachee* vivencia, ainda mais intensamente, o desenrolar das escolhas provocadas pela mudança iniciada no processo de *coaching*.

Do mesmo modo, as empresas podem acompanhar nesta etapa as mudanças que acontecem nos participantes do *coaching* pelos relatórios de desenvolvimento e performance.

Durante o processo de cultivo é normal que novas dúvidas apareçam para complementar o cenário ideal do *coachee* e o *coach* precisará de habilidade para direcioná-lo ao encontro das suas próprias respostas. Isso determinará o sucesso dessa fase.

Durante o cultivo, uma cliente que ocupa um cargo executivo em uma grande multinacional americana entrou em um processo de dúvida que a direcionava para uma guinada repentina no seu *coaching* e, consequentemente, na sua carreira na organização. Foi imprescindível perceber que a *coachee* estava lidando com o luto que todos nós vivenciamos internamente quando provocamos mudanças nas nossas vidas. Automaticamente, para se proteger das mudanças, seu subconsciente a levava para a fuga da fase de cultivo e a bloqueava, fazendo com que a *coachee* acreditasse que estava tomando uma nova consciência de realidade, provocando assim conflitos internos e randômicos para não seguir em frente.

É importante reforçar nesse ponto o quanto mudanças precisam ser apoiadas por um processo de *coaching* sustentável e que, nesse momento tão delicado na vida do *coachee* ou da empresa, o *coach* consiga conduzir com perguntas o *coachee* a consolidar ou não o cenário ideal já mapeado.

Uma vez relembrado e consolidado o cenário ideal, a *coachee* percebeu a fuga do seu inconsciente e trabalhou os padrões negativos que ainda insistiam em atrapalhá-lo nesse processo de mudança e prosseguiu seu planejamento e a busca por suas metas e resultados, que estavam sincronizados com os objetivos da organização.

Novos padrões precisam ser testados, evidenciados e acompanhados em um processo de *coaching* na fase de cultivo dessas novas sementes.

Toda mudança, organizacional ou pessoal, precisa de um tempo para que aconteça, não existem processos rápidos e milagrosos. Como também não existe mudança que não se sustente em uma visão de futuro coerente com os interesses daqueles que serão impactados por ela. Também não há processo de *coaching* que não seja embasado pelo desejo real de se alcançar resultados diferentes e mensuráveis que levarão organizações e *coachees* a chegarem às suas conclusões.

Consciência > Cenário Ideal > Circunstâncias > Cultivo > Conclusão

Quando chegamos à conclusão, mensuramos todos os resultados alcançados para sustentar as mudanças provocadas durante o processo de *coaching*.

Nada é imutável, portanto, o *coaching* embasado na Metodologia 5C se caracteriza pelos pilares aplicados em gestão de mudanças coordenadas em grandes instituições.

Todas as fases são aplicáveis em processos de *coaching* contratados, tanto por empresas que buscam mudanças e resultados sustentáveis em longo prazo, quanto por clientes que buscam seu autodesenvolvimento pessoal e profissional.

Metodologia 5C

1 - Consciência de que algo precisa ser alcançado;
2 - Mapeamento do cenário ideal com as mudanças necessárias;
3 - Inventário das circunstâncias envolvidas;
4 - Cultivo da nova realidade e acompanhamento;
5 - Conclusão por meio dos resultados alcançados.

Referências

BEER, Mike. *Gerenciando mudança e transição.* Rio de Janeiro: Record, 2010.

CASSETTARI, Bianca. *Formação de Equipes de Gestão para Change Management.* Monografia (MBA em Gestão de Pessoas) – Fundação Getulio Vargas. São Paulo, 2012.

HIATT, Jefrey M. ADKAR: *a model for change in business, government and our community.* Loveland: Prosci Learning Center Publications, 2006.

10

Coaching para maximização de competências e aceleração de resultados

Temos visto uma adesão maior ao uso das teorias de competências no ambiente organizacional, exigindo o aprimoramento e/ou a aquisição de conhecimentos, habilidades e atitudes para estarem atualizados ao que o mercado exige. O foco no desenvolvimento de competências com o auxílio da metodologia *coaching* permite alcançar resultados em um menor espaço de tempo comparando a metodologias tradicionais

Camila Krauspenhar & Marcelino Marques

Camila Krauspenhar & Marcelino Marques

Camila Krauspenhar é cofundadora da Maxximize Desenvolvimento Humano, psicóloga, *coach* com certificação internacional, especialista em gestão estratégica de negócios, membro da ABTD (Associação Brasileira de Treinamento e Desenvolvimento), consultora credenciada Sebrae e Sesi. É treinadora, palestrante, atua na área de Recursos Humanos e *Coaching*.

Marcelino Marques é psicólogo, *coach* pelo Instituto Brasileiro de Coaching – IBC e especialista em gestão estratégica de negócios pela ESALQ/USP. Atua como consultor desenvolvendo e conduzindo processos em recursos humanos pela Maxximize Desenvolvimento Humano, de que é cofundador. Como *coach,* conduz processos na área de liderança, carreira e pessoal.

Contatos
www.maxximize.net.br
facebook.com/maxximizecoaching
contato@maxximize.net.br

Segundo o dicionário Aurélio, competência é a qualidade de quem é capaz de apreciar e resolver certo assunto, fazer determinada coisa; capacidade, habilidade, aptidão, idoneidade. Já o oposto, a incompetência, característica daquele que não possui competência, é visto como algo pejorativo e depreciativo.

Vários autores desenvolveram definições de "competência", vejamos algumas delas:

Competência é um saber agir responsável e reconhecido, que implica mobilizar, integrar, transferir conhecimentos, recursos, habilidades, que agreguem valor econômico à organização e valor social ao indivíduo. (FLEURY, 2001)

Competência é a capacidade de mobilizar diversos recursos cognitivos para enfrentar um tipo de situação. (PERRENOUD, 2000 apud WICKERT, 2006)

Competências gerenciais são como um conjunto de características e traços que definem uma performance superior. (BOYATZIS, 1982)

Competência é a capacidade de uma pessoa gerar resultados dentro dos objetivos organizacionais. (DUTRA, HIPÓLITO e SILVA, 1998)

Para Le Boterf (1998, apud Fleury, 2001) competência é um conceito em construção. O significado do termo competência contém uma visão que reflete a capacidade de fazer e também une teoria e prática que se mobilizam para uma ação. Além disso, é o resultado da união de conhecimentos, habilidades e atitudes.

Nos últimos anos temos visto uma maior adesão ao uso das teorias de competências no mercado de trabalho, pois cada vez mais os profissionais precisam renovar seus aprendizados e adquirir novos conhecimentos para estarem atualizados ao que o mercado de trabalho exige.

Para se atualizar, o profissional precisa estar motivado em buscar novos conhecimentos, o que só acontece se ele tiver sentido a necessidade e/ou estar interessado em construir novas aprendizagens.

O foco no desenvolvimento de competências não é o mesmo que o ensino de teorias, pois é centrado na aprendizagem e na atuação do indivíduo.

Como desenvolver competências com o coaching?

O *coaching* é uma metodologia utilizada para o alcance de metas e resultados e, para isso, é necessário adquirir novas competências, bem como maximizar as que o cliente já possui. Esse desenvolvimento não acontece muito fácil, porém não precisa ser desesperador, mas planejado e focado para acontecer da melhor maneira possível.

Se você já é 100% focado, provavelmente conseguirá sozinho, mas se esse não for o seu caso, um profissional *coach* vai apoiá-lo, pois ele está preparado para trabalhar com essa demanda.

É comum que a pessoa não saiba como e nem o que precisa desenvolver para aumentar seus conhecimentos e suas competências. Além disso, desenvolver competências comportamentais envolve as crenças do sujeito, que são aquilo em que ele acredita, ainda que não seja necessariamente verdade. O *coach* está preparado para atuar eliminando bloqueios emocionais que o cliente possa vir a ter, que impeçam sua alta performance. Ele atua apoiando o cliente a derrubar essas crenças que de nada servem a não ser causar sofrimento.

Imagine a seguinte situação: um líder está insatisfeito com seus liderados que se mostram desinteressados com os compromissos da empresa, os prazos não estão sendo cumpridos, a produtividade está baixa, pode estar faltando a esse líder algumas competências necessárias para uma liderança eficaz (relacionamento interpessoal, *feedback*, estabelecimento de metas). Caso ele tenha crenças do tipo: "não sou um bom líder"; "meus liderados não gostam de mim"; durante o processo de *coaching* iremos investigar se isso é real ou apenas uma impressão. Será possível que esse líder identifique quais os pontos devem ser desenvolvidos e qual o estado desejado que ele quer alcançar.

Outra situação comum é que algumas pessoas se perdem em seus objetivos, perdem o foco, se acomodam e dão importância a coisas paralelas deixando de se capacitar. Assim, fogem das dificuldades e se frustram por não alcançar aquilo que se propuseram a fazer.

É importante frisar que todo esse processo de mudança precisa partir do desejo do cliente. Caso ele não veja importância em mudar, desistirá facilmente assim que se deparar com dificuldades.

O processo de *coaching* busca ampliar o autoconhecimento, fazendo com que o cliente reflita e descubra que pontos precisa melhorar e quais são seus pontos fortes a ser reforçados.

Essa fase pode ser comparada a um mapa desenhado pelo cliente, que ele poderá explorá-lo da melhor maneira possível. Além de se tornar um profissional altamente qualificado, ainda será emocionalmente equilibrado, já que o *coaching* oferece benefícios pessoais e profissionais.

Qualquer profissional deve ser capaz de reconhecer suas qualidades e criar hábitos para extrair o melhor de si mesmo.

Treinamentos com coaching X treinamentos convencionais

As emoções podem ser um bloqueio para o desenvolvimento profissional e os treinamentos convencionais muitas vezes não surtem o efeito desejado por não abordar esse aspecto, pois se preocupam em repassar um conhecimento do treinador para o treinando. E isso não é o bastante. O adulto precisa ter inicialmente o desejo em se desenvolver, precisa partir de dentro.

Em analogia ao *personal trainer*, o *coach* atua apoiando, motivando e acompanhando o cliente na busca do seu objetivo. Ele o desafia a aferir o seu comportamento constantemente, questionando-o: será que o modo que está agindo é suficiente para alcançar o seu objetivo?

Por meio desse processo misto de autoconhecimento e foco no objetivo, o *coachee* tem a possibilidade de visualizar sua atuação profissional e pessoal, reconhecer os pontos conflitantes e traçar um plano de desenvolvimento que terá o suporte do profissional (*coach*) nessa jornada.

Essa forma de atuação diferenciada possibilita por vezes um retorno maior que o treinamento tradicional, principalmente quando aplicado a executivos e alta gerência, considerando o conhecimento que esses profissionais já têm, necessitando apenas aprimorar competências comportamentais específicas e, para isso, o *coaching* é altamente eficaz.

Cinco passos para desenvolver competências

A metodologia *coaching* acredita que as pessoas são dotadas de potencial e, muitas vezes, já sabem o que devem fazer, porém, por suas características comportamentais, não o fazem. Compreendemos assim que é necessário aprender a treinar seus pensamentos e comportamentos para a ação, afastando os pensamentos e crenças que fazem com que a pessoa continue inerte em sua zona de conforto.

Vejamos então os cinco passos para adquirir uma nova competência.

Passo 1 - Identificar a competência a ser desenvolvida

Esse passo pode ser definido em conjunto com a empresa solicitante do serviço, ou, em caso de busca particular, entre o *coach* e o *coachee*.

Essa etapa visa ao autoconhecimento do indivíduo, levando-o a compreender como é a sua atuação no local em que está inserido (trabalho, faculdade, família). Isso é possível a partir de uma reflexão guiada com o uso de perguntas poderosas, feitas no momento certo da sessão e com ferramentas de avaliação de perfil, que são muito bem-vindas nessa fase, fornecendo ainda mais dados sobre o cliente.

Passo 2 - Identificar a importância de desenvolver essa competência é de extrema importância que a pessoa tenha motivos bem definidos para desenvolver uma competência específica, já que ela o levará ao seu objetivo maior. Por exemplo, um professor precisa desenvolver sua oratória para chegar ao seu objetivo de ser reconhecido como um excelente profissional.

Caso uma pessoa não identifique relevância nessa competência, facilmente abandonará o processo. São os motivos que nos movem em direção às metas, principalmente diante das dificuldades.

Passo 3 - Criar um plano de ação

O objetivo aqui é dar um passo de cada vez, valendo-se do ditado popular: "uma grande caminhada começa com o primeiro passo". Tratando-se de mudança de comportamento, não é de uma hora para outra que adquirimos um novo hábito, abandonando algo que foi construído durante a nossa vida inteira.

É necessário estabelecer o que precisará ser feito para desenvolver a competência definida anteriormente.

Sugere-se o uso da ferramenta 5W2H (abaixo), já consolidada por sua eficiência para estabelecer planos de ações.

O QUÊ? (WHAT)	QUEM? (WHO)	QUANDO? (WHEN)	ONDE? (WHERE)	POR QUÊ? (WHY)	COMO? (HOW)	QUANTO CUSTARÁ? (HOW MUCH)
Descreva qual competência quer desenvolver ou o que deseja alcançar.	Defina um responsável (você mesmo, ou outra pessoa que possa ajudá-lo).	Estabeleça uma data limite para cada ação.	Defina onde as ações serão/ deverão ser realizadas.	Descreva quais os benefícios que cada ação lhe trará.	Detalhe a maneira como cada ação deverá ser executada.	Defina os custos de cada ação, para verificar a sua viabilidade.

Descreva qual competência quer desenvolver ou o que deseja alcançar. Defina um responsável (você mesmo, ou outra pessoa que possa ajudá-lo). Estabeleça uma data limite para cada ação.

Defina onde as ações serão/ deverão ser realizadas.

Descreva quais os benefícios que cada ação lhe trará. Detalhe a maneira como cada ação deve ser executada. Defina os custos de cada ação, para verificar a sua viabilidade.

Com o planejamento em mãos, será mais fácil realizar uma atividade de cada vez, sabendo o próximo passo a ser dado. Dessa maneira é mais fácil que você não perca o foco.

A primeira tentativa de estruturar a ferramenta 5W2H não será simples para todas as pessoas, porém com persistência você conseguirá definir um excelente planejamento.

Passo 4 – Prática, prática, prática

Ao executar o cronograma estabelecido, você poderá depararse com dificuldades e impedimentos para desenvolver sua tarefa. Talvez seja necessário rever o cronograma ou até mesmo adicionar algumas etapas, a fim de solucionar problemas. Esta é uma etapa delicada que precisará de acompanhamento constante, o *coach* deverá motivar e manter o cliente no foco.

Passo 5 - Avaliação de resultados e adaptações

À medida que o cliente põe em prática seu planejamento, obtém o retorno sobre seus esforços e assim será possível avaliar quais ações estão trazendo resultados e o que mais será necessário fazer para alcançar a meta.

Na ocorrência de alguma dificuldade em concluir uma parte do plano de ação será preciso reavaliá-lo, analisando prazos, grau de dificuldade e dedicação do *coachee* em relação ao seu objetivo. É importante que a meta proposta seja ousada, mas se for muito difícil para pode gerar uma insatisfação, nesse caso uma segmentação da meta planejada em partes menores e uma adequação dos prazos pode ser interessante.

Não existe um consenso em relação ao tempo necessário para fixar um novo comportamento ou alcançar uma meta, varia do que se quer mudar e do seu comprometimento com a mudança. Todo esse processo exige disciplina e nesse sentido o *coach* está preparado para colocá-lo em contato com seu objetivo gerando a energia necessária para realizá-lo.

Por que desenvolver competências com o apoio de um coach?

O *coach* vai apoiá-lo na realização do seu objetivo, possibilitando um questionamento do seu modo de agir, desenhando conjuntamente com o seu cliente o escopo do plano de ação para alcançar o que foi acordado.

Outra contribuição do *coaching* é fazer a pessoa assumir a responsabilidade real de seu comportamento. Ao sair da posição de vítima e se comprometendo com seus resultados, qualquer ser humano é capaz de ir além do que imagina.

Depois de desenvolvida sua capacidade de tornar-se consciente de si, o cliente terá pleno conhecimento de suas competências (as que possui e as que precisa desenvolver) isso o ajudará a construir sua carreira.

Nós não precisamos ser bons em tudo, podemos ter um conhecimento generalista do todo, mas são nossas especialidades que nos destacarão dentre os demais profissionais.

Se você acredita que precisa se atualizar em algum dos pontos indicados, sugerimos que procure um *coach* mais próximo.

Referências

BOYATZIS, R. E. *The competent manager.* New York: John Wiley & Sons, 1982.

DUTRA, J. S.; HIPÓLITO, J. M.; SILVA, C. M. *Gestão de pessoas por competências. In: Encontro nacional da associação dos programas de pós- graduação em administração,* 22, 1998, Foz do Iguaçu. Anais. Foz do Iguaçu: Ampad, 1998.

FLEURY, A. FLEURY, M. T. L. *Estratégias empresariais e formação de competências: um quebra cabeça caleidoscópico da indústria brasileira.* 2ª ed. São Paulo: Atlas, 2001.

WICKERT, M. L. S. *Referenciais educacionais do Sebrae:* versão 2006. Brasília: Sebrae, 2006.

11

Ferramentas do *coaching* para vestibulandos

Há sempre superação nos maiores desafios conquistados. Mas superação nem sempre é sinônimo de dor e sofrimento. Ótima autoestima e crença na realização são importantes. Assim como é essencial diferenciar teimosia e persistência; às vezes, é preciso mudar a estratégia e persistir em busca do sonho

Carina Fussuma

Carina Fussuma

Sou estudante do 4º ano de Medicina da USP e *professional coach* pelo Instituto de Alta Performance Humana - IAPerforma, que realiza palestras para cursinhos e que tem curso de extensão pela Harvard/ EUA. Atualmente, desenvolvo um trabalho de *coaching* com os alunos vestibulandos do Curso e Colégio Objetivo.

Contatos
carinafussuma@gmail.com
Facebook: Carina Fussuma
(11) 97950-9263

Gosto de começar apresentando a definição de sucesso para mim. Considero que sucesso é alcançar o objetivo desejado. Digo o objetivo, no singular, porque considero essencial manter o foco naquilo que é mais importante para cada um em determinado momento. Nossos valores influenciam nossas atitudes e escolhas, determinando o que é mais importante. O processo de *coaching* pode acelerar os resultados, auxiliando a neutralizar as interferências que existem ao longo do caminho entre o estado atual e o estado desejado.

Ficamos impressionados quando alguém consegue realizar um objetivo que nos parece muito desafiador e, muitas vezes, nos perguntamos o que aquela pessoa teria de especial para ter obtido sucesso. São vários os exemplos, como o de ser aprovado em diversos vestibulares ou concursos públicos concorridos, o de vencer provas dificílimas como o Iron Man, ou ainda, de ser excelentes pais e mães ou de superar grandes perdas financeiras e emocionais na vida. Acredito que cada ser humano possui em si mesmo os recursos necessários para sua realização. É de extremo valor ter consciência do próprio potencial e nesse ponto faço aqui um apelo pelo autoconhecimento.

Coaching e autoconhecimento: valores, crenças limitantes, autoboicote

O *coaching* auxilia no processo essencial de se ter consciência de valores e crenças que nos fortalecem ou nos limitam. Nós nos dedicamos, com frequência, a estar sempre atualizados nas matérias que dizem respeito à profissão ou às exigências do mercado de trabalho e quase nunca paramos pra pensar sobre nossas mudanças internas. Refletir sobre pontos fortes e boas qualidades alimenta a autoestima com autorreferências saudáveis, mantendo a crença na realização e auxiliando a entender quais são nossos valores. Não paramos para pensar em quais são nossos valores e, por isso, pode ser desafiador responder a essa pergunta, num primeiro momento, mas os valores são tudo em que mais acreditamos e o que nos ajuda a manter o foco. Os valores são tudo o que julgamos ser mais importante e rege nossas atitudes e escolhas. Alguns exemplos são: amor, determinação, fé, honestidade, amizade, lealdade. Diante de obstáculos e desafios que surgem pelo caminho, lembrar o que é importante nos ajuda a persistir. Assim como, na escolha de carreiras, podemos refletir se poderemos exercer nossas ações de forma coerente com nossos valores.

O processo de *coaching* pode contribuir muito com o autoconhecimento, pois suas ferramentas provocam a reflexão sobre si mesmo. Ele não fornece soluções nem sugere respostas, mas guia o processo de reconhecimento dos valores e manutenção no foco a ser alcançado. Mudei três vezes de escolha de carreira e acertei na terceira tentativa, quando percebi que minha escolha estava, finalmente, coerente com meus valores. Se às vezes isso não é claro nem para os adultos, imaginem como é para os adolescentes! Além desse poderoso auxílio no autoconhecimento, aplico o processo de *coaching* na expectativa de que os alunos desenvolvam o seu potencial máximo, evitando que crenças limitantes e autoboicote atrapalhem seu desenvolvimento ao longo do caminho. E crenças limitantes são, por exemplo, a de que alunos de escola pública não conseguem passar nos vestibulares concorridos, ou que talvez não sejamos merecedores de realização, por algum motivo. Essas crenças limitantes podem influenciar a desistência de continuar tentando e desvalorizar as tentativas. Todo ser humano pode se autoboicotar e é algo não facilmente reconhecido por nós mesmos, mas talvez com a ajuda de alguém que está de fora da situação, fique mais fácil percebê-lo e evitá-lo. Quando pensamos nos obstáculos, colocamos o foco no problema, e não na solução e desse modo, toda a energia fica concentrada no problema. Uma característica das pessoas realizadas é sua capacidade de pensar em soluções diferentes e criativas, sem se deixar abater pela falta de perspectivas. Parece que temos uma tendência a interpretarmos os fatos sempre da mesma maneira, metodicamente. Mas somos criaturas complexas e vivenciamos não as experiências, mas, principalmente, as interpretações que fazemos das experiências.

"Somos os únicos seres no planeta que levam vidas interiores tão ricas que não são os eventos que mais importam para nós; em vez disso, é a maneira como interpretamos esses eventos que vai determinar como pensamos a respeito de nós mesmos, e como agiremos no futuro."

Anthony Robbins

Se estivermos acostumados a interpretar tudo de forma predominantemente negativa, pode ser feito um trabalho através do *coaching* que auxilie na ressignificação dos acontecimentos para cada um.

Duas grandes forças motivadoras: prazer e dor

> *"O segredo do sucesso é aprender como usar a dor e o prazer, em vez de deixar que usem você. Se fizer isto, estará no controle de sua vida. Se não fizer, é a vida quem controla você."*
> Anthony Robbins

Segundo Anthony Hobbins, um dos maiores especialistas em neurolinguística, todos somos movidos por duas grandes forças motivadoras: o prazer e a dor. Exemplos de motivação pela dor são o do vestibulando que acredita que precisa ter aprovação no vestibular naquele ano porque, caso contrário, não terá recursos financeiros para estudar por mais um ano, ou porque precisa começar a trabalhar logo, ou que está ficando velho demais. Exemplos de motivação pelo prazer são o do vestibulando que acredita que vai obter realização pessoal através da escolha de carreira coerente com seus valores, de que gosta do dia a dia da carreira de escolha, que se vê interessado em aprender sobre determinada área do conhecimento. Ambas as forças motivadoras levam à ação, porém a dor tem um componente emocional negativo que pode ser prejudicial.

A princípio me interessei pelo *coaching* pensando em utilizá-lo a meu favor como um recurso a mais nos futuros relacionamentos, enquanto médica, com meus pacientes e para usufruir de benefícios no desenvolvimento de relacionamentos interpessoais na minha vida pessoal. No entanto, a partir do momento em que tive a humildade de admitir que ele poderia me ajudar nessas questões, percebi que seria possível ajudar os alunos pré-vestibulandos. Pois, tomei consciência de que eu poderia ter alcançado exatamente os mesmos resultados, mas sem necessitar de tanta dor e sofrimento. Hoje, este trabalho me permite tentar tornar o caminho deles mais leve. Consegui aliar minha experiência pessoal às ferramentas do *coaching* e o retorno por parte dos alunos tem sido animador e gratificante, como uma evidência de que este trabalho tem sua razão de ser e merece ter continuidade.

Estratégia e persistência

Não mude seu sonho, mas, se for preciso, mude a estratégia que tem utilizado para alcançá-lo. É essencial que saibamos diferenciar persistência de teimosia. Teimosia seria insistir em uma estratégia que já se mostrou ineficiente outras vezes. Persistência significa continuar lutando por um sonho, mudando a estratégia para alcançá-lo, se for necessário. Por exemplo, para um vestibulando, mudar a estratégia de estudo, tentar um método diferente. Cada um deve utilizar o autoconhecimento para desenvolver uma estratégia própria, porque cada um tem um jeito próprio de estudar e reter conhecimento.

Entender as próprias limitações e, principalmente, aceitá-las, faz parte da estratégia. Conforme disse anteriormente, a ideia não é ter um desempenho além da capacidade humana e a superação não precisa estar ligada à dor. A felicidade importa e deve estar presente no caminho que se percorre. Segundo Anthony Hobbins, há seis necessidades humanas essenciais, que são:

- Necessidade de certeza e conforto
- Necessidade de incerteza e variedade
- Necessidade de amor e conexão
- Necessidade de significância e importância
- Necessidade de crescimento
- Necessidade de contribuição

Conhecer as necessidades do ser humano como um ser complexo é um recurso valioso para ser utilizado com sabedoria na estratégia.

Compromisso e responsabilidade

"Quando uma criatura humana desperta para um grande sonho e sobre ele lança toda a força de sua alma, todo o universo conspira a seu favor."
Johann Goethe

Finalmente, a reflexão provocada pelo processo de *coaching* leva ao comprometimento e à responsabilização de quem passa pelo processo. Como será poder mudar para melhor o rumo do destino e do futuro com as escolhas que estão sendo feitas hoje? De zero a dez, o quanto é importante realizar o objetivo desejado? E de zero a cem por cento, o quanto realizar esse objetivo depende de você?

Hoje, os alunos pré-vestibulandos têm o desafio da aprovação em vestibulares concorridos, mas amanhã, terão realizado esses sonhos e novos desafios surgirão. É gratificante perceber a evolução de cada aluno com que tive contato e apresentar-lhes ferramentas das quais se lembrarão (e farão uso) em diferentes momentos de suas vidas.

Diante dos resultados que tenho observado, humildemente, conclamo os especialistas a incluírem o ensino e subsídios para o ensino de gestão emocional desde os níveis mais básicos de educação até o nível de graduação, independentemente da carreira e da área de atuação escolhidos.

Esse projeto com os alunos pré-vestibulandos faz parte do legado que quero deixar como contribuição minha com o mundo. Finalizo com esse último pedido de reflexão, a cada um de vocês, leitores, sobre qual o legado que gostaria de deixar.

Referências

DILTS, R; HALLBOM, Tim; SMITH, Suzi. *Crenças: caminhos para saúde e o bem-estar.* São Paulo: Summus, 1993.

ROBBINS, A. *Desperte o gigante interior.* 3 ed. Rio de Janeiro: Record, 1993.

_____. *Poder sem limites.* 6 ed. Rio de Janeiro: Best Seller, 2007.

12

Coaching de carreira – Como ser feliz construindo uma trajetória de sucesso

Como seria construir uma carreira de sucesso e manter um relacionamento saudável com sua família? Como seria conquistar grandes resultados fazendo o que gosta? Se você acredita verdadeiramente que merece mais e melhores resultados. Se você quer realizar seus sonhos e viver uma vida extraordinária, então este artigo não é uma opção, é uma necessidade. O momento é agora! Permita-se!

Carlos Costa

Carlos Costa

Professional Coach pelo Instituto de Alta Performance Humana - IAperforma com reconhecimento internacional World Coaching Council. Cursando MBA em Gestão de Pessoas pela conexão FGV, com ênfase internacional na The university of Tampa-Florida, bacharel em Administração de Empresas. Coautor dos livros *Felicidade 360 – Todos os caminhos para ser feliz, Treinamentos Comportamentais* e *A arte da Guerra*, todos pela editora Literare Books. Atualmente é Gerente Comercial e *Professional Coach* no Instituto de Alta Performance Humana – IAperforma.

Contatos
carlos@iaperforma.com.br
carlos.foco@gmail.com

Daqui a alguns anos você estará mais arrependido das coisas que não fez do que das que fez. Então solte suas amarras. Afaste-se do porto seguro. Agarre o vento em suas velas. Explore. Sonhe. Descubra.
Mark Twain

Decidir uma carreira profissional é uma tarefa que exige liderança pessoal e autoconhecimento. A maioria das pessoas deixa se levar pelos fatores externos como aceitar quaisquer oportunidades do mercado ou seguir a profissão do seu pai, da sua mãe, para atender uma necessidade e desejo familiar. Deixar os fatores externos mudarem seu comportamento é deixar de viver seus sonhos e continuar na plateia assistindo o sucesso dos outros.

Construir uma carreira de sucesso, com excelentes resultados e reconhecimento, conseguir manter um equilíbrio na vida pessoal e profissional, ter uma profissão e trilhar uma carreira que agregue valores na sua vida, na vida das pessoas que você ama e poder contribuir de alguma forma para sociedade é o sonho de muitos profissionais. Para alcançar esses sonhos é fundamental olhar para seus fatores internos. Quando me refiro a fatores internos, quero dizer seus pontos fortes, suas habilidades, tudo aquilo que você faz com prazer. Você sabe quais são? E os pontos a serem desenvolvidos? Você sabe quais são? E seus valores, o que realmente é importante para você? Ter maior percepção de si mesmo o levará a explorar o seu mundo interior, oferecendo a grande oportunidade de se compreender melhor e construir uma carreira que tenha sentido. Isso é autoconhecimento! Mas afinal, o que é autoconhecimento?

Autoconhecimento é a transformação para alcançar aquilo que buscamos. Quanto mais nos conhecemos, teremos mais confiança para alcançar nossos objetivos e mudar tudo aquilo que nos causa tristeza e sofrimento. (COSTA JR. 2013)

O que você busca para sua vida pessoal e profissional?

De 0 a 10, quanto está disposto(a) para alcançar seus objetivos?

O que o deixa triste? O que está fazendo neste momento para mudar esta situação?

O autoconhecimento é fundamental para se tornar um profissional resiliente e manter o equilíbrio diante das transformações no mundo corporativo. Já passamos pela era industrial, pelo período de serviços e hoje estamos na era das informações, do conhecimento, criação, a era do ser humano e das emoções. Há sempre um mundo que está acabando e outro que está chegando.

As mudanças e tendências, a globalização e os avanços tecnológicos contribuíram com a evolução dos processos empresarias, nos negócios, prestação de serviços, mudou também a maneira de nos comunicarmos, as consequências também criaram novas oportunidades de carreira, toda essa mudança passou a exigir mais dos profissionais, hoje o mercado busca competências básicas e essenciais que estejam alinhadas às necessidades da organização.

Todos os dias são produzidos milhões de informações, as pessoas são "bombardeadas" por elas e passam a acreditar nos objetivos, sonhos, valores dos outros, ou seja, nos fatores externos. Quando a informação contribui para o nosso crescimento pessoal e profissional é de extrema importância recebê-la. E quando as informações geram milhares de perguntas e passam a confundir a cabeça das pessoas? Isso pode ocorrer nos jovens que estão iniciando uma carreira, ou profissionais que já estão no mercado construindo uma carreira, até mesmo empresários em seus próprios negócios e profissionais de diversas áreas. Durante sua vida pessoal e profissional surgirão questionamentos como:

O que gosto de fazer? Qual será minha profissão? Será que estou preparado para assumir um novo desafio? Quais são minhas habilidades? Será que estou no caminho certo? Quais são minhas principais competências?

Conhecer a si mesmo será um grande passo para ter escolhas mais assertivas. Suas escolhas geram resultados positivos ou negativos. Qual será sua escolha? Pense como gostaria de estar daqui a três, cinco ou dez anos. Sua escolha hoje poderá acompanhá-lo por toda sua vida pessoal e profissional. Suas ações no presente são os resultados que irá colher no futuro. Qual é a sua visão? Qual o seu sonho? O que quer se tornar no futuro?

Existem alguns momentos na vida que toda aquela energia interna poderá chegar ao fim, este momento é oportuno para se autossabotar e se tornar mais uma vítima. Acredito que ninguém quer ter uma carreira e uma vida infeliz.

Caso esse seja seu estado atual, é exatamente neste momento que um *coach* de carreira pode entrar na sua vida e fazer a diferença junto com você para a realização pessoal e profissional.

Coaching é uma metodologia que busca atender as seguintes necessidades: atingir metas, solucionar problemas e desenvolver novas habilidades. É um processo de aprendizagem e desenvolvimento de competências comportamentais, psicológicas e emocionais, direcionado à conquista de objetivos e obtenção de resultados planejados que, para ser compreendido, pode ser comparado à aliança de sucesso entre um técnico desportivo (*coach*) e seus atletas (*coachee*). O técnico não atua no jogo diretamente, mas oferece, como um padrinho, sua experiência que concorre para o desenvolvimento e desempenho do atleta. Da mesma forma, o *coach* contribui para o aprendizado e amadurecimento emocional, tomada de decisão, planejamento de ação, definição de tarefas e de estratégias de remoção de obstáculos. (MARQUES, J. R; CARLI, EDSON, 2012, p. 22)

Segundo a Academia Brasileira de *Coaching*, o processo de *coaching* de carreira é destinado àquelas pessoas que possuem algum tipo de dúvida ou insatisfação a respeito de suas carreiras, sejam estas já iniciadas ou não. Neste caso, podem demandar este tipo de *coaching* as pessoas nas seguintes situações: iniciantes em uma carreira; insatisfeitas com sua carreira; em transição de carreira; que buscam recolocação no mercado; que almejam uma nova profissão ou cargo; entre outros.

Durante um processo de *coaching* de carreira é preciso compreender o estado atual do *coachee*. Um fator importante é o cenário, conhecer a profissão, conhecer o mercado de trabalho, os pontos fortes e fracos do mesmo, se a empresa e o mercado oferecem oportunidades de crescimento profissional. Não só o ramo de atuação, mas entender o estilo de vida do *coachee*, como é seu comportamento e suas atitudes. Será que estão alinhados com a carreira de atuação?

Segundo Marques, existem oito etapas trabalhadas no processo de *coaching* para que o *coachee* possa alcançar seus objetivos e subir na carreira.

1º Encontro. O *coach* pergunta quais são as diretrizes profissionais do *coachee*, o que ele quer alcançar.

2º Encontro. Os dois estabelecem objetivos realistas. Fazem uma análise do cenário em que o *coachee* está: qual posição ele ocupa, quanto ele ganha, qual a pretensão salarial futura e qual a viabilidade disso acontecer.

3º Encontro. O *coach* faz um mapa da rede relacionamentos do *coachee* e como o *networking* dele vai ajudá-lo a se colocar na posição almejada.

4º Encontro. O *coach* discute as expectativas de valor do *coachee*. Isso significa saber quais são os valores que norteiam a vida do *coachee* e por que ele quer mudar, o que o movimenta para o novo trabalho ou posição.

5º Encontro. Os dois definem uma ação focada para o objetivo acontecer.

6º Encontro. Analisar a competitividade. O *coachee* precisa saber se está preparado em relação à concorrência. Se ele quiser, por exemplo, ganhar R$ 50 mil, deve saber qual é o perfil do profissional que ganha esse salário e o que precisa ser feito para alcançar o mesmo nível.

7º Encontro. Determinar as ações e trabalhar as competências

que não tem. Se quiser ser diretor, ele deve saber o que precisa fazer para alcançar essa posição.
8º Encontro. *Coach* e *coachee* analisam o que foi feito nos encontros anteriores e o que falta fazer para alcançar o objetivo. Nesse encontro, o *coachee* sairá com um planejamento do que fazer nos próximos seis meses e permanecerá em contato para que o *coach* saiba como anda o processo rumo à ascensão na carreira.

Após as sessões, o *coachee* se conscientiza que além de construir uma carreira de sucesso, ser mais assertivo nas suas escolhas profissionais, passará a compreender a importância de ter uma vida profissional que faça sentido, que ter uma carreira na qual é feliz será fundamental para ter uma vida social equilibrada gerando satisfação para as pessoas que fazem parte da sua vida, como a família, consequentemente a organização e a sociedade serão beneficiadas positivamente.

Meu desejo é que você seja feliz, tanto na vida pessoal quanto na vida profissional. Na sua jornada profissional, será comum se deparar com dificuldades, chegará ao ponto que pensará em desistir, mas acredito verdadeiramente em você, que aprenda com as dificuldades e tire proveito dos fracassos. Quero que evolua como ser humano, tenha uma vida brilhante e uma carreira que o faça feliz. Pensando em você, ofereço algumas perguntas para a realização de um *autocoaching*, isso mesmo, responda as perguntas abaixo e busque as informações que estão dentro de você. Em seguida, o convido a conhecer os cinco segredos para o sucesso pessoal e profissional.

"Perguntas de alto nível criam uma vida de alto nível. Pessoas bem-sucedidas fazem melhores perguntas, e como resultado, obtêm melhores respostas."
Anthony Robbins

- O que me faz feliz?
- Qual é meu objetivo?
- Minha situação atual me faz bem?
- Quais são meus pontos fortes e pontos a serem melhorados?
- O que me incomoda?
- Eu tenho problemas? Quais?
- O que tenho feito para resolver meus problemas?
- Estou evoluindo na vida pessoal e profissional?
- O que estou fazendo de diferente para evoluir na vida pessoal e profissional?

- O que estou deixando de fazer para evoluir na vida pessoal e profissional?
- O que aconteceu com meus sonhos?
- Como posso melhorar meus relacionamentos mudando somente a mim?
- O que estou fazendo hoje de diferente para conseguir meus resultados amanhã?

Cinco segredos para o sucesso pessoal e profissional

Crie um propósito

Enquanto não tiver um propósito definido para sua vida, você irá dissipar energia e dispensar pensamentos sobre diversos assuntos e em variadas direções. Isso não contribuirá em nada para conduzi-lo ao triunfo, mas o levará à indecisão, à insegurança e à fraqueza. (PÉTRY, 2012, p. 15)

Gerenciar os pensamentos

"Quando somos abandonados pelo mundo, a solidão é superável; quando somos abandonados por nós mesmos, a solidão é quase incurável..."
Augusto Cury

Gerenciar os pensamentos é capacitar o eu para ser autor da nossa história. É governar a construção de pensamentos que debilita a inteligência e a saúde psíquica. É ser livre para pensar, mas não escravo dos pensamentos. É ser líder de si mesmo. (CURY, 2003, p. 76)

Dicas para gerenciar os pensamentos

1. Vire a mesa dos seus pensamentos, critique cada pensamento negativo nos primeiros cinco segundos que produzi-lo para evitar o registro doentio;
2. Faça microrrelaxamentos para desacelerar o pensamento no trabalho, no trânsito;
3. Pratique o silêncio contemplativo, mude sua agenda e desenvolva a inteligência espiritual para enriquecer os pensamentos. (CURY, 2003, p. 86)

Leitura

A leitura pode mudar sua vida, pode fazer uma enorme diferença. A leitura pode trazer tantos benefícios como: conhecimento, melhorar a memória, aumentar sua percepção sobre assuntos diversos, reduzir o estresse, exercitar seu cérebro e contribuir para seu desenvolvimento pessoal e profissional.

Cuide da sua saúde

Alimente-se corretamente, pratique exercícios conforme orientações de um especialista. Beba água e coma frutas todos os dias. Segundo David Niven, Ph. D., as pessoas que comem frutas ficam satisfeitas com sua alimentação, interessam-se menos por alimentos industrializados e se sentem melhor consigo mesmas. (NIVEN, 2001, p.118). Lembre-se, para construir uma vida pessoal e profissional de sucesso é fundamental estar bem com a mente e o corpo.

Seja seu próprio fã

Precisamos confiar em nós mesmos com força e constância. Quando sentir-se desanimado, reconheça-o, mas não se entregue ao desânimo. Procure superá-lo e siga em frente. (NIVEN, 2001, p.41)

Se você acredita verdadeiramente em você. Você pode tudo!

Você acredita?

Se sim, você será feliz e construirá uma carreira de sucesso!

Se não, o convido a ler novamente este artigo!

Referências

COSTA JR, Carlos Alberto. Felicidade 360° - *Todos os caminhos para ser feliz.* São Paulo: Editora Literare Books: 2013. SITA, Mauricio.

CURY, AUGUSTO J. *Dez leis para ser feliz: ferramentas para se apaixonar pelo vida.* Rio de Janeiro: Sextante, 2003.

MARQUES, J. R; CARLI, EDSON. *Coaching de Carreira – Construindo profissionais de sucesso.* São Paulo: Editora Literare Books, 2012.

NIVEN, DAVID, Ph. D. *100 segredos das pessoas felizes;* Tradução de Maria Claudia Coelho. Rio de Janeiro: Sextante, 2001.

PÉTRY, JACOB J. *A lei do sucesso: A filosofia que mais influenciou líderes e empreendedores no mundo inteiro.* São Paulo: Leya, 2012.

Tudo sobre coaching, <http://www.abracoaching.com.br/tudo-sobre-coaching/quais-sao-os-tipos-de-coaching/>, Acesso: 16 de outubro de 2014.

Como coaching pode fazer sua carreira decolar, <http://www.istoedinheiro.com.br/noticias/estilo/20130502/como-coaching-pode-fazer-sua-carreira-decolar/115126.shtml.>, Acesso: 16 de outubro de 2014.

13

Acelerando resultados com administração do tempo

Obter resultados efetivos é um dos fatores que diferencia os profissionais. E, nesse contexto, a gestão do tempo e a inovação constante permitem que as pessoas enfrentem com mais eficácia os desafios. Assim, o grande desafio que se coloca diante dos profissionais é a habilidade de gerenciar o tempo, exercitando disciplina, paciência, comprometimento, respeito e humildade

Cláudio Quintanilha Siqueira

Cláudio Quintanilha Siqueira

Graduado em educação física, pós-graduado em gestão de pessoas com *coaching* e em gestão estratégica de recursos humanos. *Master coach, master practitioner* em programação neurolinguística, analista de perfil comportamental, formação em constelações estruturais sistêmicas. Todas as formações reconhecidas por selos internacionais: Metaforum Internacional, European Coaching Association (ECA), Global Coaching Community (GCC), International Association of Coaching (IAC) e Word NLP Council.

Contatos
http://claudioqsiqueira.wordpress.com/
claudioqsiqueira@gmail.com
https://www.facebook.com/claudio.quintanilha.01
(22) 2722-5121 / 99931-9282

Atualmente, parece que não temos tempo o bastante para realizarmos todas as tarefas, compromissos e obrigações que surgem a todo momento. Desempenhamos diversos papéis simultaneamente, o que exige de nós, cada vez mais, maior capacidade de distribuir equilibradamente cada segundo do nosso dia. Ao papel de pai, mãe, profissional e todos os outros, devem ser distribuídos, sabiamente, cada um dos 86.400 segundos diários que temos. Contudo, o tempo é um recurso finito. Uma vez consumido, não pode ser recuperado. Também não pode ser armazenado para usarmos mais tarde. Se você puder identificar e eliminar – ou reduzir consideravelmente – as atividades que geram desperdício de tempo, vai encontrar um modo de controlar melhor a sua própria vida.

Às vezes executamos muitas tarefas ao mesmo tempo, mas parece, no final, que nada foi concluído de fato. E, talvez, isso realmente tenha acontecido. Num mundo onde o ritmo é cada vez mais acelerado, num contexto em que as demandas surgem a todo instante, o volume de informações é muito grande, a jornada de trabalho cada vez mais longa a vida pessoal acaba sendo deixada de lado. Aí surge a necessidade de saber administrar corretamente o tempo para evitar desperdício dos créditos que temos diariamente, além de diminuirmos a chance de adquirir problemas de saúde por estresse, como hipertensão, gastrite e infarto, considerados consequências do ritmo desenfreado da vida moderna.

O 4º Inquérito Europeu sobre as Condições de Trabalho/2007 mostrou que o estresse ocupacional afeta milhões de trabalhadores da União Europeia, em todos os ramos de atividade. E o quarto problema mais mencionado pelos entrevistados foi o estresse! Nesse contexto, o estresse crônico passou a ser visto como algo normal, tanto que quando você diz que não está estressado, as pessoas estranham.

Será que existe alternativa? É possível ter uma vida mais equilibrada, em que haja tempo para os relacionamentos e nossas necessidades pessoais?

Não é possível aumentar a duração dos nossos dias, mas existem meios que permitem o uso mais adequado do tempo disponível. Uma reflexão sobre a vida, para descobrir o que de fato quer são as atitudes que farão diferença para que você veja a sua vida sob outro ângulo, facilitando pensar em novas soluções.

A vida é feita de escolhas e a responsabilidade pelas decisões tomadas cabe a uma só pessoa: você! O comprometimento e a disciplina são essenciais para produzir os resultados que você almeja.

Gerenciar o tempo significa estabelecer um planejamento e priorizar as atividades diárias, semanais, mensais, tirando o máximo proveito do tempo disponível. Mas administrar o tempo não pode ser um fardo. Deve, sim, haver equilíbrio para atender as suas prioridades profissionais e pessoais. Muitas pessoas não fazem ideia do quanto desperdiçam de tempo com atividades que não agregam valor positivo às suas vidas nem ajudam a chegar aos resultados almejados.

Lembre-se de que o grau de importância da atividade é pessoal. Quem diz se uma atividade é importante ou não e o seu grau de importância é você. Portanto, definir prioridades é fundamental.

Numa sociedade complexa como a nossa, provavelmente nunca teremos tempo suficiente para fazer tudo o que precisamos ou desejamos; contudo, saber administrar o tempo é ter clareza sobre o que é prioritário dentre as várias coisas que se apresentam no dia a dia. Claro que você provavelmente considera importante ficar com a sua família, mas, por outro lado, existe o seu trabalho. Nesse caso, ocorre um conflito entre o que é importante e o que é urgente e por uma razão muito simples: algumas tarefas nos são impostas, isso é, nós não somos donos de todo o nosso tempo. Quando aceitamos um emprego, estamos também nos comprometendo em ceder o nosso tempo. Acontece que muitas vezes utilizamos mal o nosso tempo no trabalho e, por isso, temos que fazer hora extra, levar trabalho para casa etc. De qualquer forma, precisamos do trabalho para mantermos a família ou então teremos todo o tempo do mundo para nos dedicarmos a ela, mas sem o emprego!

Administrar o tempo é ter autonomia sobre a sua vida e não ser escravo do relógio. O tempo é distribuído da forma mais democrática entre todos os seres humanos. De todos os recursos que temos, ele é o mais bem distribuído, afinal, todos os dias cada um de nós recebe 24 horas, ou 1.440 minutos, ou ainda 86.400 segundos, nem mais, nem menos. Seja rico ou pobre, professor ou aluno, intelectual ou analfabeto.

A administração do tempo deve ter uma abordagem harmoniosa, abrangente e holística. Deve abranger e incluir todos os aspectos de seu trabalho, da família e, em todos os momentos, levar em conta as circunstâncias.

Apesar do uso corrente do termo "administração do tempo", nós não podemos administrá-lo. O tempo não para! Como administrar algo inexorável, que não pode ser alterado? O máximo que podemos fazer é administrar as ações e tarefas que surgem ao longo dos dias, porque você pode controlar a si mesmo, não pode? No entanto, utilizamos o termo "administração do tempo" apenas como uma metáfora, como tantas outras como "o tempo voa", "o tempo é curto", "matar o tempo" etc.

Costumamos desperdiçar nosso bem mais nobre com coisas sem as quais poderíamos viver muito bem – e você sabe quais são, não sabe? Um dos grandes desperdiçadores de tempo é a socialização excessiva. Quanto maior for o seu nível de socialização, maior a probabilidade de você perder tempo. Então, pratique a sua habilidade em dizer "não" durante os encontros sociais no horário de trabalho. Seja assertivo para controlar fofocas e pausas demoradas. Quanto tempo você costuma gastar ao telefone ou em reuniões informais? Pare e analise!

Outro grande desperdiçador de tempo é a mania de perfeição. Quando se busca a perfeição, seja em você ou nos outros, também está desperdiçando o seu tempo. Em alguns casos, o esforço, o gasto de energia e o tempo perdido para melhorar algo em apenas 1%, por exemplo, simplesmente não valem à pena. A relação custo x benefício fica desequilibrada.

A espera do momento perfeito para iniciar algum projeto também é um grande inimigo. Muitas pessoas costumam dizer: "Quando a minha vida acalmar, voltarei a estudar." Ora, infelizmente, a vida dessa pessoa nunca estará calma o suficiente para ela.

Já os consumidores de tempo são aquelas tarefas importantes e, na maioria das vezes, repetitivas como ler e-mails, atender telefonemas, cozinhar, levar criança à escola, cuidar do cachorro, lavar roupa etc. Ao contrário dos desperdiçadores de tempo, esses afazeres são importantes e não devem ser deixados de lado, pois há o risco de se transformarem numa urgência. Observe que e-mails, telefonemas, Facebook e outras facilidades tecnológicas tanto podem ser classificadas como desperdiçadoras, como poupadoras de tempo, dependendo de como você as utiliza.

A tecnologia permite grandes e novas possibilidades, mas, em contrapartida, também apresenta grandes desafios. O computador e os aparelhos celulares são grandes poupadores de tempo do ser humano, mas, paradoxalmente, também podem nos levar a desperdiçar esse bem precioso. Quantas vezes você se pegou navegando na internet, em sites que nada tinham a ver com o seu trabalho ou checando seus e-mails pessoais "rapidamente"? Não minta!

O grande paradoxo é que ao mesmo tempo em que a tecnologia favorece a execução das tarefas com rapidez, sobrando mais tempo para coisas importantes, nós acabamos desperdiçando esse tempo com banalidades ou arrumando mais compromissos e estresse. Desse modo, a tecnologia surge como uma das grandes responsáveis pelo consumo (ou desperdício) do tempo do homem moderno. Mas, e a nossa responsabilidade? Como acelerar resultados se não soubermos discernir o que é importante, aquilo que realmente pode oferecer efeitos positivos em nossa vida?

Outras vezes, por não confiar em outras pessoas, assumimos compromissos em excesso, mas quando se é capaz de delegar, sobra mais tempo para coisas mais importantes para você, melhorando a sua qualidade de vida. Experimente delegar! Há pessoas que não têm paciência para ensinar, mas acredite: o tempo usado para ensinar alguém a fazer algo é um bom investimento.

Delegar tarefas é parte importante para um bom plano de administração do tempo. Ao transmitir certas tarefas e obrigações para outra pessoa, aquele que recebe o poder delegado deve ter autoridade suficiente para concluir o trabalho de modo satisfatório, mas quem delega ainda fica com a responsabilidade pelo êxito ou fracasso.

Ao delegar tarefas para outras pessoas, você ficará com tempo livre, de modo que poderá concentrar seus esforços em outras ocupações mais importantes. Pense com carinho nas atividades que vai delegar e decida você mesmo quais devem ou não ser delegadas.

É importante ressaltar que não existe maneira certa ou errada de se fazer o gerenciamento do tempo. Cada um tem o seu estilo próprio e não há uma regra ou solução única, muito menos fórmulas mágicas. Cada um deve encontrar a sua melhor maneira de lidar com o tempo. O seu jeito é o jeito certo!

Estabelecer metas também é um passo importante para otimizar o seu tempo. Mas as metas não são apenas sonhos ou desejos.

Elas devem ser criadas a partir de regras e a primeira delas é defini-las de forma que o motivem, assegurando de que realmente são importantes para você. Pergunte-se: "Por que essa meta é importante para mim?" Além de criar metas motivadoras, é importante evitar o excesso delas. Estabeleça prioridades e concentre sua energia em poucas metas de cada vez. É importante também ficar de olho na ecologia. A sua meta não deve afetar negativamente nada nem ninguém à sua volta, inclusive você.

A sua meta deve ser ESPERTA – um acróstico para Específica, Sistêmica, Positiva, Evidência, Recursos, Tamanho e Alternativas.

Específica: defina exatamente o que você quer. Por exemplo, imagine que uma pessoa deseje comprar um carro. Nesse caso a sua meta é o carro, mas não é uma meta específica o suficiente. É apenas um desejo, um sonho. Qual é o modelo do carro? Qual a cor? De que ano? Sem essas respostas a pessoa gastará tempo e energia à toa.

Sistêmica: pergunte-se como a realização da meta vai afetar a sua vida, se haverá algum desequilíbrio. A sua meta deve ser coerente com o seu sistema de vida.

Positiva: pense no que você quer e não no que não quer ou naquilo que quer evitar. O nosso cérebro tem dificuldade em associar imagens com a palavra "não". O "não" só existe na linguagem e não na realidade. Experimente ir ao supermercado com uma lista de itens que não quer comprar!

Evidência: você precisa saber se a sua meta está sendo alcançada avaliando constantemente seus ganhos em direção a ela. Não espere o desfecho de sua meta para saber que foi cumprida. Teste-a e a avalie durante o processo.

Recursos: são os recursos materiais e habilidades necessárias para atingir a sua meta. Avalie constantemente se você possui a qualificação necessária para obtê-la.

Tamanho: quando a meta é muito ambiciosa, ela pode trazer-lhe frustrações e desanimá-lo. Divida-a em etapas para não cair na armadilha da procrastinação. Por outro lado, se a meta for muito pequena, pode causar desmotivação. Altere-a para um tamanho adequado. Avalie quanto tempo você precisa para atingi-la.

Alternativas: quando surgirem os obstáculos, quais as outras opções que você tem? Lembre-se de estabelecer ao menos três. Uma opção é insuficiente e pode atravancar o caminho até a meta. Duas criam um dilema.

Escreva as suas metas. Ao fazer isso você as torna mais reais e tangíveis. Escreva-as no futuro do presente e não no futuro do pretérito. Assim, em vez de escrever "Gostaria de trocar de carro no final do ano", escreva "Trocarei de carro no final do ano."

Lembre-se: procure viver cada minuto da sua vida. Planeje o futuro, mas viva o presente. Saboreie cada passo dado em direção à meta e se divirta.

A falta de concentração é outro inimigo poderoso do tempo. Você certamente já passou pela experiência de divagar em pensamentos que não tinham nada a ver com a tarefa que deveria ser executada. Ou então, ao ler um livro, perceber que leu um parágrafo inteirinho sem atenção. Isso ocorre porque a nossa mente procura sempre recusar o agora e tenta fugir dele.

Pessoas de sucesso têm uma enorme capacidade de concentração. Elas colocam suas metas como prioridades e buscam a sua concretização. Por isso, faça do agora o foco principal da sua vida. Quanto mais concentrado você estiver no tempo passado ou futuro, mais deixará passar o agora, o momento mais precioso que existe. Muitas pessoas passam a vida preocupadas com o tempo que passou e com o tempo que virá e acabam se esquecendo de viver "aqui e agora".

Então, quando você pensar em resultados, pense em como você está lidando com o tempo. Tenha em mente que foco e planejamento devem ser parte da rotina de quem objetiva melhora contínua e resultados duradouros.

Boa sorte!

14

A regra fundamental do sucesso é fazer o seu melhor

O que é resultado? O que é sucesso? Começo lhe questionando, o que significa ser uma pessoa de sucesso para você? Seria ser bem-sucedido profissionalmente? Ter riquezas e posses? Ter uma boa família? Seria o conjunto do todo? Seria um bom resultado nas coisas que faz?

Cristiane Bianchi

Cristiane Bianchi

108

Coach formada pelo ICI Integrated Coaching Institute®. Psicóloga com MBA em Gestão de Pessoas, pós-graduada em Dinâmica dos Grupos pela SBDG. Certificada para aplicação da ferramenta de autoavaliação MBTI e DISC. Instrutora de treinamentos do SENAC. Professora de Graduação e Pós-Graduação na Unic.

Contatos
cristiane.bianchi@yahoo.com.br
(65) 9608-1517

Cristiane Bianchi

"Somos responsáveis não só pelo que fazemos, mas também pelo que deixamos de fazer."
Molière

Quando me convidaram a escrever esse artigo para um livro sobre *coaching* como aceleração de resultados, logo imaginei trabalhar os seguintes aspectos:

1. Quem é responsável pelo seu sucesso?
2. Será que estamos nos dedicando ao que é importante em nossa vida?
3. Será que estamos fazendo as melhores escolhas? O que são as melhores escolhas?
4. Como pretendemos obter resultados diferentes agindo da mesma forma?

Há algum tempo atrás, li um livro chamado *A boa sorte* que me fez refletir sobre o significado da palavra sorte, muitas pessoas acreditam que é a sorte que determina o sucesso ou o insucesso, na minha percepção a sorte não existe, eu diria que o nome ideal seria oportunidade, e para conseguir obter o sucesso, (inclua aqui sucesso pessoal e profissional) preciso estar preparado, possuir as ferramentas necessárias para aceitar a oportunidade que "bate em minha porta" e conseguir obter o melhor dela. O maior responsável pelo sucesso da minha vida sou eu mesmo. Quais são minhas escolhas, o rumo que dei e estou dando à minha vida? É saber aonde quero chegar e traçar os caminhos necessários para chegar lá.

Alguns tópicos de como conseguir alavancar nossos resultados:

1. Se você quer que coisas boas cheguem até você, é preciso criar novas circunstâncias;
2. Ser gentil, ser educado com os outros;
3. Não deixar para amanhã o que se pode fazer hoje, evitar adiar atividades;
4. Ter confiança em si mesmo, acreditar que é capaz.

Falaremos mais sobre cada um deles no decorrer desse capítulo, antes, o convido a pensar sobre como sua mente trabalha, como você pensa sobre as coisas? As diferentes maneiras que damos sentido ao nosso mundo são determinadas principalmente pela nossa mente e em menor proporção pelo mundo externo, a nossa realidade é o que e como pensamos sobre os eventos de nossa vida. E o que você faz com as coisas que pensa? Quais são suas atitudes, seus comportamentos?

Quando saio de um treinamento e percebo pelas palavras que ouço, pelos testemunhos das pessoas, que consegui modificar a forma de alguém pensar, a forma de ver a vida, e com isso auxiliar a ter uma qualidade de vida melhor, me sinto realizada, se eu conseguir plantar esse sementinha da mudança em você já me darei por satisfeita com esse trabalho.

"Quem você é determina sua maneira de ver tudo à sua volta."
John C. Maxwell

1. Se você quer que coisas boas cheguem até você, precisa criar novas circunstâncias.

Quando algo diferente acontece em nossa vida, muitas vezes ficamos "empacados" em soluções antigas, repetindo mais do mesmo e esperando resultados diferentes com o mesmo comportamento. Recordo-me de um livro chamado *Quem mexeu no meu queijo*, que retrata bem o tópico acima, esse livro nos mostra que ficamos presos ao passado, buscando o que tínhamos e não encontramos forças para buscar novos objetivos e realizá-los, ele nos faz refletir que muitas vezes ficamos procurando um culpado pelas mudanças que ocorrem em nossas vidas, se perdermos o trabalho, culpamos a crise, o colega, o líder e com isso ficamos presos ao que já passou sem buscar novas soluções e, muitas vezes, sem aprender com o que passou, e quando algo novo surge ignoramos, por acreditar que o que tínhamos antes era melhor do que temos agora.

Muitas pessoas tendem a ser negativas em relação aos acontecimentos do dia a dia, quando algo não dá certo acabam ficando tristes e acreditando que não era para ser, que tudo só acontece com elas, que o outro tem sorte e elas não.

Se você quer cultivar o sucesso em sua vida, precisa se concentrar em tudo o que é positivo.

Precisamos criar condições favoráveis para que as coisas aconteçam em nossa vida, e isso requer dar o primeiro passo, ter uma atitude hoje.

Convido você a pensar nas condições que não deram certo em sua vida, questione-se, o que poderia ter feito de diferente para conseguir êxito nessa situação? Caso ocorra novamente o que você escolhe fazer?

É preciso ter confiança em si mesmo, observar pequenos detalhes que passam despercebidos no nosso dia a dia, e principalmente não desistir, ter paciência, entender que as condições do sucesso são feitas um dia de cada vez, em cada oportunidade que nos aparece no caminho de nossa vida e das ações que fazemos para nos preparar para essa oportunidade.

Permita-se fazer coisas novas, aprender e experimentar.

2. Ser gentil, ser educado com os outros;

Na correria do nosso dia a dia, um gesto amigável faz toda a diferença, não só para as pessoas ao seu redor, mas para você também.

Ser gentil e educado com as pessoas, procurar ter empatia (se colocar no lugar do outro), entender seu ponto de vista é essencial no seu crescimento como pessoa e como profissional.

Pensar apenas em si mesmo, não vai auxiliá-lo a alcançar o sucesso. A melhor maneira de se ter sucesso é ajudar alguém (ajudar com o coração, sem pensar no que irá receber em troca).

Não adianta viver pensando apenas no que ganharemos sendo gentis com as pessoas, muito mais do que ver benefícios em tratar bem os outros devemos ver a atitude da gentileza como uma prática do dia a dia que pode ser feita em qualquer situação, até mesmo para que se torne uma característica interessante em sua personalidade e estimule os outros a viverem mais harmoniosamente.

Seguem algumas dicas para praticar a gentileza ao outro:

- Seja sorridente, cumprimente as pessoas, independentemente do nível hierárquico;
- Agradeça sempre;
- Seja bem humorado, otimista, as pessoas tendem a fugir de pessoas que colocam defeito em tudo e vivem reclamando;
- Seja honesto consigo mesmo e com o outro para não entrar em contradição;
- Saiba dizer não quando precisa;
- Não prometa o que não pode cumprir;
- Conte até dez antes de reagir;
- Quando apresentar um problema, apresente também propostas de solução.

3. Não deixar para amanhã o que se pode fazer hoje, evitar adiar atividades;

"Não deixe para amanhã o amor que você pode expressar hoje. O tempo é traiçoeiro... nunca sabemos de antemão, a favor ou contra quem ele conspira. Somente o hoje nos pertence! Amanhã pode ser tarde demais, e teremos apenas arrependimentos para guardar em nossas lembranças!"

Sonia Valerio da Costa

Observe a letra da música abaixo:

Epitáfio – Titãs
Devia ter amado mais
Ter chorado mais
Ter visto o sol nascer
Devia ter arriscado mais e até errado mais
Ter feito o que eu queria fazer
Queria ter aceitado as pessoas como elas são
Cada um sabe a alegria e a dor que traz no coração
O acaso vai me proteger
Enquanto eu andar distraído
O acaso vai me proteger
Enquanto eu andar...
Devia ter complicado menos, trabalhado menos
Ter visto o sol se pôr

Devia ter me importado menos com problemas pequenos
Ter morrido de amor
Queria ter aceitado a vida como ela é
A cada um cabe alegrias e a tristeza que vier
O acaso vai me proteger
Enquanto eu andar distraído
O acaso vai me proteger
Enquanto eu andar...
Devia ter complicado menos, trabalhado menos
Ter visto o sol se pôr.

Faço aqui uma provocação em cima dessa música, como está vivendo sua vida? O que tem feito tem lhe dado prazer? Tem feito o seu melhor em tudo o que faz? O que tem deixado para trás? O que tem desistido de fazer em sua vida?

O nome da música Epitáfio se refere às frases que são escritas geralmente em placas de mármores ou de metais, colocadas sobre o túmulo nos cemitérios com o objetivo de homenagear quem já se foi.

Qual homenagem você gostaria de receber quando se for desse mundo? Como gostaria de ser lembrado? Qual marca gostaria de deixar? Lembrando: sucesso é fazer o seu melhor!

Procrastinamos coisas que são importantes para nós, acreditando que o amanhã sempre virá, e que teremos tempo para fazer depois, o que me questiono é: se podemos fazer hoje, por que deixar para amanhã? Por que adiar as coisas? Qual a razão de não fazer agora?

O tempo não para – Cazuza
O nosso tempo não volta e não para.
"Eu vejo o futuro repetir o passado
Eu vejo um museu de grandes novidades
O tempo não pára
Não pára, não, não pára"

"Eu vejo o futuro repetir o passado". A partir do ano que vem realizarei meus objetivos, segunda começo a dieta, quantas vezes já ouvimos isso, ou mesmo falamos? E vem ano, passa ano, e nada se concretiza.

Este trecho extraído do livro *A boa sorte* reforça o que falamos até aqui: " 'E quando pensa em realizar o seu sonho?' perguntou o mestre ao discípulo. 'Quando tiver a oportunidade de fazê-lo' respondeu este. O mestre lhe disse 'A oportunidade nunca chega. A oportunidade já está aqui".

Se há um dia em que podemos fazer algo esse dia se chama hoje, é o nosso presente.

O que é um presente? É o nosso momento atual, mas é também uma lembrança, algo que é oferecido a outra pessoa como sinal de apreciação e de afeto. Quando recebemos o presente de alguém abrimos e escolhemos, qual será a maneira que utilizaremos e se o utilizaremos, assim também é com o presente que Deus nos deu.

Temos direito de escolher todos os dias como viveremos e o que faremos no dia de hoje, o que consequentemente afetará o meu amanhã.

Reflita, o que eu posso fazer hoje para me colocar mais próximo do meu sucesso, mais próximo dos meus resultados?

4. Ter confiança em si mesmo, acreditar que é capaz

Suas crenças se tornam seus pensamentos
Seus pensamentos se tornam suas palavras
Suas palavras se tornam suas ações
Suas ações se tornam seus hábitos
Seus hábitos se tornam seus valores
Seus valores se tornam o seu destino.
(Mahatma Gandhi)

Muitas vezes pode ser difícil acreditar em si mesmo, principalmente se você sente que não tem nada a oferecer ou que não vale nada.

Gosto muito de um exemplo de um palestrante que assisti há muitos anos, durante a palestra ele tirou do bolso uma nota de R$100,00 e questionou aos participantes quanto valia aquela nota, e todos responderam "cem reais". Após a resposta ele amassou a nota e questionou novamente, e todos responderam "cem reais", ele pisou em cima, riscou com uma caneta e questionou novamente quanto valia a nota e todos responderam "cem reais", perguntou ainda se a nota caísse em uma água suja quanto valeria e todos rapidamente responderam "cem reais", ao final questionou se mesmo depois da nota passar por todos os "problemas" se as pessoas gostariam de ter a nota para si, e claro a resposta foi "simmmmmm".

Se um papel passa por várias transformações, vários "problemas" e continua com o mesmo valor e todos o querem, por que seria diferente com as pessoas? Passamos por diversidades, problemas, situações complexas, palavras ditas de maneira errada, atitudes que nos incomodam e muitos começam a acreditar que não valem mais nada...

Independentemente do que aconteça em nossa vida, sempre seremos valorosos e arriscaria dizer que se nos permitirmos aprender com cada desafio que enfrentamos, nos tornaremos mais valorosos e fortes, somos como a pérola que vamos nos moldando dia a dia, com as adversidades que surgem.

Faço agora o seguinte convite, pare de ler e vá até o espelho e se observe e responda a seguinte pergunta: "O que você vê quando se olha no espelho?"

É uma pergunta aparentemente básica, porém, a resposta nos faz entender quem de fato somos.

Para ajudá-lo a se olhar mais profundamente, faça as seguintes perguntas, Por que nasci? Quem sou eu? Qual o meu papel na Terra? Eu sou feliz? Se não, por quê? Eu faço o que gosto? Estou na profissão certa? Caso ache necessário acrescente outros questionamentos.

Grande parte das pessoas não sabe quem é, outra parte acredita que é o que na realidade não é.

A nossa identidade é formada por diversos fatores, dentre eles a opinião das pessoas a nosso respeito, desde criança até hoje, expressada principalmente por meio de palavras.

O que você vê determina o que você será na sua vida. O espelho não reflete apenas nosso corpo físico, reflete o nosso "eu" interior, reflete nossas qualidades e pontos de melhoria.

Muitas pessoas pelo fato de terem ouvido palavras negativas a respeito de si mesmas durante a infância e adolescência, faz com que tenham autoestima baixa, insegurança e uma autoimagem (o que você acredita ser) completamente negativa.

Lembrando o que já falamos até aqui, tudo o que vemos, não significa ser a realidade, a realidade é o que está dentro de cada pessoa. Por mais que a sociedade, família dentre outras, tenham colocado na sua mente que você não é um sucesso, você precisa estar completamente certo, que acima de qualquer coisa você está na Terra para escolher, vencer, ser feliz, ter sucesso, alcançar objetivos e fazer o que gosta.

É preciso mudar sua convicção negativa sobre si mesmo e começar a acreditar na sua própria capacidade.

Convido-lhe a fazer uma lista de todas as palavras negativas que fala e pensa de si mesmo, depois troque essas afirmações por algo positivo e comece a proferi-las durante o seu dia, comece a acreditar nelas.

Pense comigo, se palavras negativas faladas por outras pessoas influenciaram o seu "eu" imagine o que fará, suas próprias palavras sendo ditas e pensadas de forma positiva. Por mais fraco e sensível que acredite ser, dentro de você existe uma águia e ela está querendo voar, solte a águia que existe dentro de você e voe, vá longe, acredite você pode. O que quer que a mente do homem possa conceber e acreditar ela pode realizar. (Napoleon Hill)

"A morte e a vida estão no poder da língua (palavras)..."
Provérbios 18:21

Deixo algumas "dicas" para você refletir e lembrar durante o novo caminho que seguirá:

- Não se compare com outras pessoas, você é seu modelo, desafie-se.
- Seja confiante! Conheça a si mesmo e cresça com novas experiências. Não se contenha por causa do medo, lute pelos seus objetivos.
- Se alguém disser que você não consegue fazer algo, não acredite.
- Faça o que deseja, ama e se sente bem.
- Atingir um objetivo, mesmo que pequeno, ajudará a melhorar a autoestima.
- E, principalmente, nunca desista de seus objetivos, pois você nunca sabe o quão perto está do sucesso!

Espero tê-lo auxiliado a pensar de uma nova forma, coloco-me à disposição para eventuais dúvidas.

15

A transformação das organizações com o processo de *coaching*

Duas visões que mostram claramente a importância de um *coach* nas organizações. Cada vez mais as empresas procuram esse profissional para potencializar os resultados, trazendo a motivação necessária para atingir os objetivos e a satisfação do cliente

Daniel Valle

Daniel Valle

PMP, palestrante, *master coach* e *master practitioner* em PNL, Proprietário do INCN – Instituto Nacional de Coaching e Neurolinguística, responsável por ministrar palestras e treinamentos motivacionais nas organizações. Graduado em Ciência da Computação com especializações em Gestão de Pessoas e Projetos. Especialista em formações em *Coaching* de Vida, Empresarial, Profissional, PNL, Empreendedores e Gestão de Pessoas.

Contatos
www.visaocomportamental.blogspot.com.br
www.incn.com.br
daniel.valle@incn.com.br
https://www.facebook.com/institutonacionalcoaching?ref_type=bookmark
(13) 9 9772-9150

Atualmente a busca por profissionais de *coaching* tem aumentado muito, principalmente nas organizações e com as mais diversas formas de atendimento, buscando um alinhamento entre resultado e satisfação dos funcionários.

Irei repassar aqui alguns segmentos que tem ajudado as empresas nesse desenvolvimento.

Atendimento em líderes

O processo de *coaching* vem ajudando muitas pessoas que possuem cargos de confiança na capacitação em Gestão de Pessoas, principalmente na definição metas individuais e em grupo, assim como na gestão de conflitos, porém uma das principais qualidades de um líder é saber selecionar pessoas ideais para um objetivo específico e isso o *coaching* pode ajudar com uma ferramenta que irei apresentar abaixo.

Com certeza você já passou por situações parecidas como essas: você está "tentando" realizar uma reunião específica com sua equipe e por algum motivo desconhecido, ela não se desenvolve, gerando conflitos entre a equipe e a irritação do líder que não consegue passar a informação desejada. Talvez o problema seja que as pessoas certas não foram convidadas para a reunião, mas irei explicar melhor agora.

Após muitos treinamentos comportamentais, descobri uma ferramenta que me fez entender melhor essa questão. Essa ferramenta, que foi desenvolvida "inconscientemente" pelo fantástico Walt Disney e, após anos de estudo, por Robert Dilts, pioneiro da PNL, que se chama Estratégia Disney.

Para Walt Disney, existiam três tipos "dele mesmo": O sonhador, o realista e o crítico e, para não "atrapalhar seus comportamentos", ele utilizava três unidades de trabalho diferentes para realizar cada tipo de atividade.

O Sonhador: era utilizado esse comportamento quando ele precisava criar algo inovador, diferente.

O Realista: utilizava esse comportamento para pôr a "mão na massa", planejar, desenvolver as ideias do "sonhador".

O Crítico: ele a utilizava quando precisava verificar falhas ou possíveis resultados negativos nas criações.

Analisando o mundo corporativo, é possível identificar esses comportamentos na sua equipe? Todos nós temos esses três comportamentos, porém utilizamos e temos uma característica comportamental mais aguçada para um dos três. E quando acontece uma reunião para tomar uma decisão importante, muitas vezes esses comportamentos entram em conflito e muitas vezes, nenhuma decisão é tomada.

A ideia é saber identificar cada comportamento essencial de sua equipe e utilizá-lo da melhor forma possível. Por exemplo: em um projeto de criação de um novo produto, imagine se um sonhador começa com uma ideia muito boa e logo o crítico vem e começa a acrescentar inúmeras possibilidades de falha. Isso normalmente acontece e muitas oportunidades deixam de existir. O gestor de equipe ao identificar esses comportamentos, saberá selecionar as pessoas certas para cada ocasião, tirando o melhor de cada comportamento e gerando um ciclo efetivado de criação, desenvolvimento e teste.

Portanto, um líder que passa por um processo com um *coach* com conhecimentos em Programação Neurolinguística, poderá ter uma visão maior de sua equipe, sabendo utilizar os comportamentos de cada um para atingir a um único objetivo: O resultado esperado.

Atendimento individual: de desconhecido a líder.

Existem pessoas que tem uma qualidade enorme em desenvolver projetos surpreendentes, porém, na hora de apresentar, um desastre. Isso ocorre principalmente com pessoas mais introvertidas, que têm uma certa dificuldade em se relacionar com as pessoas. E por outro lado, existem pessoas que se aproveitam dessas "dificuldades" para se darem bem em cima do projetos dos outros, pois tem bom relacionamento com as pessoas e facilidade em apresentações.

Uma vez atendi uma pessoa que tinha uma inteligência ímpar, com uma criatividade única, desenvolvia projetos maravilhosos para sua empresa, mas quem ganhava todo o mérito era um "colega" de trabalho que apresentava para a alta administração. O gerente da área responsável identificou essa dificuldade e me contratou para melhorar o comportamento indesejado, e começamos a conversar.

Logo de cara, percebi que ele se incomodava com essa situação, porém no momento em que se imaginava apresentando, batia um desespero enorme, e fui buscar a causa raiz desse comportamento.

Quando era pequeno, ele adorava fazer apresentações na escola, trabalhos, danças, entre outros, e um certo dia quando apresentava um trabalho de matemática, nervoso pois não havia se preparado direito, ouviu a seguinte frase do professor; 'Você é muito ruim com apresentações, desse jeito você nunca será ninguém de destaque'; pronto, a partir desse exato momento se foi instalado uma crença limitante que se levou por muitos anos de sua vida, e isso sempre o atrapalhou nos empregos por qual passou, quando recebia *feedback*, as palavras eram sempre as mesmas: ' Você é um ótimo executor, porém se não melhorar a comunicação, não chegará a um cargo de liderança'. Isso poderia muito bem não o incomodar, porém o incomodava, e ele percebia que tinha uma capacidade muito grande para se tornar um grande líder na empresa, porém essa crença o perseguia e atrapalhava seus planos.

Após essa análise, começamos a trabalhar a ressignificação dessa crença, ou seja, quais os recursos seriam necessários para que esse comportamento indesejado o ajudasse a ser mais comunicativo. Durante o processo, buscou curso de teatro, desenvolveu habilidades de comunicação, entre outras, e passei para ele os conceitos básicos de uma ferramenta muito poderosa, chamada *rapport*.

Mas o que é o "*rapport*"? É uma palavra de origem francesa sem tradução para o português que significa "trazer de volta" e é uma técnica utilizada para criar uma sintonia e empatia com uma ou mais pessoas. Resumindo, "*rapport*" é uma técnica que faz a pessoa sentir uma forte ligação com você. Sabe aquela expressão "Essa pessoa se parece bastante comigo"? É exatamente isso!

Com isso, passei para ele em prática, alguns segmentos do *rapport*, que são:

Rapport vocal: o segredo é primeiramente prestar muita atenção em alguns detalhes como a velocidade que a pessoa fala, a altura da voz. Gírias ou jargões são muito importantes nessas ocasiões também. E quando for sua vez de falar, você acompanhará todas as informações adquiridas, ou seja, você falará com a mesma velocidade e tom e utilizará algumas gírias de formas diferentes. Por exemplo: Você quer vender um celular para essa pessoa e identifica que ela fala muito a gíria "Classe A". Portanto quando for apresentar um produto, identifique uma forma diferente de utilizar isso, por exemplo: "Olha, só eu tenho um produto aqui que é de primeira CLASSE". Pronto, isso é o suficiente para o inconsciente da pessoa armazenar esse tipo de informação e deixá-lo confortável por estar conversando com uma pessoa "parecida" com ela.

Rapport postural: essa é uma técnica muito importante, utilizada muito em entrevistas para deixar o entrevistado confortável. O objetivo aqui é você "imitar" de forma sutil, sem a outra pessoa descobrir, a maneira com que ela se apresenta. Essa técnica é o que chamamos de espelhamento cruzado: você irá acompanhar a maneira com que a pessoa estiver sentada e acompanhar esse movimento. Por exemplo, Caso a pessoa cruze as pernas, faça o mesmo utilizando a outra perna ou até mesmo os braços. Se a pessoa colocar os braços em cima da mesa, o acompanhe. Isso tudo faz com o que o inconsciente da pessoa absorva essa informação e o deixe mais relaxado sabendo que está conversando com uma pessoa parecida com ela.

Rapport respiratório: essa é a técnica mais difícil de identificar, porem também é a mais poderosa. Se você conseguir identificar a respiração da pessoa que conversa com você e conseguir acompanhar, os resultados serão impressionantes.

Todas essas informações são captadas pelo nosso inconsciente e fazem com que a pessoa se sinta confortável e mais aberta para uma negociação, venda, contratação, etc.

E com isso, ele foi praticar, e praticar e praticar....e vieram os resultados...

Inicialmente, ele começou a praticar entre as pessoas que trabalhavam com ele, no café, na hora do almoço, e já na primeira semana de treino, já vieram os primeiros *feedback* positivos, e isso o deixou mais confiante e motivado, em paralelo ele estava prestes a terminar um dos projetos mais importantes de sua carreira, e foi quando ele me surpreendeu em uma sessão dizendo que em uma reunião de equipe ele se propôs a apresentar esse projeto ao Vice Presidente da empresa, gerando uma surpresa e um medo em todos de sua equipe, inclusive de seu Gerente, que me chamou para uma breve conversa.

Na conversa, ele entendia que o funcionário ainda não estava preparado para tal tarefa e que tinha medo do projeto não ser aprovado, ai simplesmente o respondi: Ninguém melhor do que ele saberá explicar esse projeto para o Vice Presidente, talvez o que esteja faltando é um voto de confiança de seu representante, ou seja, você... nesse exato momento ele o chamou na sala e agendou a apresentação nos próximos 15 dias. Foi então que o desespero o tomou conta, aquela crença que estava sendo ressignificada aos poucos temia em voltar, porém como ele mesmo havia dito no começo do processo, os recursos que ele precisava para a tarefa estavam em andamento, o entendimento do assunto, os ensaios nas aulas de teatro, as habilidades de comunicação, tudo estava sendo preparado para esse dia, e isso o faria mais confiante para a apresentação, mas existe uma técnica específica para reuniões? Sim, existe. E passei para ele alguns passos poderosos para fechar um negócio ou deixar uma grande impressão em uma reunião, são os passos:

1 – O contato cinestésico é muito importante. Portanto, cumprimente todos os participantes com um aperto de mão firme e olhando nos olhos. Essa é a hora certa de entregar o material que será apresentado e seu cartão pessoal.

2 – Se possível, separe um lugar ao lado oposto da mesa onde você ficará para o principal envolvido na negociação, a pessoa que tem o poder de tomar a decisão. E se possível perto da tela de apresentação. Isso faz com que você tome conta da reunião e traz um tom de "superioridade" e conhecimento no assunto.

3 – Fale com autoridade, com um tom um pouco mais rápido que o normal e evite que eles olhem muito para o material em mãos. Quanto mais para cima olharem, melhor, principalmente nos primeiros minutos da apresentação. Isso faz com que eles absorvam melhor a informação.

4 – Após esse início majestoso, mude para uma postura mais "amigável", abaixe o tom de voz, e comece a falar devagar, caminhando por toda sala. Se possível encoste nas pessoas enquanto anda. Colocar as mãos nos ombros e chamar as pessoas pelo nome é muito importante. A comunicação auditiva e cinestésica ajuda a trazer um conforto para as pessoas da sala.

5 – Para finalizar, abra espaço para perguntas e repita a pergunta do entrevistado com "Então você (nome da pessoa) quer saber sobre....". Isso gera um conforto com a pessoa e a percepção de que está sendo entendida.

E nos próximos dias ele treinou, e treinou, e treinou...

Eis que o dia mais esperado de sua carreira chegou, fiz questão de estar na empresa nesse dia para dar mais tranquilidade a ele, e o esperei na saída da reunião, antes mesmo da reunião terminar, seu Gerente sai da sala mais cedo e veio em minha direção, dizendo que a pessoa que estava dentro da sala apresentando não era a mesma, ele não conseguia entender como em tão pouco tempo uma pessoa poderia mudar tanto, e isso me fez me sentir realizado e ansioso para o fim da tão esperada reunião. Após o fim da reunião, fui chamado pelo Vice Presidente da empresa para explicar o que eu tinha feito para tal transformação, e como sempre digo eu o respondi 'Absolutamente nada, eu simplesmente o fiz enxergar as capacidades que ele sempre teve, que por inúmeros motivos o faziam não perceber'. Eu saí da sala e fui encontrar meu *coachee* em uma sala reservada, ele já me esperava e quando fechei a porta, e sentei na cadeira para saber da reunião, ele começou a chorar, isso mesmo, chorar como se uma criança ganhasse um cachorrinho que tanto queria. Após recuperar o folego, ele me explicou que sonhava com esse dia a muito tempo, e que nunca imaginava que seria capaz de realizar tal feito, o expliquei que essa pessoa que sentava na minha frente naquele momento era a mesma que conheci a uns meses atrás, porem só faltava ela se aceitar assim, voltar a ser aquela criança que gostava de fazer apresentações na escola e trazer isso de volta para ser bem-sucedido quando adulto.

Resumindo um pouco esse grande *coachee* que tive, pouco tempo após esse processo ele foi designado gerente de uma área que sempre quis, em suas horas vagas, fazia apresentações em peças de teatros, e sua vida evoluiu como um todo, além de um profissional de sucesso, ele se tornou um pai de sucesso, uma marido de sucesso, um amigo de sucesso.

Por isso, nunca deixe ninguém dizer que você não consegue fazer alguma coisa, sempre tenha em mente que se você realmente quer algo, você tem todos ou quase todos os recursos possíveis para atingir seus objetivos.

16

O poder da escolha acelera o seu resultado

Este artigo mostra o quanto você é responsável em se desenvolver e atingir o resultado que deseja. As ferramentas do *coaching* são muito ricas quando aplicadas de maneira correta e assertiva, pois através do autoconhecimento o autodesenvolvimento acontece naturalmente. O *coaching* mexe com a força interior, com os valores e crenças, dessa maneira a mudança comportamental é praticada de forma intensa

Daniela Mello Ferreira

Daniela Mello Ferreira

Professional Master Coach, Palestrante, Escritora e Treinadora, formada em Administração de Empresas, Pós-Graduada em Marketing pela Fundação Armando Álvares Penteado, *Coach* certificada pela ICC (International Coaching Community), ICI (International Association of Coaching Institutes) e *Master Coach* Certificada pela SLAC e IAC (International Association of Coaching). *Leader Coach* certificada pela Corporate CoachU (USA), *Professional SixSeconds Certification, Professional DISC Certification, Professional Assess Certification, Practitioner* em PNL certificada pela MSI – Master Solution Institute .Participação do Workshop THE INNER GAME SUMMIT, com Timothy Gallwey e MBA em *Coaching* e Gestão Empresarial, pela SLAC e FESPSP. Experiência de mais de 15 anos no mercado de varejo, varejo de luxo e serviços. Co-autora dos livros *Team & Leader Coach, O Segredo do Sucesso Pessoal, A Arte da Guerra* e *Coaching* – pela Editora Literare Books.

Contatos
www.unitasconsultoria.com.br
dmello@unitasconsultoria.com.br
Linkedin:Daniela Mello Ferreira- Grupo Falar de Negócios

Preciso relatar que eu, como *coach*, sou responsável por compartilhar o amor que sinto em trabalhar com o desenvolvimento das pessoas e participar de cada etapa das conquistas alcançadas. Meu trabalho é escutar ativamente o que meu *coachee* está dizendo e perceber o que guarda para si. Meu desafio é criar um ambiente de confiança para que meu *coachee* se conheça profundamente e coloque para fora sua melhor maneira de realização. O segredo de meu trabalho é buscar o melhor de cada *coachee*, é mostrar para cada um o quanto ele é capaz, o quanto tem habilidade e força para transformar sonhos em metas atingíveis, ou melhor, desenrolar as metas até atingi-las.

Percebo que meu foco em querer ajudar cada *coachee* a se autoconhecer e autodesenvolver faz com que eu acredite cada vez mais que a única coisa que nos impede de realizar alguma meta somos nós mesmos. O processo de *coaching* é uma estreita parceria entre *coach* e *coachee.* A relação é estreita, pois a meta do *coach* durante um processo é fazer seu cliente se desenvolver para que atinja a meta dele. Digo que meu trabalho sempre termina no final da sessão de *coaching*, quando o trabalho de meu *coachee* começa. É um trabalho de pura parceria, que vai aumentando e tomado forma ao longo das sessões.

Fico assustada ao ver tantos profissionais que oferecem os serviços de *coaching* e no decorrer das sessões surpreendem o *coachee* com técnicas bem distantes do que seria adequado. O *coach* é um profissional com muita responsabilidade, pois leva seu *coachee* a conhecer o desconhecido, desafiar suas crenças limitantes, descobre e maximiza seus valores, tudo isso para fazê-lo tomar decisões muito importantes em sua vida pessoal e profissional. O *coach* tem posição neutra, sem qualquer julgamento, indução ou crítica. O processo de *coaching* trabalha metas, alta performance, desenvolvimento comportamental, sem indicação de remédios, ou práticas que coloque aquele que buscou esse recurso em situações desconfortáveis, humilhantes e perigosas. As ferramentas utilizadas em um processo como esse são específicas, seguras e assertivas, algumas são ferramentas de *assessment* utilizadas em grandes empresas, todas para trabalhar desenvolvimento dos talentos, características de comportamentos, alta performance e foco no resultado.

O processo de *coaching* faz com que o *coachee* crie estratégias olhando para dentro de si, se percebendo, se conhecendo e também para fora, para o mundo, para a organização, para as pessoas. Dessa forma, ele consegue ter a percepção de ganho, de crescimento e desenvolvimento. O *coachee* aprende a delegar, a descentralizar algumas coisas pontuais, começa a enxergar diferenças em seu comportamento e automaticamente passa a tomar decisões mais assertivas e estratégicas.

Normalmente, em outros contextos, a palavra "*coaching*" é traduzida como "treinamento", mas aqui *coaching* quer dizer um processo de raciocínio que, através de ferramentas específicas, fará o *coachee* ter mais autoconhecimento e se autodesenvolver. Está longe, portanto, de ser um treinamento. O processo de *coaching* é a busca de resultados, desenvolvimento das características e competências comportamentais, desenvolvimento da autoperformance. Fazer o *coachee* tomar decisões estratégicas é o grande desafio.

A nossa vida acontece agora, neste exato momento em que você lê esse livro. A grande pergunta que faço a você é: Onde ocorre a sua vida? As pessoas geralmente respondem: Aqui! E onde é aqui?

Quando faço essa pergunta refiro-me a algo mais reflexivo, quero mexer com o seu eu interior, sua voz interna, a forma como você se comunica com ela.

Participei do curso *The Inner Game*, com o Timothy Gallwey, o precursor do *coaching*. Compartilharei neste artigo muitos conhecimentos que adquiri no curso, com as leituras que fiz de seus livros e, lógico, com tudo o que já coloquei em prática. Tim fala que o nosso jogo interior ocorre o tempo todo, e ora desperta nosso potencial, ora o interrompe. Nosso potencial é expresso e ao mesmo tempo sofre interferências. Tim, fala do *self* 1, que é o nosso senso crítico, julgador, aquele que atrapalha nossas decisões, nos faz sentir medo, que ardilosamente quer influenciar nossas decisões. Ele realmente é bem esperto. Já o *self* 2, com o qual eu prontamente me identifiquei, é a parte dos sonhos, da coragem, é seguro, verdadeiro, cheio de ousadia, autoconfiança, totalmente livre de críticas e julgamentos, nos leva aonde queremos chegar.

O ideal seria ter somente o self 2 em nossa mente, pois ele nasce conosco, mas o self 1 existe, ele é criado por nós, damos vida e força a ele o tempo todo e saber equalizar os dois é o grande jogo interior que Tim Gallwey nos ensina em seus cursos. O desafio está em saber lidar com os dois, encontrar um ponto de equilíbrio.

No curso que fiz com Timothy Gallwey, pude ter a felicidade de vivenciar momentos riquíssimos de aprendizagem. Um episódio inesquecível foi quando ele apontou para mim e me chamou para fazer um exercício. Ele nos falava sobre o stress e como podemos ir ajustando os vários níveis em que ele se manisfesta. Claro que ficar frente a frente com o mestre do *coaching* fez meu nível de stress chegar ao nível 10. Interessantíssimo que em menos de três minutos meu nível de stress havia diminuído a quase zero. Com um exercício, no qual ele me distraía com perguntas aleatórias, ele fez com que eu ficasse tranquila e relaxasse, esquecendo completamente do meu *self* 1. Essa experiência foi muito rica em meu aprendizado sobre *coaching*. Pude vivenciar naqueles minutos de exercício com o Tim a briga do *self* 1 com o *self* 2 e como consegui deixar o *self* 2 fluir e tomar conta da situação, me deixando tranquila e segura, livre de minhas autocriticas e medo inicial.

Para que o processo de *coaching* aconteça, é necessário deixar o *self* 2 trabalhar livremente, sem discordâncias ou medos. Para você entender o que estou dizendo, sugiro um exercício:

Coloque uma música de que goste muito, que lhe traga uma emoção positiva, e a deixe tocar em uma altura em que você escute somente a música, você deve sentir a música, sua energia, seu balanço dentro de você. Agora com a música tocando, feche os olhos e pense em algo que você já fez que trouxe uma experiência muito positiva, que mexeu de maneira espetacular com suas emoções, algo que gostaria de vivenciar novamente. Foque na energia que você tem neste momento, a segurança em saber fazer, pense na força, na vitalidade ao realizar essa atividade, enfatize a alegria, a sintonia de sua mente com seu corpo, pense no quanto você é capaz de realizar, o quanto é maravilhoso sentir toda a energia de sua habilidade, competência e capacidade, sinta toda a intensidade, a liberdade dentro do seu corpo, na sua mente, no seu coração, você é pura paixão, vitalidade, energia, na verdade neste momento você é o único a sentir isso, somente você, apenas você... Sua vida é agora, sintonizado com sua vontade e coragem de realizar tudo o que realmente deseja realizar...

Depois volte aos poucos para o momento presente, para sair deste estágio, desligue a música, levante e ande um pouco.

Ao se conectar com seu eu interior desta maneira, você desperta e alimenta o seu *self* 2, vivenciando o que há de melhor para caminhar em direção ao seu autoconhecimento.

O autoconhecimento é muito profundo, um mundo interior que fica escondido dentro de cada um de nós e se revela aos poucos, à medida que é instigado. Ter tomadas de consciência é uma experiência libertadora que promove o autodesenvolvimento.

Tenho um exemplo para citar sobre como o *self* 2 se manifesta na vida e o grande benefício que ele traz. Tenho uma amiga que perdeu sua filha há pouco tempo, ela tinha 12 anos, linda, cheia de vida, uma verdadeira boneca. Minha amiga está passando momentos muito difíceis, pois além de ser sua filha, ela era sua amiga, companheira, seu anjo, sua única filha. Eu e meu marido estamos ao seu lado diariamente desde então. O *self* 1 está sempre presente, sendo alimentado pela tristeza e por tudo o que pode colocar minha amiga neste momento a desacreditar de tudo, inclusive da própria vida. Para a felicidade, o *self* 2, como já falei anteriormente, nasce conosco, ele é vida, é sonho, é autoestima, é coragem, é realização, tudo o que uma pessoa na situação de minha querida amiga precisa neste momento para continuar a trilhar sua caminhada. Eu, como ser humano, como amiga e também como mãe quero poder resolver tudo e devolver a minha amiga a alegria e motivo para viver, porém isso seria pouco. Eu como profissional *coach*, tenho algumas habilidades que fazem com que o *self* 2 de minha amiga se manifeste de maneira mais expressiva e seja ele o condutor dela neste momento. Quero deixar claro, que para este caso, são necessárias outras condutas médicas, com profissionais específicos da área, nada semelhante com processo de *coaching*. O que explico aqui é que tenho conhecimentos e habilidades de maneira que, estando diariamente ao lado de minha amiga, eu consigo fazer o *self* 2 dela se manifestar e fazer com que ela se fortaleça trazendo muitos benefícios positivos para sua vida. Mostro com esse exemplo a força do *self* 2, que nasce dentro de nós, que tem o poder de nos fazer acreditar em nosso potencial e capacidade de seguir em frente. Importante é identificar o quanto o *self* 1 precisa ser trabalho pelo *self* 2 e assim aparecer e se alimentar para que cresça.

O *self* 2, que são nossos valores, nossa força motivadora, é essencial que seja trabalhado, em qualquer situação. Para todo profissional *coach* é fundamental focar nesse quesito, pois o *coaching* é um processo de desenvolvimento de características, comportamentos e talentos. Fazer *coaching* é focar em solução estratégica, é maximizar os valores e levar o *coachee* a trabalhar sua inteligência emocional para tomar decisões sábias, é levá-lo a traçar um plano de ação passo a passo. Com um conjunto de técnicas, ferramentas e habilidades falamos em *coaching*, aceleração de resultados.

Muito se fala sobre as metas e como fazer para alcançá-las. O meu trabalho me proporciona experiência com pessoas de diversas idades, sexo, culturas, crenças e valores. Mas percebo que nelas há um ponto em comum; todas têm sonhos, buscam realizar alguma coisa. Interessante é o quanto permanecem nos sonhos, pois valorizam tanto o *self* 1 que vivem a vida em busca de algo que nunca conseguem realizar. Geralmente substituem seus sonhos por qualquer coisa que consiga o suficiente para sobreviver. Conheço muitas pessoas que fizeram e fazem essa substituição o tempo todo.

Certa vez, falei em um treinamento que é necessário ter sonhos para depois ele se transformar em metas. Um participante foi severamente contra a minha afirmativa, pois ele acreditava que sonhos são sonhos e metas são metas, exatamente desta maneira. Ele falou que sonhos são feitos para sonhar e pronto. Fico feliz em dizer que após 15 dias de treinamento, esse participante veio conversar comigo, pois entendeu que sonhos e metas podem caminhar juntos.

Essa é a nossa essência, é a partir dos sonhos que começamos a pensar em realizações, tudo o que valorizamos costumamos colocar em nossos sonhos e geralmente eles são perfeitos, pois são idealizados. O *self* 2 corre solto, ele é criativo e coloca toda a sua forma de vida, de se expressar na realização de nossos sonhos. O autodesenvolvimento acontece nesta janela do *self* 2, no momento em que ele está ajustado e fortalecido. As ferramentas específicas trabalham com o *self* 1 o tempo todo, desafiando seu maior troféu, as crenças limitantes. O *coach* que observa todos os movimentos verbais e o que está escondido, que escuta ativamente seu *coachee*, consegue identificar e minimizar as crenças limitantes, tudo o que o impede de se desenvolver, identifica e maximiza as fortalezas, os valores, o tira do lugar onde está e o faz caminhar em direção aos objetivos. Os valores usamos a favor do *coachee* no momento em que ele perde força, uma excelente carta na manga para ser usada em momentos estratégicos durante uma sessão.

O segredo do *coaching* acontece justamente nas entrelinhas, no silêncio, na reflexão, no autoaprendizado. Posso contar inúmeras histórias de pessoas que falam que buscam algo, que sonharam em ser, em ter, em conseguir... Sonhos, sonhos que nunca deixam de ser sonhos, pois essas parecem esperar que eles batam à sua porta, que cheguem inesperadamente. É importante ressaltar bastante esse quesito, pois dentro do processo o *coachee* ou faz acontecer ou está fora, nada vai realizar. Eu como *coach* alerto meu *coachee* sobre a nossa relação de parceria, eu ofereço toda a minha habilidade e conhecimento para apoiá-lo em seu desenvolvimento para transformar seu sonho em meta realizável. Mesmo em um processo de *coaching* executivo, com meta estabelecida e acordada com a empresa, onde se espera um desenvolvimento mais específico, os sonhos aparecem, pois estamos falando de um executivo que é em primeiro lugar um ser humano.

O sucesso de um processo de *coaching*, independentemente de ser *coaching* de vida, executivo ou de equipe, está na parceria do *coach* e seu *coachee* e a forma como é conduzido cada momento da sessão. Com o comprometimento do *coachee* com seu desenvolvimento a parceria está feita.

Processo de *coaching* tem resultado? Digo que todo resultado obtido é consequência do autoconhecimento e autodesenvolvimento, aliados à quebra de crenças e às forças motivadoras de cada *coachee*.

17

Mentoring, uma alternativa ao *coaching?*

Uma das maiores problemáticas organizacionais no Brasil nos dias de hoje é compreender a diferença que existe entre o papel do *coaching* e do *mentoring* nas organizações. Isso ocorre devido ao fato dessas duas poderosas ferramentas de desenvolvimento serem tão próximas, mas ao mesmo tempo distantes. Entender como cada uma se apresenta é fundamental para esperar o retorno real, cabível e lógico de cada uma delas

Dionízio Costta Jr.

Dionízio Costta Jr.

Psicólogo Organizacional, Mestrando em Recursos Humanos e Gestão do Conhecimento, com formação certificada pelo International Coach Federation - Sistema ISOR em *Coaching* e *Mentoring*. Coordena pesquisas de *Counseling* no Brasil e possui experiência em Educação Corporativa, Desenvolvimento Humano Organizacional e Liderança. Professor, palestrante e conferencista, com vários artigos publicados em periódicos especializados. Membro da ACA - American Counseling Association - EUA e da Sociedade Brasileira de Psicologia Organizacional e do Trabalho e Associado a ABRH – Associação Brasileira de Recursos Humanos.

Contatos
dionizio@dioniziocostta.com.br
(81) 98743-0118
(81) 99365-5345

Embora *mentoring* seja uma tendência recente no Brasil, percebemos que sua aplicação é milenar e esteve presente em todas as civilizações. Estabelecer bem a diferença entre o *coaching* e o *mentoring* parte da necessidade de que essas duas ferramentas são quase sempre confundidas. Não me apegarei a explicar ou conceituar o que é *coaching*, pois meus nobres e capacitados colegas farão isso no decorrer desta obra. Focarei exclusivamente no conceito e aplicação do processo de *mentoring*.

Paulo Erlich, um dos grandes pensadores da área no Brasil, dá a seguinte definição: "*Mentoring* (ou mentoria) é um processo que acontece em relacionamentos interpessoais. É uma parceria em que uma pessoa que tem determinados conhecimentos e experiências utiliza voluntariamente essa bagagem para estimular o desenvolvimento de outra pessoa. Esse desenvolvimento pode ocorrer em diversas dimensões: aumentando o domínio sobre uma determinada área de conhecimento, oferecendo suporte emocional para pensar e agir ou socializando a pessoa em um meio em que ela precisa atuar. Quem promove esse desenvolvimento é chamado de mentor. Quem recebe essa ajuda do mentor é chamado de mentorado", (ERLICH, 2014).

Processo histórico

Percebemos, no decorrer da história da humanidade, que sempre houve pessoas que de forma dedicada e instrutiva tinham a incumbência de desenvolver outra pessoa aproveitando sua própria experiência, sua biografia. Essas ações ficam evidenciadas, por exemplo, nas grandes escolas de filosofia e ciências de Atenas. Poderosos políticos e comandantes colocavam seus filhos para serem orientados pelos grandes pensadores de sua época: Platão e Aristóteles. Nos grandes centros romanos de luta, os pais ou senhores colocavam seus filhos ou servos para se tornarem grandes lutadores, sendo acompanhados pelos melhores. Nos mosteiros da Idade Média, os monges eram catequizados por outros monges que outrora haviam realizado grandes feitos e continuavam tendo sua opinião respeitada e levada a sério.

Por fim, percebemos, no processo histórico das sociedades, que sempre houve pessoas mais experientes que ensinaram e conduziram os mais jovens a seguir caminhos que foram proveitosos e até mesmo os impediram de seguir certos caminhos que não gerariam resultados efetivos. Então o processo de *mentoring* é muito mais antigo do que imaginamos, mas se reflete perfeitamente na pós-modernidade. Em nossos dias precisamos cada vez mais recuperar esta prática que foi revolucionária em todos os tempos.

Formas no processo de mentoring

Mentoring informal: acontece de maneira espontânea, proporcionado por pessoas que têm o desejo nato de ajudar o outro a superar suas dificuldades, a se adaptar ou a investir no crescimento pessoal e profissional. Pense por exemplo em alguém que foi extremamente importante em sua vida, que ajudou você de uma maneira tão incrível que não haveria dinheiro que cobrisse essa ajuda, que se dedicou a fazer você uma pessoa melhor, um profissional melhor, que depositou expectativas em suas capacidades mesmo quando estava descrente, que lhe apresentou alternativas cruciais para sua vida, que mesmo distante foram importantes para você.

Mentoring formal: acontece de maneira planejada, estruturada. É aplicado em organizações (das mais variadas). A organização elege pessoas de referência que voluntariamente se disponibilizam a ajudar o outro no intuito de fazer com que este desenvolva habilidades e comportamentos que foram ou são essenciais para que o mentor tenha tido sucesso e atingir objetivos seus e da organização. Realiza-se uma triagem de candidatos e se alinha o perfil do mentor com os dos colaboradores que precisam dessa ferramenta de desenvolvimento. A intenção é, com a ajuda do mentor, o mentorado atingir o resultado que deseja. A diferença entre o resultado atual e um resultado desejado é chamada de meta. É necessário, no processo de *mentoring* formal, existirem metas claras e realistas a serem atingidas pelo mentorado. Para tanto, sugiro adotar a seguinte orientação (baseada em FALCONI, 2011):

1. **PLANEJADO:** listar aqui as metas propostas no plano de desenvolvimento do mentorado.
2. **EXECUTADO:** o mentorado relata o que foi feito em relação a cada meta listada, nem sempre o executado sai como foi planejado.
3. **RESULTADO:** apresentar uma evidência indicando se a meta foi atingida ou não. Se a meta for atingida, ótimo! O mentor dá um *feedback* positivo e acalorado ao mentorado. Se não, é necessário fazer uma análise para saber por que a meta não foi alcançada.
4. **PONTOS PROBLEMÁTICOS:** é necessário listar o resultado da análise conduzida, mostrando as causas do não atingimento da meta. A partir daí se ajusta o plano de desenvolvimento do mentorado, para uma nova tentativa de alcançar a meta.

É importante criar um controle para mensurar o andamento do mentorado em relação às metas estabelecidas. Só se gerencia aquilo que é medido. Só se percebe a evolução do indivíduo quando se realiza uma comparação entre o que estava em evidência no passado e o que é apresentado na atualidade. Além de ser de extrema utilidade para o mentor e mentorado, é muito importante para o setor de gestão de pessoas ter esses dados para cada vez mais promover e incentivar a prática do *mentoring* na organização.

Funções de mentoring nas organizações

As funções de *mentoring* organizacional se dividem em três tipos: funções de trabalho e carreira, funções socioemocionais e a função modelar. A classificação que se apresenta a seguir é apresentada por Erlich (2014b), que deu uma nova versão à tipologia original, criada pela pesquisadora americana Kathy Kram.

Funções de trabalho e carreira

1 – Orientação: consiste basicamente em o mentor orientar seu mentorado. Isso pode acontecer em diversas instâncias da vida. Podem ser, por exemplo, dicas de como se comportar na organização, ajuda na elaboração do plano de desenvolvimento, indicação de cursos... As orientações são fundamentais para estreitar a relação.

2 – Proteção: a proteção é evidenciada nos primeiros contatos entre o mentor e mentorado. É o cuidado que o mentor tem para preservar a imagem do mentorado. Evita que ele se aventure a fazer coisas para as quais, sob o ponto de vista do mentor, ainda não está preparado. É de extrema importância para ambos que o mentorado seja enxergado pela organização como alguém que "sabe se comportar" e que se desenvolve.

3 – Exposição e visibilidade: acontece de forma oposta ao ponto citado acima. A partir da percepção de evolução do mentorado no processo de *mentoring*, o mentor passar a expor seu mentorado para superiores e equipe. O mentor cria oportunidades para que a opinião e o trabalho do mentorado fiquem em evidência, de modo que as pessoas passem a conhecer e reconhecer o trabalho desenvolvido pelo discípulo.

4 – Patrocínio: quando o mentor entende que a evolução do seu mentorado chegou a um nível muito confiável, começa a patrocinar seu mentorado para posições ou cargos mais elevados.

Essa iniciativa também serve como evidência do sucesso que é a relação de *mentoring*.

Funções emocionais

1 – Aceitação: aceitar o indivíduo da forma como ele se apresenta deve ser uma condição básica de qualquer mentor. O relacionamento de parceria que é primordial para o sucesso do *mentoring* e precisa ser estabelecido sem se levar em consideração qualquer preconceito (um julgamento antecipado), livre de estereótipos e paradigmas negativos. E uma premissa para a relação ser confiável e legítima.

2 – Escuta-e-aconselhamento: o mentor precisa ter uma escuta ativa e reflexiva (no momento do *mentoring*, a atenção do mentor deve ser depositada exclusivamente no mentorado). Essa escuta é fundamental para a compreensão que o mentor precisa ter, para que assim o aconselhamento seja assertivo. É importante o mentor sempre ter cautela ao aconselhar, para que o aconselhamento não se torne uma ordem. O mentor precisa, antes de mais nada, estimular seu mentorado a encontrar as respostas dentro de si. Quando esse recurso for findo, aí, sim, o mentor aconselha seu mentorado mais diretamente.

3 – Confirmação: a confirmação no processo se dá na medida em que a relação vai se consolidando. O mentor percebe que o *mentoring* está caminhando de maneira satisfatória e, a partir daí, desenvolver o outro se torna uma causa de honra. O mentor passa admirar seu mentorado, pois evidencia um amadurecimento de ideias e ações. Esta é uma fase memorável dentro do processo.

4 – Abertura para o relacionamento: a abertura para relacionamentos no processo pode ocorrer em níveis diferentes. Existem casos, por exemplo, em que mentor e mentorado se tornam amigos confidentes e perpetuam a amizade por anos a fio. E, em outros casos, após o *mentoring* cada um segue sua vida. Claro que, em se tratando de relacionamentos positivos, é estabelecida uma relação de ajuda e, mesmo sem grande amizade, fica um sentimento mútuo favorável. O importante é deixar este canal aberto. Relações positivas e agregadoras são sempre bem-vindas.

Função modelar

O mentor tem a responsabilidade de ser modelo para o seu mentorado. Serve como fonte inspiradora, como pessoa de referência. Pessoa que fala a verdade, que pratica aquilo que orienta e que atua com ética, alinhada à cultura da empresa e sempre valorizando e respeitando o ser humano.

Principais diferenças entre *coaching* externo e mentoring organizacional

Erlich (2014a) sugere que a diferença entre *mentoring* e *coaching* seja observada com base nas funções de *mentoring*. A seguir, uma síntese da abordagem oferecida por ele. Para tanto, criei os quadros apresentados abaixo para melhor entendimento dessas distinções.

Funções de trabalho e carreira		
	Mentoring	**Coaching**
Orientação	√	√
Proteção	√	X
Exposição -e - visibilidade	√	X
Patrocínio	√	X

Das funções de trabalho e carreira, no processo de *coaching* só teremos a orientação. As demais não são encontradas. Aplicando uma porcentagem dividida de maneira igualitária para as quatro funções teremos: 75% de ações exclusivamente usadas no *mentoring* e apenas 25% usadas no *coaching* (mas que também é usado no ***mentoring***, como evidencia a tabela).

Funções sociemocionais		
	Mentoring	**Coaching**
Aceitação	√	√
Escuta-e-aconselhamento	√	√
Confirmação	√	X
Abertura para o relacionamento	√	X

Em relação à função escuta-e-aconselhamento, vemos presente no processo de *coaching* mais fortemente a escuta. No caso do aconselhamento, é muito remota a possibilidade de isso acontecer. Por esse motivo, dividimos os 25% que correspondem à função em dois. Logo, usando a mesma forma de contabilizar essa porcentagem, temos 37% de funções de *mentoring* que são usadas no *coaching* e 63% de funções exclusivamente usadas em *mentoring*.

As distinções baseadas nas características do *mentoring* em comparação ao *coaching* são percebidas em várias situações e de várias maneiras, exemplo:

O mentor não possui necessariamente uma formação em *coaching*, logo as ferramentas usadas por um *coach* em seus processos nem sempre são aplicadas no *mentoring*;

O mentor é alguém interno, com vivência na cultura da empresa, o *coach* é na esmagadora maioria das vezes um profissional externo;

O mentor é voluntário, o mentor aconselha, no caso do *coach* aconselhamento é raro e por vezes não existe;

A abertura para o relacionamento, proteção, patrocínio não existem no processo de *coaching* e muito menos um investimento pessoal, o qual chamamos de patrocínio, e várias outras diferenças são encontradas. O importante é saber a atuação de cada ferramenta para esperar dele o retorno cabível e necessário.

Considerações finais

Como vimos na descrição, no processo de *mentoring* organizacional, ele não é uma alternativa ao *coaching,* mas sim uma alternativa ao desenvolvimento pessoal e profissional. Tanto o *coaching* como o *mentoring* são ferramentas poderosíssimas, logo não existe uma melhor do que a outra, existe sim qual ferramenta será aplicada para o contexto da situação. Cada uma, com suas particularidades teóricas e práticas, e se usadas de maneira coerente, será uma alavanca de desenvolvimento dos profissionais que desejam recebê-la e também de quem deseja aplicá-la. Espero, com sinceridade, que este capítulo tenha lhe trazido informações úteis para a vida profissional e pessoal.

Referências

CAMPOS, Vicente F. *Gerenciamento da rotina do trabalho do dia a dia.* 8. ed. Nova Lima, Falconi Consultores de Resultados, 2004.

ERLICH, Paulo. *Mentoring: formação de mentores organizacionais.* Recife, 2014a. 71 p. *Apostila do workshop Formação de Mentores Organizacionais* – ERLICH – Pessoas & Organizações.

ERLICH, Paulo. *O poder do mentoring nas organizações.* Recife: ERLICH – Pessoas & Organizações, 2014b. 24 p. Disponível em <www.erlich.com.br/ebook-o-poder-do-mentoring-nas-organizacoes/>. Acesso em 27 jul. 2014.

18

Crenças poderosas: estratégias de motivação e imagens mentais

Talvez já teve motivos para mudar um hábito, um pensamento, um sentimento. Talvez, na tentativa de melhorar, se muniu de artigos, livros e assistiu vídeos relacionados ao tema. O que decepciona é que nem todos os objetivos foram atingidos. Ou, se atingiu, foi por um tempo determinado. A pergunta que se faz é: o que preciso mudar é assim tão difícil? O que pode estar sabotando os meus objetivos?

Eduardo Almeida

Eduardo Almeida

Palestrante, Psicólogo com ênfase em Psicodinâmica do Trabalho, Hipnólogo Clínico, Pós-graduado em Gestão Estratégica de Pessoas, Certificação Internacional *Professional Coaching* e *Leader Coach*, *Coaching Ericksoniano*, Analista Comportamental *Coaching Assessment* pelo IBC e Treinador Comportamental formado pelo Instituto Formação de Treinadores. Professor do curso de Liderança e Gestão de Pessoas. Psicólogo do Núcleo de Orientação Educacional do Instituto Nacional de Telecomunicações – INATEL, aplicando processo de *Coaching* em jovens universitários e colaboradores da instituição. Atua no desenvolvimento integral do ser humano nos aspectos pessoal e profissional ao facilitar o autoconhecimento e levando o indivíduo a ter mais autonomia em suas ações e decisões, num sistema de melhoria contínua da capacitação e qualidade de vida. Desenvolve atividades relacionadas ao *Business & Life Coaching* / *Coaching* de Carreira.

Contatos
www.almeidacoach.com
almeida.coach@gmail.com

Este capítulo irá transformar sua vida. Não somente este capítulo, mas como todo o livro. Se você está lendo com a finalidade de compreender um pouco mais sobre comportamento humano e como mudar os próprios comportamentos e atitudes que impedem de ter sucesso ou mais sucesso, parabéns! Neste gesto você já se coloca na disposição para novas conexões, de abertura para novas maneiras de pensar sobre o ser humano e esta máquina fantástica que é o cérebro.

Eu o convido a por em prática os exercícios que serão propostos, pois eles são altamente eficazes e poderosos. Praticar e exercitar regularmente é essencial para desfrutar de todos os benefícios de maneira muito mais intensa ou intensa o suficiente para promover as mudanças que necessita na sua vida. Você poderá se beneficiar nas áreas da sua vida que deseja alterar – pessoal, profissional, familiar, espiritual – os exercícios são universais e você terá a oportunidade de customizá-los de um jeito que fique melhor para si. E por isso, que são tão eficazes, um método simples, que poderá ser modificado segundo a vontade do praticante e da maneira que lhe for mais confortável.

O que vai garantir a eficácia dos exercícios será a regularidade da prática, motivação na busca do seu ideal e acreditar que você poderá atingir todos os seus sonhos.

Sobre a regularidade da prática, imagine uma pessoa que não tem o hábito de praticar esportes e que, talvez, esteja alguns quilos acima do peso que gostaria de ter e, ainda assim, deseja participar de uma maratona, sem o compromisso de vencer, apenas como participante. Sabendo que o percurso da maratona é de 42,195 Km, não há como esta pessoa cumprir o percurso sem ao menos desenvolver um programa de treinamento a fim de condicionar seu organismo para realizar tal prova, não é mesmo? Agora, se começar a caminhar juntamente com pequenas corridas, melhorar seus hábitos alimentares, fazer musculação, alongamentos e intensificar a carga e o tempo dos exercícios na mesma proporção que seus músculos se tonificam, depois de alguns meses esta pessoa poderá correr uma maratona inteira. Lembre-se, "a direção é mais importante do que a velocidade" – Clarice Lispector.

Para toda ação é necessária uma motivação, que nada mais é do que MOTIVO + AÇÃO, ou o motivo da ação. Todos os comportamentos que uma pessoa realiza têm uma motivação, um motivo que tanto pode ser a origem como a causa dos comportamentos.

Algumas pessoas são motivadas pela estratégia de afastamento, outras pela estratégia de aproximação. Motivação por afastamento acontece quando se deseja evitar uma situação desconfortável. Um estudante que estuda por várias horas diariamente por medo de ser reprovado, ou o empresário que por medo de sofrer por dificuldades financeiras desenvolve parcerias e empreende seus negócios para faturar cada vez mais. Já na motivação por aproximação, a vontade de atingir os objetivos é o combustível para não desistir. Em comparação com os mesmos exemplos, o estudante deseja aprender mais e, consequentemente, estar mais próximo da formatura, da certificação ou da competência requerida; e o empresário que não se cansa de desenvolver fórmulas para aumentar o faturamento para atingir um objetivo específico ou lucratividade desejada. Todos têm as duas estratégias motivacionais, em algumas situações utilizam a primeira e em outras utilizam a segunda, porém, acabam por utilizar preferencialmente aquela que acreditam terem mais êxito ou simplesmente por ser um hábito.

Pessoas que utilizam da estratégia por afastamento geralmente são ótimas em visualizar possíveis problemas quando estão diante de alguma mudança. No ambiente profissional se sentem mais confortáveis quando há procedimentos e modelos para se ampararem. O outro grupo de pessoas, que utiliza a estratégia de aproximação, tende a ser mais impulsivo, foca na meta e nem se preocupa com as dificuldades que poderá vivenciar. Geralmente só vai se lembrar do guarda-chuva depois de estar molhado.

Apesar de nossa cultura valorizar a motivação por aproximação, principalmente quando se diz respeito a processos seletivos de emprego no qual se dá preferência para candidatos que demonstram possuir motivação por aproximação, ambas são eficientes e podem garantir o sucesso.

Nos exemplos citados, tanto a estratégia de afastamento como a de aproximação foram eficazes. Só chamo a atenção a um detalhe para pessoas que utilizam da estratégia por afastamento. Elas tendem a ficar desmotivadas depois que o risco do desconforto se afasta. Por exemplo, uma pessoa que vai ao cardiologista e descobre que os níveis de gordura no sangue a colocam em risco de morte, e, assim, faz regimes e atividades físicas. Diminuindo o risco de sofrer um infarto a motivação para manter a mudança de comportamento também diminui. Nestes casos, a estratégia de aproximação para ter um estilo de vida saudável e disposição é mais eficaz.

Provavelmente, você já teve motivos para mudar um hábito, um pensamento, um sentimento referente a alguém uma situação e desafios da vida. Talvez tenha utilizado a estratégia motivacional de afastamento ou de aproximação. Talvez, na tentativa de melhorar, se muniu de inúmeros artigos, livros sobre o tema, assistiu vídeos e participou de palestras relacionadas à mudança desejada. O que decepciona é que, de alguma forma, nem todos os objetivos foram atingidos. Ou, se atingiu, foi por um tempo determinado e hoje percebe que nada ou muito pouco do tinha conquistado restou. O efeito "sanfona" no emagrecimento, no qual a pessoa emagrece e engorda repetidas vezes, é um exemplo mais comum do que podemos imaginar. A pergunta que se faz é: O que preciso mudar é assim tão difícil? O que poderá estar errado na maneira como utilizo minha motivação? O que pode estar sabotando os meus objetivos?

Antes de responder estas questões julgo importante descrever sobre o acreditar. Acreditar que é possível concretizar um sonho é tão importante quanto o próprio sonho de torná-lo em realidade. Se trabalhar em algo em que não acredita sua motivação, independente da estratégia utilizada, será insuficiente para que tenha êxito. Acreditar é mais do que simplesmente dizer: "eu acredito". Acreditar é sentir que realmente pode, independente das dificuldades que terá que enfrentar. Acreditar é ter fé que o sucesso já é uma realidade e está para chegar. É quando se compra algo pela internet e sabe que a encomenda está a caminho, basta aguardar. O exemplo mais claro de como a ciência comprovou a eficácia do acreditar na área da saúde é o efeito placebo. O efeito placebo é quando o médico ministra substâncias inertes ao sintoma do paciente, como por exemplo pílulas de farinha, mas sem que o paciente saiba que é pílula de farinha, e estas produzem melhoras e até cura da enfermidade igualmente a um medicamento com propriedades farmacológicas ativas.

Se o fato de acreditar que o medicamento é capaz de aliviar o sofrimento da enfermidade já é o suficiente para produzir o resultado desejado, mesmo que esta medicação não contenha nenhuma propriedade farmacológica ativa, imagine se acreditar em suas potencialidades e ainda agir de modo eficaz?

Tudo aquilo que o faz acreditar que pode realizar, somado com tudo aquilo que o faz acreditar que não pode, é parte do conjunto que chamamos de Sistema de Crenças. Assim, o sistema de crenças é constituído de crenças positivas – eu posso – e crenças negativas ou limitantes – eu não sou capaz, eu não sou digno para. Ou seja, se você já tentou mudar um comportamento, situação ou sentimento e não teve êxito, ou se teve e ele foi temporário, muito provavelmente esteve sob a influência de uma crença limitante.

Lembre-se, uma crença limitante é como um vírus que destrói toda energia e motivação e impede a realização ou sabota os resultados depois de atingidos.

Ao tomar uma decisão, das mais simples como escolher a roupa para ir ao trabalho até às escolhas mais complexas como: profissão, troca de emprego, financiamento para aquisição de algum bem, em todas elas a parte racional e emocional está envolvida e, se estiverem em conflito, o lado da emoção sempre ganhará. Não há como lutar contra uma emoção e sair vitorioso. "Se você pensa que pode ou se pensa que não pode, de qualquer forma você está certo" – Henry Ford.

Quer ver como isso funciona na prática? Respire tranquilamente e busque em suas lembranças alguma coisa que já realizou e que possui habilidade suficiente para ter êxito novamente. Busque uma atividade simples como cozinhar, correr, dirigir, alguma coisa que no seu entender consegue fazer bem. Visualize e enriqueça com detalhes esta imagem mental que acaba de criar... muito bem! Agora procure na memória algo que já tentou realizar e não conseguiu, algo difícil para você... Como foi? É imagem tão clara como a da primeira?

A maior parte das pessoas que realizam este exercício relata que a imagem das atividades que já realizaram e acreditam serem capazes de realizar novamente são muito mais coloridas, claras e com movimentos em comparação à imaginação de atividades que não se acredita ser capaz de realizar, que geralmente são imagens desfocadas sem muito brilho e estáticas. Este é um exemplo de como o sistema de crenças atua na mente. Então, se você já sabe o que precisa fazer para atingir seu sonho e tem dificuldade em se imaginar realizando estas atividades, ou se as imagens são desfocadas, como se estivessem num nevoeiro ou escuras, muito provavelmente alguma crença limitante o impede de seguir em frente.

Exercício

O exercício que proponho necessita que sejam observadas pequenas regras e que poderão fazer toda a diferença na eficácia dos resultados.

Reserve 15 ou 30 minutos do seu tempo e procure um local agradável e calmo o suficiente para que você possa relaxar e fique numa posição confortável o suficiente para não adormecer, que pode ser sentado ou deitado.

Feche os olhos, respire pausadamente e se concentre apenas no ar entrando e saindo de seus pulmões. Toda vez que seus pensamentos fugirem para o que não seja a respiração, retome a concentração nela. Quando se perceber mais calmo, concentre-se na pressão que o seu corpo faz sobre onde está apoiado, seja uma poltrona, um sofá, um colchão. Imagine-se numa máquina do tempo que poderá levá-lo ao passado e ao futuro, sempre que precisar. Escolha um momento no qual se sentiu muito satisfeito e plenamente realizado. Talvez algo que tenha realizado ou aprendido, que seu coração se encheu de orgulho e alegria. Talvez, pessoas importantes da sua história estavam lá o incentivando e elogiando pelo grande feito. Talvez este grande feito seja algo com o primeiro emprego, quando passou no vestibular ou quando tirou a autorização para dirigir. Talvez seja algo que aconteceu há mais tempo como a primeira vez que andou de bicicleta, uma apresentação na escola, você sabe qual foi este momento, lembre-se. Reviva este acontecimento e visualize tudo que está acontecendo, escute os sons e as pessoas o elogiando e, talvez, o aplaudindo. Enriqueça esta imagem com detalhes e cores. Perceba como está confiante e satisfeito consigo mesmo. Sinta a emoção... Agora, reserve esta emoção e vá para o futuro que você está atingindo algo desejado, concentre-se apenas no momento exato de ter conseguido atingir seu sonho. Coloque muita iluminação neste momento e relembre aquela emoção do passado, associe a confiança e a satisfação da experiência passada com a imagem atual e ouça tudo que precisa ouvir, veja tudo que precisa ver, sinta tudo o que precisa sentir... Deixe a imagem mais clara e detalhada que puder e sinta como é bom realizar um sonho.

Fique com esta sensação e agora pegue um papel e escreva quais são os passos que precisa realizar para estar mais próximo de seu sonho. Talvez, você possa escrever quatro ou seis ações que poderá pôr em prática a partir de agora ou no dia seguinte, amanhã. Repita várias vezes durante a semana ou, quem sabe, todos os dias.

Este exercício irá ajudá-lo ou ajudar o suficiente a criar uma crença poderosa a respeito da realização do seu sonho e você perceberá que as imagens criadas serão cada vez mais nítidas e poderosas.

Lembre-se daquela pessoa que desejou correr a maratona, o treinamento começou de acordo com os limites dela e foi intensificando até atingir o ideal.

Lembre-se, também, você é um ser ÚNICO neste mundo e repleto de LUZ, capaz de realizar qualquer ação para atingir o SONHO que desejar.

Referências

ANDREAS, A. e FAULKNER, C. PNL: *a nova tecnologia do sucesso.* 7ª ed. Rio de Janeiro: Campus, 2004.

BETIOL, M. I. S. (Coor.). *Psicodinâmica do trabalho: contribuições da escola dejouriana à análise da relação prazer, sofrimento e trabalho.* 9ª reimpr. São Paulo: Atlas, 2007.

DAMÁSIO, A. R. *O erro de Descartes: emoção, razão e o cérebro humano.* 12ª reimpr. São Paulo: Companhia das Letras, 2004.

DILTS, R.; HALLBOM, T. e SMITH, S. *Crenças: caminhos para a saúde e o bem-estar.* 7ª ed. São Paulo: Summus, 1993.

19

Acelerando em busca da produtividade total

Se quero ter os melhores resultados, é necessário que tenha uma produtividade efetiva e constante, para isso preciso responder. Ser mais produtivo para quê? Onde eu quero ser mais produtivo?

Elias Lima

Elias Lima

Diretor e Sócio da E3RV, empresa que presta consultoria, treinamentos, palestras e *coaching*. Administrador de empresas com pós-graduação em Gestão pela Qualidade. Elias Lima tem mais de 25 anos de atuação no segmento de varejo e deixou sua marca em grandes corporações, como Leroy Merlin, Casa Show, Carrefour, e nas empresas do segmento cerâmico: Eliane, Colortil e Buschinelli. O título de *Coach* obtido com a formação da Academia Brasileira de Coaching com certificação internacional reconhecida junto ao Behavioral Coaching Institute mescla-se com sua experiência no desenvolvimento de pessoas: ele é consultor de empresas formado pelo CRA-RJ, *Master Practitioner* com formação pelo Núcleo Pensamento e Ação e certificado pelo International Association of NPL Institutes. Treinador e palestrante de Produtividade, Liderança e Comportamento.

Contatos
www.e3rv.com.br
eliaslima@e3rv.com.br
(21) 78579001

A busca pelos melhores resultados e o sucesso é constante e pertinente a todos aqueles que são empreendedores, sendo assim, se quero acelerar meus resultados e ter sucesso em qualquer lugar, devo saber para onde quero ir.

Vejamos o seguinte: se eu quero fazer uma viagem, preciso definir para que lugar que eu quero ir, certo? Ok. A partir do momento que eu sei para onde eu quero ir, qual seria o próximo passo? Saber e definir quando. Quando eu vou fazer...? Então, depois de saber para onde e quando eu vou, se faz necessário saber. Como eu vou...? Ou seja, agir.

Quando passo a ter esse conhecimento, começo a pensar de forma mais produtiva e inicio a caminhada rumo ao meu sucesso. Perguntas nos fazem questionar desde coisas banais até aquelas mais complexas. As perguntas movem o mundo.

Ser mais produtivo para quê?

Eu quero ser mais produtivo para quê? Ter uma boa saúde, sucesso profissional, sucesso financeiro, grandes amizades, criar uma família?

Partindo das perguntas que talvez você ainda não tenha parado para pensar, ou até tenha pensado rapidamente na correria do dia a dia, mas que agora no início dessa leitura começa a refletir, e até se questionar. Como é difícil especificar o que queremos!

Nesse capítulo meu objetivo é fazer você sair do que chamamos da "zona de conforto", questionar hábitos, rotinas e crenças ou "olhar fora da caixinha". Isso é o que podemos ver de forma diferente daquilo que nos limitamos a observar diariamente ou o que fazemos rotineiramente por intermédio dos hábitos, deixando de ver o que acontece ao nosso lado.

Gostaria de pedir a sua participação respondendo as perguntas abaixo:

- Para que eu quero ter sucesso?
- Como vou aproveitar a produtividade que eu conquistar?
- O que devo fazer para conseguir ser mais produtivo (especificamente)?
- Quando devo iniciar a caminhada para ser mais produtivo?
- Que sensações eu sentirei quando atingir os resultados e o sucesso?
- Quando paro para refletir sobre tudo isso, fico meio confuso e até assustado me perguntando: será que tudo isso é realmente necessário? Preciso mesmo mexer com isso?

Sem dúvida que sim. Se pararmos para pensar, podemos verificar que os hábitos e rotinas nos trouxeram até aqui, agora, nesse momento, lendo este livro em busca de mais produtividade e sucesso. Mas, se eu quero ter os melhores resultados, preciso fazer diferente, criar novos hábitos. "Bons hábitos são a chave para o sucesso". Pense o seguinte: se eu quero ser bem-sucedido preciso fazer algo diferente do que fiz até agora, é insano pensar em ter mais resultados fazendo a mesma coisa que faço agora.

O que nos impede de ter mais produtividade e sucesso?

Entendo que seu eu não avaliar o meu momento atual e saber como estou vivendo, terei dificuldades de identificar onde eu preciso trabalhar para ser mais produtivo e ter sucesso.

Uma autoavaliação

Como fazer uma autoavaliação simples e objetiva para iniciar a caminhada rumo ao sucesso? Com algumas perguntas que têm como objetivo montar uma estratégia e um planejamento inicial.

1. Onde eu quero ser mais produtivo?

   Ex: Eu quero ser mais produtivo: tendo tempo para curtir a família, cuidar da saúde, voltar estudar, ser promovido, montar a minha empresa, etc.

2. Qual será o 1º passo para você ter mais resultado e sucesso? Quando será esse passo?

   Ex: Será a partir do dia __/__/201__,(ex: iniciarei minha caminhada para cuidar da minha saúde no dia 15/01/20__ às 2ª, 4ª e 6ª, a partir das 8:00h).

3. Qual será o 2º passo para dar continuidade e avançar em direção ao resultado e sucesso esperado? Quando será esse passo?

   Ex: Será a partir do dia __/__/201__,(ex: estarei caminhando 5 km a partir do dia 31/03/ 20__ , às 2ª, 4ª e 6ª, à partir das 8:00h).

4. Qual será o 3º passo para dar continuidade e avançar em direção ao resultado e sucesso esperado? Quando será esse passo?

Ex: Será a partir do dia __/__/201__,(ex: estarei caminhando 10 km, a partir do dia 5/06/ 20__ às 2ª, 4ª e 6ª, à partir das 8:00h).

Planejamento estratégico

As informações descritas e datadas anteriormente vão servir para você repensar conceitos, crenças e ter atitudes, deixando mais vivo e claro aquilo em que sabemos que temos que agir.

A grande diferença em tudo é que você já saberá para onde vai, como vai agir e tem ações específicas descritas detalhadamente em (3) três passos.

O que você ganha com tudo isso? Datas específicas para iniciar o projeto. Três ações para desenvolvimento do projeto rumo ao seu objetivo. Medir e avaliar, se o que você está fazendo atende as suas expectativas e se o seu objetivo é mesmo importante para você.

A partir de agora sabemos quais ações necessárias para iniciar esse projeto e trabalhar o que impede de ter e ser mais produtivo. Todavia, todas as vezes que deixei de tomar uma decisão ela estava ligada ao medo do desconhecido, da insegurança do novo, da ansiedade ou da quebra de hábitos. Ambos os temas são complexos, mas vou pedir a sua permissão para trabalhar o questionamento do hábito.

O que é hábito? É o modo padronizado de pensar, sentir ou agir, adquirido e tornado em grande parte inconsciente e automático. Fonte: Dic. Michaelis.

O hábito: você já parou para pensar quantas coisas fazemos quando dirigimos? Passamos marcha, pisamos no freio na embreagem no acelerador quase ao mesmo tempo, olhamos para frente, para trás nos retrovisores, etc. Quantas coisas ao mesmo tempo. Isso é muito bom! Se não fosse o hábito adquirido, não conseguiríamos fazer tantas coisas ao mesmo tempo.

Ao mesmo tempo, refletindo sobre o que me impede, direta ou indiretamente, de modificar um hábito, tenho a percepção de que ele também é responsável pela minha dificuldade de quebrar a rotina. Exemplo: quero ter mais tempo para praticar um esporte, mas acordo às 7h, começo a trabalhar às 8h, almoço das 12h às 13h30min, saio do trabalho às 18h e chego na faculdade às 19h30min, e em casa por volta das 22h30min. O que eu preciso fazer para praticar esporte? Acordar cedo, dormir mais tarde, diminuir a hora do almoço. Como você pode perceber, qualquer das alternativas vai fazer com que eu quebre a minha rotina e mude alguns hábitos. A primeira pergunta que eu preciso fazer é: eu quero mesmo fazer exercícios? Se eu acreditar que sim, que isso é importante para mim, preciso identificar o que essa mudança de rotina vai me proporcionar, ou seja, o que eu vou ganhar quando começar a exercitar-me. Vou emagrecer, ter mais disposição, viver mais? Com isso estarei trocando um hábito por outro. Quero apresentar outro exercício e mais uma vez pedir a sua participação. Esse exercício poderá proporcionar os melhores resultados em todo este capítulo. Nele, identificaremos o que o impede de ter o sucesso e os resultados de produtividade que você tanto busca. Participa comigo?

Gostaria de pedir que lembrasse uma rotina que se mudada vai melhorar os resultados. A partir desse momento, lembrando-se de todos os benefícios, gostaria que você imaginasse como seria a sua vida com a conquista da mudança deste de hábito.

Seguem exemplos de hábitos que podem ser trabalhados:

Sr. X quer ser mais produtivo no trabalho, mas tem dificuldade de dizer não (não dizer não é um hábito), por isso Sr. X não consegue fazer todas as tarefas do trabalho e não consegue ser mais produtivo.

Srª Y quer emagrecer, mas tem dificuldade de acordar cedo (dificuldade de acordar cedo é um hábito), e por não acordar cedo não consegue tempo para fazer exercícios, por isso tem baixa autoestima, porque esta acima do peso e com problemas de saúde.

Como seriam as vidas do Sr. X e Srª Y conseguindo mudar os hábitos atuais?

Esse é um trabalho que poderá ajudá-lo a ter uma visão diferenciada do hábito que pode estar atrapalhando seus resultados. A partir de uma nova perspectiva poderão ocorrer as mudanças necessárias para o sucesso.

A primeira tarefa é conseguir uma folha em branco e escrever com letras legíveis a resposta para a seguinte pergunta: que hábito faz você ter dificuldades de dar o melhor resultado? Lembre-se do seu objetivo principal de aumento da produtividade e sucesso e o que o impede de obter esse resultado.

Depois de escrito, solicite a uma ou duas pessoas de confiança (separadamente) que imparcialmente leia e reflita sobre o hábito que você escreveu. Peça que vivencie esse hábito como se fosse dela.

Ex: falta de organização. A pessoa que está lendo pensa como faz para ser organizada. Feito isso, ela precisa se colocar a sua frente e declarar para você em bom tom, como faz para ser mais organizada.

Atenção, você só ouve, ficando em silêncio absoluto. Perceba que após esse exercício você verá que existem perspectivas e alternativas que podem se tornar *insights* para superar, criar e avançar nas dificuldades, ou talvez, você possa ouvir uma experiência de quem tenha vivido algo semelhante, e assim entender como ela resolveu e obteve êxito. É importante deixar claro que não é um aconselhamento, e sim uma forma de ouvir como outra pessoa soluciona "o mesmo problema", a diferença é que terá uma visão privilegiada, e que você não é a única pessoa a ter um problema ou uma dificuldade (analise de fora como o caso foi resolvido).

É importante compreender que a experiência foi daquela pessoa, não é a sua, pois cada um sente emoções de maneira única. Continuando o exercício, gostaria que você visualizasse mentalmente que esse hábito já foi modificado e respondesse: como seria a sua vida?

Metas

Vamos trabalhar com algumas perguntas diretas que após os questionamentos de hábitos pessoais poderão ajudá-lo no atingimento de seu sucesso. O objetivo é traçar metas que proporcionem resultados específicos de produtividade.

- O que motiva você a buscar sucesso profissional e pessoal?
- Onde você quer chegar tendo mais produtividade?
- Quanto você está comprometido com o seu sucesso? De 1 a 10.
- O que você precisa fazer para aumentar a sua produtividade e ainda não fez?
- O que você precisa saber para ter o melhor resultado?
- De 1 a 10. Você está perto ou longe da sua meta?
- O que você poderia fazer que ainda não está fazendo?
- O que funcionou para você no passado e poderia funcionar agora?

O que você pode fazer neste momento para aumentar ainda mais a sua produtividade e atingir os resultados? Como? Quando? (Ex: coloque data 1/12/14).

Existe alguma pessoa que pode ajudar você a melhorar a sua produtividade neste momento? Quem? Como? Quando?

Estamos finalizando o capítulo e com todo esse conteúdo, os exercícios, e principalmente por todos os momentos de reflexão, de emoções e sentimentos que você viveu durante toda leitura, irão de alguma forma gerar um crescimento importante para que você chegue aos melhores resultados, onde queira. Com essas informações, você passa a ter um planejamento com início, meio e fim de um projeto de aumento de produtividade e sucesso.

Espero que você consiga degustar e trabalhar bem a leitura e os exercícios tirando o maior aproveitamento para o seu dia a dia.

Fico a sua disposição para trocarmos informações, conversar, comentar, dar depoimento, compartilhar artigos e obter *feedbacks*.

Entre em contato comigo pelo e-mail: eliaslima@e3rv.com.br

Obrigado e até breve.

Referências

COSTA, Gabriel. *Produtividade sem Enrolação.*

COVEY, Stephen. *Os 7 hábitos das pessoas altamente eficazes.* BestSeller.

COVEY, Stephen. *8º Hábito.* Rio de janeiro. Campus.

DUHIGG, Charles. *O Poder do Hábito.* Objetiva.

DRUCKER, Peter F. *O Gerente Eficaz.*

HILL, Napoleon. *Quem pensa enriquece.*

HILL, Napoleon. *17 Chaves para o Sucesso.*

HOOGERBRUGGE, Lucas. PIOVESANA, Luiz. RIBEIRO, Mauro. MACHADO, Millor. *Copyright@2013 Empreendemia.*

MANDINO, Og. *O Maior Vendedor do Mundo.* Record.

MICHAELIS 2000: *Moderno dicionário da língua portuguesa.* São Paulo: Melhoramentos, 2000.

20

Quanto antes melhor!

Qual é o valor de preparar o jovem para um futuro, pessoal e profissional, gratificante e produtivo? Qual é o valor de vê-lo florescer e atingir seu potencial máximo? "Quanto antes melhor!" visa responder essas e outras questões, mostrando a interligação do processo de *coaching* com algumas teorias, como a psicologia positiva, a neurociência, o psicodrama, a biologia e o pensamento sistêmico

Élida C. Fagundes &
Wania Moraes Troyano

Élida C. Fagundes & Wania Moraes Troyano

Élida Cristiane Fagundes
Coach certificada em *Coaching* Integrado pelo ICI – Integrated Coaching Institute, em *Personal* e *Professional Coaching* e *Leader Coach* pela SBC – Sociedade Brasileira de Coaching, com foco nas áreas de *coaching* de vida, de carreira e executivo. Membro do ICF International, ICF-SP e ABRH/SP. Certificada nos *assessments* Six Seconds (Inteligência Emocional) e Disc. Mestre em Administração e Negócios pela PUC/RS, pós-graduada em Marketing e graduada em Administração de Empresas pela Unisinos/RS, possui 25 anos de sólida carreira corporativa.

Wania Moraes Troyano
Master Coach certificada em *Personal, Executive, Positive, Leader e Team Coaching* pela SBC-Sociedade Brasileira de Coaching, em *Neurocoaching* pela Neuroleadership Group, com foco nas áreas de *coaching* de vida, de carreira e executivo. Consteladora Sistêmica pelo Método Berth Hellinger e Numeróloga pela ABRAN. Membro do ICF International, ICF-SP e ABRH/SP. Certificada no Alpha Assessment (estilos de liderança). Pós-graduada em Dinâmicas de Grupos pela SBDG- Sociedade Brasileira em Dinâmica de Grupos, graduada em Administração de Empresas, Marketing e Pedagogia, com mais de 30 anos de sólida carreira corporativa.

Contatos
www.efcoaching.com.br / www.waniamoraes.com.br
elida@efcoaching.com.br / wania@waniamoraes.com.br
http://br.linkedin.com/in/elidafagundes/
http://br.linkedin.com/in/waniamoraes/
(11) 98162-7578 / (11) 99837-9114

Introdução

O ser humano não é um elemento individualizado. Ao contrário, com várias ramificações e conexões, ele é um sistema integrado, influenciado e influenciando a si mesmo, o outro e o entorno. Por isso, quanto antes o indivíduo tomar consciência de si, mais cedo ele terá oportunidade de desenvolver relacionamentos mais significativos consigo e com os outros, estabelecer conexões mais positivas e fazer escolhas mais assertivas. Quanto mais maduro e sábio de si mesmo, maior a consciência da cadeia de impactos que seu comportamento, atitudes e pensamentos causam em si, no outro e no entorno, além do impacto do outro em si.

Para um melhor entendimento, é importante compreender a influência e contribuição do psicodrama de Jacob Levy Moreno, as teorias da biologia e pensamento sistêmico de Humberto Maturama e Francisco Varella e a psicologia positiva e neurociência no processo de *coaching*. Segundo Moreno, todas as pessoas têm um gênio em seu interior, mas certas capacidades e atitudes básicas latentes não se desenvolvem e apenas algumas se atualizam (1996, p. 119 a 126). Ou seja, dentre uma infinidade de neurônios, somente alguns se mantêm em atividade, o que nos impede a realização total de nossa personalidade. E a realização total da personalidade depende apenas do indivíduo. Com isso corrobora a psicologia positiva ao afirmar que o indivíduo, quando se dispõe a aprender coisas novas, cria novos neurônios e amplia seu conhecimento. Já Maturana e Varella (2011) apontam que o indivíduo é autopoiético, ou seja, ele é produto e produtor de si mesmo e, portanto, pode aumentar a capacidade de acoplamento em seu cérebro.

Moreno faz uma pergunta que os *coaches* também fazem a seus *coachees*: o que impede um indivíduo de fazer o que deseja e desenvolver o gênio que há dentro dele? De acordo com o autor, o impedimento se dá em função das conservas culturais transmitidas pela educação, pela família e pelo meio ambiente. Ou seja, o indivíduo se sente mais seguro vivendo o que conhece do que caminhando e vivendo o desconhecido, pois isso o deixa à mercê do improviso. Dessa forma o indivíduo não se desenvolve, não adquire novos conhecimentos, não faz novos acoplamentos, não cria novos neurônios, o que lhe custa sua realização pessoal. Em suma, vivendo nessa segurança ele se empobrece humanamente.

O psicodrama é uma forma de terapia que ajuda o indivíduo a ter um novo olhar sobre si mesmo, ajudando-o a rever suas conservas culturais, despertando sua capacidade de espontaneidade, criatividade, fazendo uma ressignificação e abrindo portas no sentido de deixar o novo entrar. No processo de *coaching* percebemos que o indivíduo limita seu desenvolvimento porque ao longo de sua vida cria uma série de crenças transmitidas ou autocriadas desde sua tenra infância até a vida adulta, dificultando seu crescimento, evolução e expansão. A contribuição do psicodrama no processo de *coaching* está inserida em várias técnicas que utilizamos como forma de ajudar o *coachee* a destravar essas amarras, a mudar comportamentos e a criar novas crenças sobre si mesmo, tais como o modelo AF, congelamento de imagem, ideias fixas, crítico interno, ensaio Dramático e ensaio mental.

Muitas vezes ao trabalhar uma crença, dificuldade ou mudança de comportamento do *coachee* durante o processo de *coaching*, ocorre de o *coach* também trabalhar algo em si mesmo, algo que talvez desconhecesse. Essa questão é chamada de transferência e contratransferência e também sofre influência do psicodrama. Segundo Moreno, a palavra 'drama' é de origem grega e significa 'ação' (ou algo que se dá) (apud MARTÍN, 1996, p. 245). Ainda de acordo com o autor, o "Psicodrama representa o ponto decisivo na fronteira do tratamento do indivíduo por meio de métodos verbais e por meio de métodos de ação" (apud MARTÍN, 1996, p. 266). Igualmente, no processo de *coaching* o objetivo é levar o indivíduo à ação mediante uma profunda sondagem do que se passa em sua alma e que ele ainda desconhece.

De acordo com Maturana (2011), a atitude de conhecer faz surgir um mundo. Por meio de instrumentos, técnicas e metodologias, o *coaching* estimula o pensamento sistêmico e possibilita que o *coachee* mergulhe no autoconhecimento. Ao conhecer mais de si mesmo, amplia sua visão própria e faz surgir uma nova história de sua vida. No processo de *coaching* o indivíduo é convidado a explorar o autodesenvolvimento e suas potencialidades ao mesmo tempo em que é solicitado a ir além das suas crenças e modelos mentais, criando, assim, novos pensamentos, atitudes e perspectivas. Como o indivíduo conseguirá ir além das suas crenças e modelos mentais, sendo o inconsciente mais poderoso que o consciente?

Como diz Heath (2011) o emocional (inconsciente) é mais forte que o racional (consciente). O que parece ser problema relacionado à pessoa é, na verdade, um problema relacionado à situação e quando não há o reconhecimento desse fato, o mudar se torna difícil. O coração e a mente estão sempre em desacordo, brigando. As mudanças mais fáceis e bem-sucedidas passam por mudar a situação pessoal, adquirindo a consciência da influência do ambiente na mudança e da necessidade de um propósito maior para mudar. Com isso corrobora Platão, ao dizer que nas nossas cabeças temos um cocheiro racional que tem de usar rédeas em um cavalo indisciplinado que "raramente se rende a um chicote e às esporas".

A dualidade faz parte do indivíduo e Heath (2011) a descreve por meio do elefante e do cavalheiro, no qual o elefante representa o lado emocional e o cavalheiro o lado racional. Nessa analogia, o cavalheiro parece liderar a situação ao segurar as rédeas do elefante, mas seu controle é inconsistente já que é pequeno com relação ao elefante, que tem seis toneladas. Sempre que os dois discordam, o elefante ganha. De acordo com essa teoria, nosso lado elefante, emocional e instintivo, é diáfano, vaidoso e indolente, buscando recompensas rápidas e não de longo prazo.

Pelo fato de querer gratificações imediatas, o cavalheiro não consegue manter o elefante no caminho pelo tempo suficiente para atingir o destino, o resultado final, e as mudanças fracassam, frequentemente. Mas será o "elefante" tão ruim assim? O elefante é representado pelo amor, energia, emoções, lealdade, motivação e compreensão, ou seja, é importante e essencial. Sua energia conduz à frente. Contudo, é preciso distinguir sua limitação na condução das nossas atitudes e comportamentos para que tenhamos gratificação no longo prazo, afinal, o que faço hoje impactará nos próximos anos. Precisamos lidar com o cavalheiro e o elefante paralelamente, construindo um caminho em que o cavalheiro seja direcionado e o elefante estimulado, e é nisso que o processo de *coaching* auxilia.

Esse paralelo nos remete ao pensamento sistêmico, cujos elementos se mantêm juntos porque se afetam continuamente ao longo do tempo e atuam para um propósito comum. Uma vez que eu não me desfaço do que tenho e, ao contrário, agrego, já que sou produtor e produto de mim mesmo, faço novas conexões mentais. David Rock (2006) diz que sempre que experimentamos algo novo (atividade, comportamento ou forma de pensamento), criamos novos circuitos em nosso cérebro, formamos um novo caminho, e isso exige energia, foco e requer intensa utilização de nosso consciente (cavalheiro).

Comportamentos que se tornaram automáticos devem ser modificados e mudá-los implica numa vigilância mais cautelosa por parte do cavalheiro. Nesse sentido, os músculos mentais necessários para pensar de forma criativa, focar, restringir os impulsos e manter a persistência em face de frustração e de fracasso podem se esgotar. Nosso comportamento diário é, na maior parte do tempo, mais automático do que vigiado, e isso é um dos fatores que mais limitam nossas mudanças pessoais, pois estar vigilante é normalmente extenuante. Quanto mais complexas são nossas necessidades de escolhas, maior é a necessidade de concentração na resolução dessas escolhas, o que torna a tarefa muito cansativa. Usualmente costuma-se dizer que a mudança é difícil porque as pessoas são preguiçosas ou resistentes, mas na verdade as pessoas acabam por desistir da mudança porque elas se cansam e o que pode parecer preguiça é muitas vezes fadiga.

Assim, independentemente do poder ou recursos disponíveis, para mudar é necessário que o cavalheiro seja direcionado, o elefante motivado e o caminho construído, tudo ao mesmo tempo e sincronizado, pois do contrário, o cavalheiro andará em círculos e, exausto e cansado, desistirá da mudança e não irá a lugar algum. Para que as pessoas mudem, é preciso que as orientações recebidas sejam claras e precisas, ou seja, que um objetivo seja claramente formulado (cavalheiro), que ele sinta necessidade de alcançá-lo (elefante) e haja um processo que facilite as mudanças (caminho).

E para lidar de forma positiva com essas mudanças e superar os desafios e as situações estressantes, é importante o uso da resiliência. Estar resiliente implica em superar e manter-se invulnerável diante das adversidades, resgatando as potencialidades pessoais e as emoções positivas. O que diferencia uma pessoa resiliente de outra são suas crenças e o significado atribuído a elas. Nesse sentido, a psicologia positiva, com sua atenção focada às fortalezas humanas ao invés das fraquezas e danos, fomenta as emoções positivas e contribui para indivíduos e sociedade mais resilientes. Ou seja, o cerne da psicologia positiva está na construção de qualidades positivas, no desenvolvimento e fortalecimento das competências individuais e sociais e, muito mais do que cuidar do que está danificado, foca a compreensão e intensificação das forças e virtudes, como lealdade, integridade, coragem, igualdade e perspectiva. Assim, se as emoções e os sentimentos têm um importante papel na forma como o indivíduo reage às circunstâncias do meio, é vital que haja um trabalho focado na construção e no fortalecimento dos processos que conduzem à otimização do funcionamento humano.

Então, como mudar se os caminhos habituais são mais fáceis? Como dito anteriormente, de um lado o racional quer uma coisa, do outro lado é o emocional que quer. É preciso esforço e tempo. Contudo, ao entrar em contato com o que faz bem, com suas forças e virtudes, com suas emoções positivas, o indivíduo sustenta sua disposição à mudança. Quando descobre o que há de melhor dentro dela e percebe formas de usar suas forças pessoais, a pessoa muda. E permitir a conexão consigo mesmo e controlar o conflito emocional/racional, atingindo o sonho desejado e as gratificações em longo prazo, é o objetivo do processo de *coaching*.

Os jovens e a escolha profissional

Conforme determinado pela ONU – Organização das Nações Unidas – jovens são indivíduos entre 15 e 24 anos, que vivem o momento de separar-se da sua criança, de enfrentar o amadurecimento, questionar valores, adquirir e aprimorar comportamentos e habilidades, se deparar com a sexualidade, estabelecer novos relacionamentos e desbravar um novo universo. É nessa fase de vida que o indivíduo se prepara e se capacita para viver as responsabilidades e deveres da vida adulta. Segundo Janice Souza (2006), essa população vive um momento intenso, repleto de ambiguidades e transformações relevantes na consciência individual, já que as mudanças ocorrem no âmbito espiritual, mental, psicológico, biológico e emocional. Individualmente, o jovem se expande e enfrenta uma série de (in)definições, que é exatamente o que caracteriza essa fase.

Assim, se desde crianças ouvimos, principalmente dos pais e professores, sobre os comportamentos mais adequados, o que fazer, como agir, conceitos de certo e errado, o que apresentar para atender às expectativas dos outros, como pensar em diferentes situações, como transpor obstáculos e superar adversidades, como fazer agora que esperam ideias próprias e independência? Como agir e pensar se os julgamentos foram, quase sempre, norteados pelas percepções e determinações das pessoas mais experientes? Como tomar as próprias decisões, fazer as próprias escolhas, descobrir potencialidades e acessar a autenticidade?

Nessa idade os conflitos internos são muitos, as angústias são fortes e as mudanças acontecem, são muitas e, quase sempre, são grandes. O jovem, por características da idade, vive o conflito da individualidade, de encontrar e firmar seu lugar no mundo; vive a angústia do corpo em transformação; convive com os hormônios em ebulição; e quer experienciar o prazer de ser e existir, plenamente. É o tempo de romper alguns laços, de mudar de grupo, de ser aceito por si e pela sociedade, experimentar a rebeldia, a imprevisibilidade e a irreverência, tempo de contestar e questionar.

Somam-se a isso as mudanças ocasionadas pelas facilidades tecnológicas, como o imediatismo, o isolamento social e a insegurança, o individualismo, a sensação de incompreensão e as transformações sociais, comportamentais e emocionais. Os jovens hoje são e estão diferentes. São conectados, instantâneos, fragmentados, conhecem e interagem com o mundo inteiro virtualmente, são globalizados, rápidos e eficientes. Com isso, o senso de urgência e a exigência de si e do mundo está maior. O futuro chegou e é hora de decidir o amanhã e a profissão.

A FIA - Fundação Instituto de Administração/USP, realizou uma pesquisa com cerca de 200 jovens de São Paulo e revelou que 99% dos indivíduos nascidos entre 1980 e 1993 mantêm-se envolvidos somente em atividades que gostam e 96% acreditam que o objetivo do trabalho é a realização pessoal. Essa é uma geração com idiossincrasia própria, forças, fraquezas, valores, comportamentos e velocidade, na vida, na visão de mundo e nas opções tecnológicas. São jovens multimídias e multitarefas, com excesso de informações, habituados às ferramentas tecnológicas e comunicação virtual. Isso, por um lado, os torna ágeis, hábeis e eficientes, mas, por outro lado, os torna desfocados e distraídos.

Ainda de acordo com a pesquisa da FIA, os jovens recém-contratados no trabalho pulam de um emprego para o outro a fim de serem reconhecidos e bem-sucedidos, o que se explica facilmente pelo perfil instantâneo, flexível, versátil e imediatista dos jovens de hoje (Siqueira, 2012). Então cabe às lideranças desse grupo atuar de forma a integrar a diversidade e aproveitar as características dessa geração, tornando o trabalho prazeroso, significativo e o tempo de permanência maior.

Segundo David Rock (2006), as novas gerações necessitam de líderes que as ajudem a usufruir do seu potencial no trabalho e aperfeiçoem seu pensamento, já que são indivíduos em busca de desenvolvimento pessoal. Hoje as empresas demandam um tempo considerável para preparar líderes *coaches*, capazes de impulsionar e motivar pessoas e desenvolver equipes de alto desempenho. Dessa forma, se são os jovens os líderes do futuro, se são eles que administrarão a sociedade de amanhã, torná-los conscientes de si e do mundo que os rodeia, em como estão inseridos nesse contexto, os torna mais sábios e hábeis para liderarem eficaz e eficientemente. Dessa forma, muito mais cedo as organizações colherão os frutos desse processo.

A decisão profissional tomada nessa fase não o obriga a pensar que terá a mesma profissão até morrer, apesar de ser essa uma das maiores angústias que os jovens demonstram: e se eu escolher errado? E se eu optar agora e depois me arrepender? Muitos manifestam o medo de não poder mudar depois e ter que trabalhar para sempre em algo sem significância e gratificação. E o dinheiro que gastei? E o tempo que perdi? Será que sou bom mesmo para essa profissão? De acordo com Krznaric (2012), a maioria das pessoas não tem experiência para tomar uma decisão acertada nessa idade, mesmo com a ajuda de testes e orientadores vocacionais (2012, p. 36,37). Disso decorrem escolhas profissionais que não combinam com as expectativas, ideais e personalidades dos indivíduos, e então as pessoas se veem presas em carreiras inadequadas.

Além disso, especialistas apontam que no mercado de trabalho do futuro, mais do que as habilidades técnicas, serão exigidas as chamadas habilidades não cognitivas, também chamadas de habilidades socioemocionais ou *soft skills*, que englobam, entre outros aspectos, o pensamento crítico, a resiliência, a comunicação verbal, a capacidade de resolução de problemas, a capacidade de liderança, o trabalho em equipe e a solidariedade. Pessoas criativas, inovadoras, pacientes, que pensam melhor serão as escolhas das empresas.

O *coaching* acelerando resultados

O *coaching* então, por meio da sua metodologia, técnicas e instrumentos, é um processo adequado a ser aplicado no jovem, já que incentiva o desenvolvimento dessas habilidades não cognitivas, novos pensamentos, testa hipóteses diversas e novas experiências e percepções, estimulando, assim, a criação de novas possibilidades. Com o *coaching*, o jovem aprofunda no conhecimento de si, se beneficia ao experimentar diferentes opções, (re)conhece as consequências de suas atitudes, compreende a existência de diferentes pontos de vista e identifica os sistemas de valores, seus, dos outros e da sociedade.

Como consequência do autoconhecimento proporcionado pelo *coaching*, o jovem amplia seu acesso e ligações aos diferentes universos, espiritual, emocional e cultural, se fortalece para as tomadas de decisões e assume as responsabilidades por suas escolhas. Nesse processo, o jovem vivencia mais emoções positivas, aumenta sua criatividade e obtém ganhos reais em várias dimensões de sua vida.

Por ser um processo estimulante, que amplifica e multidimensiona o pensamento, o *coaching* possibilita ao jovem compreender suas responsabilidades no mundo que o cerca e, com isso, perceber que é sua a responsabilidade de agir perante o outro. Outro esse que vem preenchido de suas próprias questões e vivências, tais como crenças, valores, medos, incertezas, dúvidas, opiniões, certezas, meio ambiente, relacionamentos interpessoais e intrapessoais. O *coaching* permite lidar com tudo isso ao mesmo tempo, sem se perder no emaranhado das ramificações do cérebro. Ou seja, o jovem exercita a consciência do 1/3 de sua própria responsabilidade, única parcela sobre a qual ele terá a oportunidade de mudar e transformar.

Temos exemplos de *coachees* adultos paralisados diante de situações rotineiras do dia a dia, imobilizados diante de decisões pelo simples fato de não terem aprendido e exercitado acessarem seus recursos e suas potencialidades. Indivíduos que passaram anos (re)vivenciando situações que poderiam ser facilmente contornadas, se eles tivessem aprendido e iniciado a prática desse conhecimento ainda na juventude. O processo de *coaching* para o jovem de hoje é muito útil por permitir uma profunda reflexão de si e do mundo. Com essa imersão em si, o jovem pode buscar o futuro de forma equilibrada, sem a pressa e o imediatismo inerentes a essa nova geração.

Portanto, quanto antes o jovem olhar para dentro de si mesmo e se descobrir como pessoa, identificar o que gosta ou não, como funciona, para onde vai e como vai, como interage com os outros, melhores e mais assertivas serão suas alternativas no futuro, maior será seu "empoderamento pessoal" e sua autonomia. Quanto antes o jovem conhecer e ressignificar suas crenças limitantes, acessar suas fortalezas e fraquezas e apropriar-se de suas ações e consequências no mundo que o cerca, mais rapidamente ele ingressará no caminho do futuro desejado.

Quanto antes o jovem identificar seus valores, o que está por trás das suas escolhas, mais assertivas serão suas decisões. Ele terá maturidade para focar no que é positivo e relevante e, com isso, poderá optar pela profissão mais gratificante e alinhada aos seus sonhos e competências e decidir a instituição de ensino ou empresa que mais se adéqua aos seus valores e estimula seus talentos e qualidades. Quanto antes o jovem realizar essa jornada em si, antes poderá filtrar os seus relacionamentos e escolhê-los baseados em interações orgânicas, estimulantes, construtivas e positivas. Consequentemente, a sociedade do futuro terá melhores gestores, políticos, governantes, pais e massa crítica.

No trabalho que desenvolvemos no Projeto Jovem Aprendiz, nós utilizamos os mesmos instrumentos dos demais processos de *coaching*, porém usamos o formato e a linguagem adaptados para esse grupo. Visando intensificar o envolvimento e facilitar o entendimento das questões e discussões, adotamos técnicas de dinâmicas de grupos, vivências e sessões lúdicas. Com isso, temos oportunidade de aprofundar o autoconhecimento, de desenvolver as habilidades não cognitivas e de criar novas possibilidades para situações do cotidiano, no trabalho, na família, entre amigos, na escola.

Por meio de perguntas e exercícios exploratórios, buscamos trazer à luz da consciência respostas aos questionamentos mais profundos dos jovens: quem sou eu? O que vim fazer aqui? Qual é o meu papel na minha vida, na sociedade e no mundo? Nesse projeto, usamos as técnicas do *coaching* para estimular o pensamento sistêmico, a positividade, a responsabilidade diante das suas vidas e a compreensão do seu papel no mundo que vive. Os jovens constroem suas próprias respostas e sua história de vida. Consequentemente, melhoram a autoestima, se apropriam de suas competências e fortalecem seus relacionamentos interpessoais e intrapessoais.

Recebemos vários depoimentos ao longo dos encontros que demonstram os ganhos e benefícios do processo de *coaching* com os jovens, tais como: "O que mais gosto é que vocês não trazem respostas, eu gosto que vocês só fazem perguntas."; "Agora eu sempre penso qual é a minha parte na situação."; "Aprendi a me olhar de verdade."; "Você sempre responde com outra pergunta e isso me faz pensar mais".; "Fico aliviado ao saber que não preciso decidir minha profissão agora, mas sei que preciso saber do que gosto e quem eu sou"; "Hoje sei me colocar no lugar do outro."; "Quando alguém faz algo que não gosto, me pergunto por que não gosto disso nessa pessoa?"; "Agora eu sei cuidar da parte que me cabe, que eu podia cuidar."; "Organizei meu tempo para sete dias e consegui fazer tudo o que estava planejado para quatro dias."; "Em casa as pessoas estão me achando mais tranquila.".

Em alguns exercícios, identificamos os maiores receios e desafios dos jovens quando confrontados com sua futura escolha profissional ou a opção por alguma área dentro do curso escolhido e esse foram temas de debates e dinâmicas em grupo:

> **Os maiores receios:** oportunidades e espaço no mercado de trabalho, insatisfação profissional; insegurança na escolha da profissão; não atender as expectativas dos pais; escolher errado/tempo perdido; medo do fracasso; não se adaptar; não conseguir desenvolver-se; medo de mudar; medo de arriscar; remuneração baixa ou inadequada; qualificação insuficiente.
>
> **Os maiores desafios:** adequar tempo de estudo e trabalho; buscar novos conhecimentos; logística para deslocamentos;

fluência em algum idioma; dinheiro; o primeiro emprego.

Conforme citado anteriormente, ao longo do projeto com jovens aprendizes, usamos inúmeros instrumentos de *coaching* customizados para essa faixa etária, que são:

- Jornal falado
- Roda da vida
- *Swot* pessoal
- Matriz de gestão de mudança
- Exercício de valores
- Ressignificação de crenças limitantes
- Brasão
- Avaliação 360° informal (talentos e qualidades)
- Testes de autoconhecimento
    - Talentos
    - Habilidades
    - Conhecimentos
    - Paixões
    - Forças de caráter
    - Autoestima
    - Escala de funcionamento
    - Bem-estar
- Autoavaliações
- As profissões dos meus sonhos
- Discussões de casos reais
- Aprendizado do dia

Conclusão

A utilização de todos esses elementos têm possibilitado, primeiramente, mudanças internas nos comportamentos e atitudes dos jovens diante de situações e acontecimentos externos, sobre os quais não há qualquer possibilidade de gerenciamento. Os jovens exercitam o relacionar-se com o outro e passam a interpretar e perceber a si e aos outros como são e não como gostariam que eles fossem, exercitando o não julgamento e a compaixão. O *coaching* possibilita trazer à luz a consciência de sua própria essência. Assim, com o auxílio do *coaching*, os jovens desenvolvem as habilidades socioemocionais tão exigidas pelo mercado profissional do futuro.

No trajeto entre o hoje e a tomada de consciência e a escolha profissional, o processo de *coaching* busca oferecer algo estimulante e transformador, capaz de gerar resultados concretos já que o jovem se depara com novas possibilidades, quebra paradigmas, executa ações dinâmicas e motivadoras e, principalmente, se descortina para si mesmo. O objetivo desse processo também é capacitar o jovem para uma tomada de decisão profissional coerente com o que lhe é importante e conscientizá-lo de que não há desperdício se houver alguma mudança futura, pois ele segue fiel à pessoa que é e que não necessariamente é a mesma que foi quando jovem. Como diz Krznaric (2012, p. 40), o importante é manter-se alinhado com suas aspirações e personalidade.

Todo processo de *coaching* utiliza-se de fundamentos psicológicos não como terapia, mas como forma de despertar a consciência do indivíduo para o processo de autonomia em sua própria vida, sem procurar culpas nos outros, pois ele é o único responsável por suas vitórias e derrotas. Como diz Seligman (2011), "é chegada a hora de uma nova prosperidade; uma prosperidade que leve a sério o florescimento...". Então, para o jovem que desde cedo tem a oportunidade de enfrentar seus medos e receios, se descortinar e conhecer, é possível realizar uma caminhada próspera, despretensiosa e corajosa em direção ao futuro, em direção a uma existência com significado e propósito. Os jovens aprendizes estão florescendo na medida em que ampliam sua base de conhecimento e constroem sua identidade.

Referências

ABRAMOVAY, Miriam; ANDRADE, Eliane R.; ESTEVES, Luiz C. G. *Juventudes: outros olhares sobre a diversidade. Coleção educação para todos.* Brasília, abril de 2007. Disponível em: < http://www.dominiopublico.gov.br/>Acesso em: 24 de abril 2014.

ADOLESCÊNCIA. Disponível em: <http://pt.wikipedia.org/wiki/Adolesc%C3%AAncia>. Acesso em: 20 de abril de 2014.

COIMBRA, C.; BOCCO, F.; NASCIMENTO, M. *Subvertendo o conceito de adolescência. Arquivos Brasileiros de Psicologia.* Rio de Janeiro, v. 57, n. 1., junho de 2005. Disponível em: <http://pepsic.bvsalud.org/scielo.php?pid=S1809=52672005000100002-&script-sci_arttext>. Acesso em: 30 de abril de 2014.

CORREIA, Carlos O. F. *O estatuto da juventude: Um estudo sobre os limites e possibilidades da nova lei para as políticas públicas de juventude.* 2013. 73 f. TCC (Bacharel em Serviço Social). Universidade Federal Fluminense, Rio das Ostras, Rio de Janeiro.

HEATH, Chip; HEATH, Dan. Switch: como mudar quando a mudança é difícil. Portugal: Arcádia, 2011.

IDOETA, Paulo A. *Habilidades socioemocionais são chave para o emprego do futuro.* São Paulo: BBC Brasil, maio de 2014. Disponível em http://mulher.uol.com.br/gravidez-e-filhos/noticias/bbc/2014/05/02/habilidades-socioemocionais-sao-chave-para-empregos-do-futuro.htm. Acesso em: 21 de maio 2014.

JUSTO, Ana M. *Comportamentos dos jovens hoje.* Ph em questão. Rio de Janeiro, 29 de agosto de 2013. - Disponível em: < http://www.ph.g12.br/novo.php?pagina=phquestao&id=292>. Acesso em: 24 de abril 2014.

KRZNARIC, Roman. *Como encontrar o trabalho da sua vida.* Ed Objetiva, 2012.

LAUER, Caio. *A chegada da Geração Z no mercado de trabalho.* Disponível em: http://www.catho.com.br/carreira-sucesso/noticias/a-chegada-da-geracao-z-no-mercado-de-trabalho. Acesso em: 14 de maio de 2014.

LOIOLA, Rita. Geração Y. Disponível em: http://revistagalileu.globo.com/Revista/Galileu/0,,EDG87165-7943-219,00-GERACAO+Y.html. Acesso em: 14 de maio de 2014.

MARTÍN, Eugênio Garrido. Psicologia do encontro. J. L. Moreno. São Paulo: Ágora, 1996.

MATURANA, Humberto R.; VARELA, Francisco J. *A árvore do conhecimento: as bases biológicas da compreensão humana.* 9. ed. São Paulo: Palas Athena, 2011.

O que é resiliência. Disponível em: http://www.sobrare.com.br/. Acesso em: 10 de maio de 2014.

OLIVEIRA, Rita de Cássia das Mercesz. *Coaching teen: coaching com PNL: potencializando futuras pessoas de sucesso.* 1.ed. Rio de Janeiro: Qualitymark Editora, 2012.

ROCK, David. *Liderança tranquila: não diga aos outros o que fazer, ensine-os a pensar.* Rio de Janeiro: Elsevier, 2006.

SELIGMAN, Martin E. P. Florescer. Rio de Janeiro: Editora Objetiva, 2011.

SENGE, Peter. *A quinta disciplina – caderno de campo.* Rio de Janeiro: Qualitymark, 2000.

SIQUEIRA, Rosicley, ALBUQUERQUE, Rosa A. F., MAGALHÃES, Ávilo R. *Métodos de ensino adequados para o ensino da geração z - uma Visão dos discentes: um estudo realizado no curso de Graduação em administração de uma universidade federal.* Bento Gonçalves, 2012. Disponível em: http://xxiiienangrad.enangrad.org.br/anaisenangrad/_resources/media/artigos/epd/19.pdf. Acesso em: 10 de maio de 2014.

SOUSA, Janice T. *Apresentação do Dossiê: A sociedade vista pelas gerações.* Política e Sociedade: Revista de Sociologia Política, Florianópolis: v. 5 n. 8. (p. 9-30), 2006. Disponível em: <http://www.periodicos.ufsc.br >Acesso em: 28 de abril 2014.

21

Life coaching e neurociência: fusão de conhecimentos para realmente voar mais alto

Os avanços nas áreas da neurociência nos fornecem respaldo e ferramentas que se unem a um bom processo de *life coaching*. Hoje, de maneira segura, sabemos como treinar nossa mente para influenciar nossos sentimentos e construir comportamentos mais funcionais e uma vida equilibrada e com qualidade

Erick Cicuto

Erick Cicuto

Bacharel em Direito pela PUC-SP. Especialização em Neurociências e Psicologia Aplicada pela Universidade Presbiteriana Mackenzie. *Life & executive coach* pelo ICI. *Master practitioner* pela SBPNL. Formação em Terapia Cognitiva Comportamental pelo CETCC. Especialização em *life coaching* e Filosofia Quântica pelo ICI, Psicologia Positiva pelo IPPC. Extensão Marketing Pessoal pela ESPM. Extensão em Gerenciamento do Tempo pela ESPM, Microexpressões e Expressões da Face pelo IBLC, Comportamento não verbal Cinésica) e a Mentira pelo IBLC.

Contatos
www.cicutocoach.com.br
contato@cicutocoach.com.br
(11) 4062-0047

C*oaching* no Brasil ainda é um tema nebuloso; mais ainda o *life coaching*. As pessoas, por falta de informação, não entendem o que é *coaching* e, muitas vezes, o associam exclusivamente ao mundo corporativo de altos executivos e executivas, CEOs, desenvolvimento de liderança. Esses pontos são trabalhados no *executive coaching*, no *coaching* de carreira, mas passam bem longe de determinar completamente um processo de *coaching*.

E então, o que seria o *life coaching*? Seria o mesmo que a psicoterapia? A resposta é não. A psicoterapia tem como foco traumas emocionais, patologias mentais e transtornos de personalidade. Tem como objeto deficiências que visa curar ou atenuar. No processo de *life coaching* acredita-se que a pessoa funcione adequadamente no meio social e deseje atingir metas e níveis mais altos de sucesso pessoal, treinando e desenvolvendo suas próprias forças e habilidades.

Muitas pessoas ainda me perguntam: afinal, o que é um *coach*? Minha melhor resposta é: o *coach* é um *personal trainer* mental, emocional e comportamental. É o profissional tecnicamente preparado para ajudar um indivíduo a treinar pensamentos, sentimentos e comportamentos e, com isso, atingir melhores resultados.

O *coach* ajuda a pessoa do momento presente em direção ao futuro, focando em construir o caminho para a realização pessoal. O verbo do processo de *coaching* é fazer, é algo focado nas ações do *coachee* para sair do seu estado atual e construir o caminho para atingir o estado desejado.

Life coaching não trabalha com fórmulas mágicas, mas com novas maneiras de treinar velhas habilidades. O que mais me fascina no *life coaching* é a oportunidade que ele nos dá para desenvolver habilidades que o senso comum, pouco informado dos avanços da neurociência, ainda acredita que não podem ser transformadas.

É um terrível equívoco acreditar que não podemos aprimorar nossas estratégias de pensamento, a maneira como sentimos e a forma como expressamos nossos sentimentos, como nos comportamos em determinadas situações, a maneira que percebemos determinadas pessoas ou experiências.

Pessoas desinformadas também olham o *life coaching* com um viés errôneo de "autoajuda", como se esse processo fosse doutrinar o indivíduo a pensar exclusivamente positivo. Estou convencido que meu papel como *coach* é preparar meu *coachee* para criar oportunidades mais úteis e funcionais ao pensar, sentir, e se comportar. Uma das principais frases que digo a meus *coachees* e que repito como um dos meus mantras é: "Seja crítico e busque evidências." O *life coaching* não deve ser encarado como um processo de formadores de "Pollyannas" que pintam o mundo de cor-de-rosa em todos os momentos. O *coaching* deve aprimorar o senso crítico do *coachee* para ele ter a perspicácia de perceber e entender os problemas e ter a segurança para confiar em suas habilidades mais bem desenvolvidas no processo e assim buscar soluções, sem sair de seu estado saudável, ou se recuperar mais rápido diante de um obstáculo não esperado.

Uma vez me perguntaram: existe alta no *life coaching*? Achei a pergunta bastante interessante e respondi que não. Não, pois o objetivo do *life coaching* não é curar nada, pressupomos que o *coachee* esteja funcionando bem e que não queira trabalhar nenhuma patologia no processo de *coaching*, porque nesse caso o indicado é um médico ou um terapeuta. O *coachee* deve sim querer potencializar capacidades pessoais. Sem dúvida que qualquer processo de *coaching*, principalmente o *executive coaching*, tem começo, meio e fim. Porém, no *life coaching* damos mais liberdade para o *coachee* escolher até que ponto ele está colhendo bons frutos do processo; se já desenvolveu o que queria para aquele momento, nada o impede de voltar em outro período.

Tudo isso e muito mais pode ser treinado e desenvolvido em um processo de *life coaching* sério.

Como assim sério? Sério porque hoje contamos com muito mais conhecimento e tecnologias que contávamos há 40 anos. Na minha visão, um bom *coach* pode e deve contar com os avanços da neurociência, uma ciência interdisciplinar que tem como objeto de estudo o sistema nervoso e sua estrutura, seu desenvolvimento, funcionamento, evolução, relação com o comportamento e a mente. Pode se aperfeiçoar no campo das ciências cognitivas, que desde a década de 1970 vêm se aprimorando e colhendo evidências sobre como as pessoas aprendem, organizam, armazenam, e utilizam o conhecimento. Hoje contamos com dados confiáveis do funcionamento do nosso cérebro graças a aparelhos como a Ressonância Magnética Funcional (RMf), Eletroencefalografia Magnética (EEGM), e Estimulação Magnética Transcraniana (EMT), que com segurança nos dão acesso ao funcionamento de nosso cérebro em tempo real. A partir de tudo isso, foram desenvolvidas técnicas e ferramentas fantásticas para o mundo prático, que são aplicáveis no dia a dia, como: psicologia cognitiva comportamental, com os estudos desenvolvidos pelo professor Aaron Beck; a psicologia positiva e suas aplicações nos estudos científicos dos fatores para se alcançar o bem-estar e a felicidade, como vem sendo demonstrado pelo Professor Martin Seligman na Universidade da Pensilvânia.

Temos de forma acessível tecnologias como os aparelhos de *biofeedback* e o *neurofeedback*, que conseguem mostrar em tempo real as respostas neurobiológicas que geramos ao nos colocarmos mentalmente em dada situação, além de servirem para mensurar a evolução do treino cognitivo comportamental que visa a diminuir o estresse.

Hoje, como resultado de inúmeras pesquisas em neurociência, podemos afirmar com total segurança: o cérebro é mutante, e não estático. Com isso emerge o conceito de neuroplasticidade, que resume essa capacidade dinâmica, mutante, e transformadora, que são as bases para um processo de *life coaching* eficiente.

Quando eu e meu sócio, também *coach*, Daniel Cicuto, decidimos nos aperfeiçoar na área de desenvolvimento humano partimos em busca de tudo que existia de mais eficiente, seguro e avançado para agregar em nossos treinamentos de *coaching*. Combinamos que não colocaríamos nada em nossos projetos que não fosse o que existisse de mais moderno e eficaz em relação à credibilidade e ao alcance de resultados no treinamento cognitivo, emocional e comportamental.

Por essa razão nada em nossos treinamentos de *coaching* é solto, tudo deve ter um embasamento neurocientífico ou evidências seguras que comprovem bons resultados.

Não tenho nada contra profissionais de *life coaching* que usam outras metodologias, que fazem uma mescla de ferramentas sem embasamento científico ou que pouco parecem estar relacionadas a um processo de *coaching*, que foca em construção por meio de ações específicas visando atingir objetivos concretos referentes ao presente para futuro, porém acredito que o processo de *life coaching* acaba caindo no "vale tudo" se não houver critérios. Com isso, o *coach* acaba fazendo um papel que não é o dele, mexendo em áreas que talvez não devessem ser abordadas. Por isso enfatizo: *life coaching* não é terapia.

Dizendo de uma forma simples e metafórica, nossa mente é uma "maquininha" de fazer e responder perguntas. Nossa dinâmica mental dá resposta para qualquer pergunta que fizermos, essa dinâmica cognitiva vai buscar em nosso repertório de conhecimento e experiências a resposta para qualquer pergunta. A maioria das pessoas não percebe que faz perguntas o tempo todo e, estando no automático, faz perguntas não muito funcionais, por isso recebe de sua "maquininha mental" respostas pouco produtivas.

Afirmo para meus *coachees* que estaria mentindo se prometesse fazer essa dinâmica de perguntas e respostas internas cessar com nosso treinamento no *life coaching*, mas garanto que vamos alterar esta "briga interna" e construir um "bate-papo interno".

Há quase meio século as ciências cognitivas têm se desenvolvido e encontrado evidências sólidas para entender nossa dinâmica mental. Graças aos trabalhos de excelentes estudiosos como Albert Ellis, Aaron T. Beck, Martin Seligman, e muitos outros, temos as evidências que não é somente o que acontece que faz diferença na vida das pessoas, mas a maneira como elas interpretam e contam essas experiências para elas mesmas, internamente, é que faz toda a diferença.

O problema não está no problema. O problema está na maneira como penso nele. Como já dizia o filósofo Epíteto: "O que perturba o Ser não são as coisas em si, mas o pensamento/julgamento sobre as coisas".

Tendo isso como base, as ciências cognitivas desenvolveram uma série de estudos e descobriram que a maneira que "contamos as coisas para nós", principalmente no que abrange a três principais fatores (propagação, permanência, e personalização), faz uma enorme diferença em como nos sentimos e, consequentemente, como nos comportamos nas diversas situações do dia a dia, e como podemos de maneira efetiva modificar e influenciar esta dinâmica de pensamentos.

As pessoas de alto desempenho pessoal e de baixo desempenho pessoal demonstram uma diferença significativa quando analisamos esses três fatores em situações estressantes do dia a dia, desde ser demitida ou uma simples discussão com o parceiro ou parceira sobre um assunto da rotina.

Vamos imaginar qualquer elemento estressante no nosso dia a dia, uma discussão, ter que refazer algo, ou ir a um lugar que não estamos com vontade de ir, situações que geram desconforto em nossas vidas. Diante disso, como o *life coaching* nos fornece ferramentas para influenciar nossa dinâmica de pensamentos de forma prática e objetiva usando os três Ps?

- **Propagação ou abrangência:** abrangência relaciona-se à amplitude de espaço. Pessoas que colocam problemas pontuais como se fossem universais desanimam rápido de tudo quando ocorre algo inesperado em determinada área. As pessoas que dão explicações específicas podem se sentir desconfortáveis naquela área específica de sua vida, o que não as impede, entretanto, de cuidar corajosamente das demais. O quanto você vai permitir que um problema pontual interfira nas demais áreas da sua vida? Ter clareza de que você tem a possibilidade de limitar a propagação de uma dificuldade específica gera adaptabilidade e, com isso, mais confiança.
- **Permanência ou duração:** se a abrangência tem a ver com o espaço, a permanência está ligada ao tempo. Pessoas de baixo desempenho pessoal acreditam que qualquer dificuldade vai durar muito tempo ou não conseguem com clareza ver um fim para o desconforto. Isso alimenta sua angústia e seu entusiasmo para desenvolver os demais aspectos da vida. A pessoa de alta performance coloca de forma consciente uma duração realista para aquela dificuldade, não alimentando um desespero ilusório que só atrapalha sua vida e prejudica as demais áreas.
- **Personalização:** de quanto do problema ou de que partes dele eu tenho controle? O que realmente foi ocasionado por mim? As pessoas de baixa performance têm a tendência de se colocar nos extremos dessa questão: ou a culpa é toda delas e ficam se acusando por dentro em um martírio interminável, ou colocam a responsabilidade total no outro, demonstrando uma visão distorcida dos fatos, uma baixa autopercepção e uma indiferença em relação ao outro. Pessoas de alta performance sabem analisar de forma crítica e buscar evidên-

cias de quais partes realmente são de sua responsabilidade e quanto de controle têm para modificar ou influenciar a situação para melhor, por mínima que seja sua influência.

Estou convencido que o *life coaching* pode acrescentar muitas ferramentas positivas à vida daqueles que querem voar mais alto, que não são conformistas com suas dificuldades, e que sabem que merecem viver da melhor forma possível em todos os aspectos. O bom *coach* tem uma grande utilidade para a vida daqueles indivíduos que não se enxergam somente como um papel profissional na sociedade e que sabem que o inimigo do ótimo é o bom. De forma prática e com perguntas úteis, treino meus *coachees* a usarem os três Ps e a muitas outras ferramentas eficazes de uma forma consciente no dia a dia. Com essas novas estratégias de pensamento, aumentamos o nosso autocontrole e nossa performance pessoal, atingindo melhores resultados e vivendo com uma qualidade emocional mais saudável e realista. Não é um treino fácil, é um treino que vale a pena. "Quanto mais você suar no treinamento (*coaching*) menos você vai sangrar na batalha (vida)."

22

O despertar para o florescer

Trabalhar o *coaching* como instrumento para o despertar de uma nova forma de viver a vida é a proposta deste artigo, que contempla um novo olhar, um novo foco para a vida e à realidade, redesenhando novos modelos de pensar, pautados em níveis mais elevados de consciência. Levando o *coachee* a uma reflexão mais íntima e profunda de suas reais escolhas

Ericléia Debacker

Ericléia Debacker

Mestre em Liderança pela Universidade de Atlanta (Beulah Heights University & IPOG - 2013). Graduada em Administração de Empresas pela Universidade Salgado de Oliveira (2010). Cursando MBA Executivo em Liderança e Gestão Organizacional (FranklinCovey & IPOG). *Personal Coach*, com formação internacional pela ICI (2012). Terapeuta Theta Healing com formação pelo Instituto THInK & Instituto ThetaHealing of Knowledge. Professora e Palestrante.

Contatos
www.ericleiadebacker.com.br
ericleiadebacker@gmail.com
http://www.facebook.com/ericleia.debacker
(62) 3945-5050 / (62) 9255-7185

O advento da economia globalizada e a forte influência dos avanços dos meios de comunicação e dos recursos de informática, aliados à mudança de paradigma da ciência, estão promovendo um clima de revolução científica, tecnológica, econômica e social. As transformações são reais e irreversíveis, levando a sociedade a mudar suas formas de se organizar, produzir bens, comercializar, comunicar, divertir, aprender e se relacionar. As mudanças culturais evidenciam a constante busca dos sujeitos por equilíbrio emocional, terapias das mais variadas formas, medicamentos e curas alternativas. Busca-se uma válvula de escape num mundo permeado por contradições, doenças, restrições e cobranças.

A falta de modelos de comportamento talvez seja um dos principais motivos dessa angústia entre os indivíduos, somado ao excesso de possibilidades de escolha (BAUMAN, 2008). Outros agravantes se impõem, refletidos na competição que deixou de ser local, no aumento do nível de exigências sociais e no pensamento materialista. Esses fatores afetam a população mundial e reflete no gerenciamento de países, na educação que não inspira, nos custos de saúde (GOSWAMI, 2010), dentre outros. Tais impactos levam muitas instituições a investir em processos de aprendizagem que oportunizem melhoria na performance e no autodesenvolvimento de pessoas, equipes e culturas, tendo a superação, exploração do potencial individual, trabalho em grupo, estabelecimento de metas comuns e espaço interno como objetivos (DI STÉFANO, 2005).

Devido à crescente competitividade, integrou-se na cultura empresarial a ideia de que o ser humano pode e deve ser desenvolvido. Investe-se em treinamento estruturado para que competências sejam desenvolvidas e com elas técnicas de reconstrução de modelos mentais limitantes ao desenvolvimento. Exige-se nova metodologia de ensino e processo de integração que privilegie habilidades intuitivas e interpessoais, não apenas racionais e analíticas (CHUNG, 2002). O desafio aí se instala porque requer mudanças no mundo interno do indivíduo. Nesse contexto, surgem algumas indagações para a tomada de consciência desse indivíduo: como tenho agido sem parar em algum momento para refletir meus comportamentos? Que significado tenho dado a minha existência? Como ela afeta os que estão ao meu redor?

Tentamos resolver todos os problemas pela racionalidade, mas ela não basta, posto que subverte nosso contato, nossa conexão com a consciência como um todo. E a causa disso é a visão materialista que transita pelo mundo há décadas, fomentada pela síndrome do pensamento acelerado, que gera ansiedade, depressão, angústia e medo, advindos do autoapego, da superficialidade nos relacionamentos, da falta de compaixão e da busca, a qualquer custo, da felicidade. Isso revela que olhamos pouco para nós mesmos e, normalmente, distorcemos o que acreditamos ser nossa realidade. Essa incompreensão sobre nós e nossa realidade faz com que nos projetemos em outras pessoas e expressemos nossa insatisfação com a vida, alimentando o pensamento com sentimentos de raiva, ressentimento, rigidez e falta de amor. O ser humano não traz para si a responsabilidade de que é ele quem projeta toda a infelicidade e sofrimento em seus relacionamentos. É dessas questões individuais e profundas, mas que tanto afetam nossa maneira de ver e agir sobre o mundo e por ele sermos vistos e influenciados, que tratarei neste capítulo.

- **Autoapego –** Quando experimentamos o sentimento de felicidade, podemos estar certos de que o sofrimento vai se manifestar, pois eles estão interligados. Essa interligação está baseada no autoapego, apego demasiado ao nosso eu, uma tendência para entender a existência apenas da posição de nosso ego. Qual reação o autoapego pode trazer à realidade? A reação de separação com o todo; um olhar individualizado e descabido de bons sentimentos (LOBSANG, 2010). O apego ao eu é um sentimento desequilibrado que nos impede de experimentar sentimentos mais elevados. Manter os sentimentos equilibrados em nossos relacionamentos é que é a verdadeira felicidade.
- **Relacionamentos –** Relacionamento é vida e se aplica às circunstâncias, ao mundo, a nós mesmos. Os relacionamentos dependem da atitude de cada um, quem não se relaciona não vive. A relação proveitosa só pode existir na medida em que a alma é saudável e livre. Mas o que faz as pessoas viverem relacionamentos superficiais? A razão é o medo inconsciente de se expor, de permitir ao outro que conheça seus conflitos

interiores (LOBSANG, 2010). Toda aflição da psique impede o relacionamento. Então, qual seria a fórmula para atingir a realização da vida por intermédio dos relacionamentos? Pode ser o grau em que a pessoa é autenticamente receptiva, seu grau de sentir, se envolver, se mostrar e expressar tudo o que realmente considera importante. Tudo parte da relação consigo mesmo. Se alguém se esconde de si mesmo, como pode estar pronto para comunicar ao outro o que não ousa admitir em seu íntimo? Negar uma parte de si não resulta em unificação, ao contrário, aumenta a divisão. O que se deve fazer? Trazer à tona o lado divergente e conflitante, encarando sua ambivalência por inteiro. Só então será possível encontrar a realidade última do eu unificado. A unificação e a paz surgem na medida em que a natureza do conflito interior é admitida, aceita e entendida (PIERRAKOS, 2012). Ressalta-se que o processo de crescimento organizado e a liberdade são conquistas graduais que só acontecem depois que se começa a trilhar a via do autoconhecimento, que leva ao equilíbrio e florescimento.

- **Compaixão –** Compaixão é a fundação pela qual cultivamos todas as outras boas qualidades. Ela nos possibilita lidar com nossos sentimentos de autoapego, reduzindo-os. Por ela obtemos conhecimento para navegar com sucesso pela vida. Quando o pensamento inicial para ajudar alguém emerge, podemos presumir que ele surgiu da compaixão, mas estejamos conscientes de que nossas ações e intenções são, em sua maioria, governadas pelo desejo que nos leva a um estado íntimo de existir. Para atingirmos a compaixão, precisamos analisar um problema sem grande expectativa em relação a seu resultado. Em outras palavras, precisamos ser capazes de perceber o problema sem julgá-lo e sem deixar o ego afetar nossa percepção. O segredo é "pedir sem motivos ocultos", tomando decisões não pautadas no ego (BRADEN, 2008).
- **Realidade subjetiva –** A realidade subjetiva compreende o que cada pessoa experimenta baseada em seu sistema de crenças, estado interno e objetivos pessoais. A mente consciente é criativa e detentora de pensamentos positivos, ao contrário da mente subconsciente, depósito de reações e

de respostas a estímulos derivados dos instintos e experiências vividas, mantendo sempre respostas comportamentais ao longo de toda a vida do indivíduo. Se os desejos da mente consciente entram em conflito com os programas subconscientes do indivíduo, provavelmente os últimos serão os vencedores, mesmo que centenas de afirmações positivas sejam efetuadas pelo sujeito. Mensagens programadas na mente subconsciente anulam todos os esforços para modificar dada realidade. Bloqueios enfrentados ao longo da jornada da vida impedem o alcançar da plenitude em nossas vidas e só podem ser transpostos quando damos atenção a eles, sem julgamentos, integrando-os a estágios mais elevados de discernimento. O grande segredo para trazer o foco da imaginação, fé, capacidade de cura e paz interior para a realidade presente é fazê-lo sem forte apego ao resultado das próprias escolhas. Pesquisas atestam que a maior parte das crenças que nos acompanha é adquirida. A grande mensagem que aprendemos é que não precisamos curar o corpo ou tentar melhorar a vida, precisamos curar nossas crenças; curando-as e alinhando nossa consciência a um estágio mais elevado, crenças errôneas se dissolvem com graça e leveza.

- **Florescer que leva à felicidade plena –** O florescer parte do desejo de ser feliz, mesmo que esse conceito varie de acordo com o desenvolvimento de cada um e dependa da qualidade de seu sistema de crenças, caráter, objetivos, do propósito e da responsabilidade pessoal para aprender. O indivíduo busca evolução pessoal e realização, o que o conduz a ampliar a própria consciência. O florescimento é um mergulhar íntimo e profundo em vários níveis da existência e, para chegar a ele, o indivíduo precisa buscar dentro de si aquilo que traz sentimentos bons por meio de questionamentos simples (O que me motiva? O que me traz alegria de viver?), pois as respostas a essas questões resgatam foco e propósitos, nova forma de pensar sobre as reais motivações que culminam na ação de ajudar, de fazer a diferença positiva no mundo e na vida de pessoas.

É comum tentarmos criar a felicidade promovendo mudanças nas atividades laborais, na rede de amigos ou na aparência, buscamos qualquer sensação feliz para nos agarrarmos a ela, entretanto, felicidade autêntica e duradoura não pode ser encontrada em mudanças externas. Expressamos nas palavras de Pierrakos (2012, p. 85) o conceito maduro de felicidade, em seu mais elevado desdobramento: "[...] Posso ser feliz em qualquer circunstância, porque sei que até os acontecimentos desfavoráveis ou desagradáveis têm uma finalidade, me ensinam alguma coisa, assim, levam-me para mais perto da liberdade e da felicidade".

Tornamo-nos escravos de nossos próprios desejos e anseios. No entanto, o equilíbrio está diretamente relacionado à qualidade de nossos pensamentos e sentimentos relativos aos acontecimentos diários da vida. Tudo acontece quando pensamos; o pensamento gera emoções, que geram palavras, que geram comportamentos, que causam consequências boas ou más. É a lei da causa e efeito (CAIRO, 2013). Como sair de uma cultura em que predomina o pensamento acelerado? Não seria um desafio motivar a pessoa a encontrar um estado de busca por informação e respostas no mundo externo para silenciá-la, de modo a sentir a vida por meio do mundo interior? O interior revelando o estado de "ser" a expressão de si mesmo em níveis mais elevados, a capacidade de assumir a responsabilidade pela própria vida, para chegar à autorrealização. Como atingir um patamar mais elevado? A interligação entre o "ser" e o "fazer" que nos permite chegar ao equilíbrio e à felicidade na vida? Se formos capazes de entender o que acontece e encontrar um bom método, então poderemos transformar sofrimento em felicidade. E a felicidade continuará sendo felicidade.

Embora vivamos em tempos acelerados, conflitantes, em transição, é preciso parar de dar significado aos nossos pensamentos além do que de fato tenham. Se pararmos de injetar "autossuficiência" na mente, ela perde sua qualidade compulsiva, o impulso de julgar, que cria uma resistência ao que é, dando origem a conflitos, tragédias e novos sofrimentos. Ao aceitarmos os fatos como são, ficamos livres e abrimos espaço para o amor, a alegria, a paz (TOLLE 2002) e nos nutrimos de bons sentimentos pela aceitação do outro e de nós mesmos, permitindo relacionamentos mais autênticos.

Levar o *coachee* a esse estado de percepção da realidade é a grande transformação. Como fazer isso? Hoje existem muitas técnicas e ferramentas que facilitam esse processo, como o ThetaHealing® (Cura da alma), uma técnica que ensina ao profissional identificar e mudar crenças, sentimentos e padrões bloqueadores, criando imediatamente uma nova realidade para a vida do cliente, possibilitando um acesso consciente à frequência de onda cerebral "theta". Por meio dessa frequência, é possível conectar-se com uma vibração bem elevada, capaz de recriar e transformar a vida do ser humano em diferentes aspectos. Assim, é possível viver a vida em seu mais alto potencial, com saúde plena e capacidade de manifestar o melhor de si.

- **Reflexão** – Quando (res)significamos nossa vida, partindo de conceitos mais elevados da consciência, automaticamente apreciamos a vida no estado de "ser", estando no "presente". Se vivermos felizes cada momento, nossa vida será cheia de significado e tanto o passado quanto o futuro revelarão resultados positivos; o futuro tornar-se-á o presente e logo se tornará passado. Esse é o fluxo da vida.

23

Como fazer seu time dar o resultado que você precisa?

Para conseguir o melhor resultado de seu time, busque melhorar a comunicação, entender e ouvir mais seus colaboradores. Com humildade, foco, metas e desafios constantes e, o mais importante, liderar pelo exemplo, seus resultados e o resultado de todos que trabalham com você serão melhores

Fernando Mendes Martins

Fernando Mendes Martins

Administrador de empresas com graduação pela EAESP – FGV de São Paulo e MBA em gestão pelo IBMEC. Assumiu a diretoria administrativa de uma concessionária de veículos com apenas 24 anos. Treinamento *Practitioner* em Programação Neurolinguística. Sócio de uma agência de publicidade há mais de dez anos.

Contato
fernando@sanjuancomunicacao.com.br

Assumi a direção de uma empresa quando tinha apenas 24 anos e pouca experiência profissional, havia trabalhado em apenas três empresas e pouco conhecia sobre gestão e liderança.

Com o passar do tempo, "caiu a ficha": pessoas são tudo em uma empresa! Ou seja, qualquer empresa, profissional liberal, até mesmo autônomos precisam de um bom time para ter sucesso. Ninguém faz sucesso sozinho.

Em minha opinião, um dos grandes segredos das empresas está nas pessoas que trabalham ali. Trabalhar com profissionais experientes e menos experientes é importante para que se possa tirar o melhor proveito de todo time.

Dessa forma, busquei informação e conteúdo sobre como lidar melhor com pessoas. Busquei treinamentos, li muitos livros e quero retratar aqui alguns pontos bem práticos sobre como fazer com que as pessoas que trabalham com você possam dar um resultado melhor e como você pode melhorar a comunicação (verbal e não verbal) com seu time.

Alguns conceitos importantes podem ajudá-lo a influenciar mais as pessoas, como alguns princípios de Dale Carnegie[1]: "não critique, não condene, não se queixe"; "desperte um forte desejo na outra pessoa", "tornar-se verdadeiramente interessado na outra pessoa"; "sorria"; "lembre-se de que o nome de uma pessoa é para ela o som mais doce e mais importante que existe em qualquer idioma", "seja um bom ouvinte, incentive as pessoas a falarem sobre elas mesmas"; "comece com um elogio ou uma apreciação sincera e fale de coisas que interessem à outra pessoa"; "se estiver errado, reconheça o seu erro rápida e enfaticamente"; "deixe que a outra pessoa sinta que a ideia é dela"; "seja receptivo às ideias e desejos da outra pessoa"; "lance um desafio"; "chame a atenção para os erros das pessoas de maneira indireta"; "empregue o incentivo e elogie o menor progresso e elogie todo o progresso"; "faça a outra pessoa sentir-se feliz realizando aquilo que você sugere".

---

1 Dale Carnagie (24 de novembro de 1888, Maryville, Missouri, EUA) foi escritor e orador norte americano. Tornou-se famoso por sua ênfase na melhoria do ser humano e tinha o sonho de ser conferencista. Autor de um dos livros de negócios mais vendidos da história (mais de 50 milhões de exemplares vendidos) "Como fazer amigos & influenciar pessoas". Esse livro foi publicado pela primeira vez em 1937 e até hoje é vendido no Brasil e no mundo por ser um livro muito atual e que explica sobre o comportamento humano, que é objeto de estudo por diversos especialistas.

Acredito que o tempo do gestor "linha dura" acabou. Pessoas no comando, mal humoradas, ignorantes, grosseiras, egocêntricas e arrogantes deveriam ser exceção nas organizações. Tem que saber tratar bem as pessoas que trabalham com você. Descubra quem são os maridos, as esposas, os filhos de seus colaboradores, eles podem se tornar grandes aliados em busca das metas e resultados.

Já ouviu falar que a "primeira impressão é a que fica"? Experimente cumprimentar as pessoas sorrindo. Busco sempre fazer assim e consigo muitas vezes mudar até a fisionomia da pessoa com quem estou conversando. Sorrir é fundamental, o profissional que chega para trabalhar de "cara amarrada", mal-humorado, dificilmente conseguirá motivar a equipe. Quando se sorri para alguém dentro de uma empresa o clima organizacional pode mudar automaticamente, fica tudo mais leve. Segundo Dale Carnegie[1], "ações falam mais alto que as palavras e um sorriso diz: 'Gosto de você. Você me faz feliz. Estou satisfeito por vê-lo'." E o mais importante: sorrir não custa nada, nem um centavo.

Muitos cometem o erro de pré-julgar as outras pessoas, mesmo sem conhecer ou conversar, cometem o preconceito. Se dê a oportunidade de conhecer as pessoas antes de julgá-las. O grande segredo é ouvir mais, falar menos. Quando se escuta o que os clientes falam, o que os colaboradores falam, se aprende muito e esses se sentem muito valorizados. Não perca a chance de ouvir e tirar o máximo possível de informações. Tenho a impressão que muitos gestores se esquecem de ouvir sugestões, soluções e críticas e muitas vezes perdem oportunidades e a chance de mudar antes que exista algum problema mais sério.

Já aconteceu com você de encontrar um conhecido de longa data e esquecer o nome dele(a)? Em diversos momentos nos esquecemos do nome da pessoa que está do nosso lado, ou conversando conosco, esse é um grande problema, ainda mais quan-

---

1 Id. (24 de novembro de 1888, Maryville, Missouri, EUA) foi escritor e orador norte americano. Tornou-se famoso por sua ênfase na melhoria do ser humano e tinha o sonho de ser conferencista. Autor de um dos livros de negócios mais vendidos da história (mais de 50 milhões de exemplares vendidos) "Como fazer amigos & influenciar pessoas". Esse livro foi publicado pela primeira vez em 1937 e até hoje é vendido no Brasil e no mundo por ser um livro muito atual e que explica sobre o comportamento humano, que é objeto de estudo por diversos especialistas.

do se depende dessa outra pessoa, por exemplo, ela faz parte do time. Foco é força, grave e repita pelo menos quatro vezes o nome que você precisa memorizar. O nome de uma pessoa é para ela o som mais importante que se pode ouvir. Muitos grandes políticos possuem até uma assessoria que os faz lembrar do nome a algumas características das pessoas com quem precisam se comunicar. Quando conversar com alguém busque sempre falar o nome dessa pessoa diversas vezes durante o diálogo.

Quando emitir sua opinião utilize sempre expressões como: "na minha opinião", "acredito que o melhor caminho", "do meu ponto de vista" etc. Ou seja, busque não invadir a outra pessoa com suas opiniões usando expressões como: "seria melhor se você fizesse isso", "faça isso e tudo dará certo", entre outras, emita sua opinião e não queira impor seu ponto de vista a qualquer custo.

Acredito que humildade é tudo! Erros e falhas acontecem com qualquer pessoa esteja no ramo ou cargo que estiver. Quando isso acontecer, não se deve relutar: peça desculpas! Uma das maiores qualidades da grande maioria dos líderes mundiais é a humildade. Dificilmente uma pessoa muito arrogante cresce em sua carreira. Normalmente pessoas que tem esse perfil tendem a desagregar toda a equipe. "Errar é humano", cada pessoa é diferente da outra e cada um teve suas experiências pessoais que faz com que ela seja daquela forma, assim, deve-se primeiro de tudo respeitar cada ser humano como ele é e ter a capacidade de se colocar no lugar da pessoa com quem está conversando e entender que aquela pessoa é diferente e deve ser respeitada por quem ela é e pelas experiências que ela teve.

Na minha opinião, quando se chama a atenção de alguma pessoa, deve-se fazer isso de maneira reservada, ou seja se chama o colaborador para uma sala fechada e, aí sim, se deve colocar de maneira transparente os pontos em que houve erros e problemas a serem resolvidos. Não se deve criticar o colaborador quando há outras pessoas próximas ou que possam ouvir. Caso um dia haja um fato em que se arrependa, peça desculpas! Peça perdão! Muitas pessoas atualmente sofrem por males como a depressão por não perdoarem e serem perdoadas.

Para se buscar o melhor resultado, coloque metas e desafios constantes às equipes. Campanhas de incentivo ajudam muito. Dê prêmios menores para que sejam cumpridas metas de curto prazo. Quando se desafia alguém, normalmente essa pessoa sai da zona de conforto.

O líder que exalta e, principalmente, reconhece e elogia os membros da equipe terá o melhor resultado. Há algum tempo, não se ouvia a palavra "parabéns", "você é especial", buscavam-se resultados com "pauladas", com críticas, tudo que se faz é pouco. Salário é importante, sem reconhecimento normalmente há um *turn over* muito alto. O elogio deve ser mais utilizado nos dias de hoje, principalmente em público, com outras pessoas ouvindo. Por meio de um reconhecimento verbal, por escrito, pela atitude pode se motivar muito mais alguém do que pagar mais.

Outro ponto a ser observado é que a transparência deve ser sempre utilizada, pois se espera que o relacionamento seja sempre feito de forma translucida, como água. Dizer a verdade é sempre o melhor caminho. Diz-se que é "melhor ficar vermelho na hora de falar alguma coisa, do que amarelo depois", ou seja não mentir ou esconder a verdade. Falar o que é certo, na hora, pode evitar constrangimentos depois.

Acredito que se deve olhar as pessoas pelo que elas têm no seu interior, sua integridade, moral e caráter. Analisar se aquela pessoa sentada ao seu lado é "do bem", se quer realmente fazer as coisas acontecerem ou se está torcendo para que tudo dê errado. Observe o comprometimento das pessoas, analise quando um problema grande aparecer, como se comportarão os membros do time, irão ajudá-lo? Ou torcer para que a "bomba exploda"?

Na minha opinião, vida pessoal e profissional andam juntas. Busque ser um bom marido, uma boa esposa em sua casa, dê o seu melhor. Muitos grandes executivos de empresas e empresários tem sucesso profissional, mas a vida pessoal deles é um fracasso, um desastre, será que essas pessoas serão completamente felizes? Prioridades: primeiro Deus, segundo família e terceiro negócios.

Segundo César Frazão[2]: "Nada funciona mais do que a liderança pelo exemplo". Caso um líder busque a melhor equipe, o me-

2 César Frazão (01 de março 1972, São Paulo, SP, Brasil) é especialista na área de vendas. Foi instrutor de vendas durante muitos anos e atualmente é um dos palestrantes mais requisitados do Brasil, quando o assunto é vendas. Autor do livro: "Como Formar, Treinar e Liderar Equipes de vendas", livro eleito o melhor livro de vendas em 2007. Conta com mais de 10 livros e 14 DVDs de treinamentos.

lhor time, com foco nos resultados, deverá ser o primeiro a dar o exemplo. Assim como em uma família os pais (mãe e pai) devem ser exemplo para os filhos. Os filhos estão sempre observando as atitudes e ações dos pais. Se esses são amáveis, seus filhos provavelmente também o serão, se ajoelha para rezar na missa, seus filhos irão copiar exatamente o que eles fazem. Plante carinho e colha carinho. Gentileza gera gentileza.

Mesmo em tempos difíceis, de crise, é preciso levantar a cabeça, manter-se motivado, animado, autoestima elevada. Alguns se motivam por dois a três meses, depois abaixam a cabeça se entregam à derrota, outros ficam motivados por três ou quatro anos. O grande líder deve se motivar constantemente por pelo menos 30 anos!! Imagine o sócio, diretor de uma empresa entrar todos os dias de cabeça baixa, desanimado, desmotivado. Que mensagem esse líder está passando para seus colaboradores?

Importante: sonhe! Quando se tem uma boa expectativa do futuro, você consegue mudar o seu "hoje". Descubra os sonhos das pessoas que trabalham com você. Use esses sonhos para motivá-las a ir mais longe. Sonhe grande, dá o mesmo trabalho do que sonhar pequeno. Há pessoas que andam em brasas para conquistar e chegar ao seu sonho. Tem que ter um sonho, a pessoa que não sonha, está morta. Pague o preço, faça de tudo para "entregar o trabalho". Art L. Williams Junior[3] em uma de suas palestras usa uma expressão em inglês "*just do it*", apenas faça! Acredito que se as pessoas simplesmente fizerem as coisas acontecerem, a situação que elas vivem pode mudar e seus sonhos podem ser realizados.

Por fim, busque incessantemente o comprometimento de todos da sua equipe. Melhore sua comunicação e liderança com seu time. Utilize algumas dicas práticas apresentadas. Mostre que você tem coração de campeão, seja um bom competidor e nunca, jamais desista dos seus sonhos. Desejo e vontade de vencer é muito importante. Em minha opinião, caso deseje um novo resultado, mude sua postura

3 Art L. Williams Junior (23 de abril de 1942, Cairo, Georgia, EUA) começou sua carreira como treinador de futebol americano e hoje é um executivo do ramo de seguros nos Estados Unidos. Mora em Palm Beach (Florida) e é o fundador da Primerica Finantial Services, empresa do ramo de marketing multinível que comercializa seguros através de venda direta ao consumidor (porta a porta) nos Estados Unidos.

agora, mude suas atitudes, suas crenças, sua maneira de lidar com as outras pessoas. Caso queira uma nova realidade, primeiro mude a si mesmo, depois tudo que está à sua volta mudará também. "Seu mundo muda, quando você muda" (Instituto VOCÊ 1234).

24

O processo de *coaching* como ferramenta para liberar seu potencial

O *coaching* é um caminho para trazer à tona o que há de melhor nas pessoas: o potencial humano. O *coaching* é uma ferramenta poderosa para gerar mudança e transformação na vida pessoal, profissional e financeira. Neste capítulo, abordaremos quatro competências fundamentais para liberar seu potencial e ajudá-lo a alcançar resultados extraordinários em sua vida

Gabriel Silva

Gabriel Silva

Graduado em Ciências Contábeis e MBA em Finanças Corporativas pelo IBMEC. Certificado no Programa de Desenvolvimento para Conselheiros da Fundação Dom Cabral e *Executive, Business & Career Coaching* pela SBCoaching. Desenvolveu sua carreira profissional de mais de 30 anos na Nestlé Brasil, nas áreas de finanças e controladoria. É palestrante nas áreas de Carreira, Liderança e Comportamento Humano e autor da metodologia e do livro A.T.T.I.T.U.D.E. – A chave para o sucesso e fundador da Attitude Coach.

Contatos
www.attitudecoach.net
gabrielsilva.coaching@yahoo.com.br
(11) 99210-8843

O ser humano tem um potencial ilimitado. É um dom que todos nós recebemos ao nascer e cabe a nós utilizar esse potencial para atingir nossos objetivos e realizar nossos sonhos. Mas a maioria das pessoas não se julga suficientemente competente ou capaz de realizar seus sonhos e não consegue progredir em sua vida pessoal e profissional. É preciso desenvolver e explorar nosso potencial ao máximo para que possamos acrescentar valor à nossa vida, à vida de outras pessoas e à sociedade.

O *coaching* é uma ferramenta poderosíssima para contribuir na descoberta de nossas habilidades e de nosso potencial e acelerar nosso crescimento profissional, tanto que o *coaching* é hoje uma das ferramentas de apoio mais utilizadas para a realização de objetivos e de sonhos.

Neste capítulo, vou abordar a importância de quatro competências para ajudá-lo a descobrir suas aptidões, habilidades, competências, qualidades e seu talento, para que você possa liberar seu potencial e tornar-se uma pessoa mais feliz, mais produtiva e alcançar resultados extraordinários em sua vida. São elas: autoconhecimento, automotivação, autoconfiança e resiliência.

O autoconhecimento

"Conhece-te a ti mesmo", frase citada na teoria do conhecimento do filósofo grego Sócrates, demonstra a importância do autoconhecimento como umas das competências mais relevantes para o desenvolvimento pessoal e profissional. Conhecer a si mesmo é a base sustentável do sucesso pessoal e profissional. O autoconhecimento permite ao indivíduo enxergar o mundo através de seus próprios pontos de vista, crenças e opiniões, mas entendendo que não se tratam de verdades absolutas. Essa consciência permite a compreensão das diferenças entre as pessoas. Quem você é determina sua maneira de ver tudo a sua volta.

A conquista do autoconhecimento está intimamente ligada ao conhecimento de quem somos e o que gostamos de fazer. Um fator relevante dessa competência é a identificação de talentos, das habilidades e da capacidade que cada um de nós tem para explorar a experiência pessoal para alcançar a realização de um sonho ou a conquista de um objetivo.

As pessoas que conquistam e sustentam seu espaço na vida pessoal e profissional são aquelas que identificam seus talentos e habilidades e assumem as coisas que gostam e sabem fazer com naturalidade, maestria e alegria. O reconhecimento de aptidões e habilidades, fruto do autoconhecimento, permite delinear uma trajetória de crescimento pessoal e profissional diferenciada e bem-sucedida.

"A primeira e maior vitória é conquistar a si mesmo."
Platão

Por que reconhecer as aptidões, habilidades e competências são importantes para acelerar a carreira de um profissional? A resposta é simples! Conhecendo-as, cada pessoa pode focar seus esforços naquilo que lhe permite apresentar os melhores resultados. Tendemos a reconhecer as qualidades dos outros pela facilidade que determinada pessoa tem em determinada tarefa. Mas quando se trata de nossas qualidades, nem sempre somos capazes de reconhecê-las.

Precisamos identificar e focar nossa energia em melhorar nossas aptidões e habilidades, pois são nossas fortalezas que vão nos levar à realização de nossos objetivos e à conquista de nossos sonhos.

O autoconhecimento nos permite ainda identificar nossas limitações pessoais, comportamentos e hábitos indesejáveis, que prejudicam nossa imagem e limita nossa ascensão profissional, nosso relacionamento pessoal e familiar. As limitações pessoais, comportamentos e hábitos inadequados são inimigos internos e precisam ser identificados e eliminados por meio de uma mudança comportamental.

Tim Gallwey, um dos mais renomados *coaches* esportivo para o mundo corporativo, descreve performance a partir do potencial, descontadas as interferências. Em seu livro *The Inner Game*, ele apresenta esse conceito de uma forma bastante prática, com a seguinte fórmula:

P = p - i
em que: P = Performance
p = potencial
i = interferências

Usando o raciocínio complexo por trás dessa simples fórmula, podemos concluir que diminuindo as interferências, tanto do lado da organização quanto do lado comportamental do individuo, é possível aproximar a performance do potencial. As interferências (i) são os *gaps* relacionados à gestão e às limitações pessoais e comportamentais. No meu livro *A.T.T.I.T.U.D.E. – A chave para o sucesso*, abordo as dez limitações pessoais e os comportamentos inadequados que limitam o crescimento na carreira profissional.

A eliminação dos *gaps*, tanto relacionados à gestão quanto ao indivíduo, não deve ser tratada de forma intuitiva, sendo necessária a utilização de técnicas e ferramentas adequadas a cada situação, levando-se em conta as variáveis que afetam o desempenho de cada profissional.

Finalmente, as limitações pessoais são um inimigo interno que precisa ser vencido e quando ele se rompe por uma força interior, a vida recomeça com mais energia e entusiasmo. As técnicas e ferramentas utilizadas no processo de *coaching* são aplicadas para ampliar o autoconhecimento e apoiar o processo de mudança.

A automotivação

A automotivação é a primeira coisa, o primeiro passo, para a realização de qualquer projeto ou aspiração. Sem motivação, nada se realiza, tudo fica apenas em vontades, desejos ou em sonhos. A motivação é um impulso interno que leva o indivíduo à ação. A palavra "motivação" pode ser dividida em duas partes: "motiva" e "ação", e é proveniente de forças e valores que nos impulsionam e nos direcionam. Movemo-nos na direção do que desejamos ou necessitamos.

Quando um indivíduo procura alcançar um objetivo, move-se em direção a ele. E o que o motiva? Qualquer que seja o fator que o motiva, é a força necessária que vai empurrá-lo para a frente. A motivação é um elemento essencial para o desempenho, para melhoria de performance, para atingir metas, tanto na vida pessoal quanto profissional. Sem motivação fica muito difícil alcançar metas, objetivos, resultados.

Ter essa competência comportamental aflorada favorece o indivíduo, pois lhe dá a possibilidade de lidar melhor com novos desafios, superar obstáculos, transformar dificuldades em aprendizados e ter o poder de acelerar a obtenção de resultados. Motivação mais habilidades é igual a desempenho. Descubra o que o motiva e use isso como combustível para executar suas ações e iniciativas e isso vai levar você a alcançar resultados extraordinários.

A capacidade de se automotivar é uma das habilidades fundamentais do ser humano. Pessoas que possuem essa habilidade podem se tornar grandes realizadoras. Irradiam uma energia inesgotável, têm a capacidade de extrair algo positivo dos problemas. Pessoas automotivadas não ficam aguardando condições favoráveis para agir, elas criam essas condições.

Não existe uma fórmula pré-formatada para a motivação. Você tem de encontrá-la dentro de si mesmo. Encontrar o que o motiva e o leva à ação. É o sucesso? O poder? A realização profissional? O dinheiro? O crescimento na carreira? A superação? Acelerar e obter resultados extraordinários? Ou iniciar um ciclo virtuoso em sua vida?

Na vida nada é fácil. É preciso disciplina, foco, persistência. Como sustentar a automotivação quando encontra um obstáculo ou sofre um retrocesso em relação aos seus objetivos? Obstáculos e retrocessos são apenas pequenas pedras no caminho. Uma pessoa bem-sucedida vive em constante aprendizagem, tirando proveito de cada recurso, de cada ensinamento, de cada ferramenta e de cada estratégia. A capacidade de se automotivar é um dos segredos para a chave do sucesso da realização pessoal e profissional.

"A persistência é o menor caminho para o êxito."
Charles Chaplin

Ter objetivos e metas claras e encontrar um significado especial para o que fazemos é uma forma de manter a chama da motivação acessa, superar todos os obstáculos e afastar as pequenas pedras encontradas no caminho. O autoconhecimento e a automotivação fazem parte desse caminho. Vale ressaltar que há ainda outras etapas que precisam ser percorridas. Aproveite e curta a jornada!

A autoconfiança

Todos nós queremos alcançar o sucesso, mas a falta de autoconfiança é um denominador comum para as lembranças, projetos e sonhos não realizados. A autoconfiança é a característica mais importante que devemos desenvolver para conquistar nossos sonhos. Essa é mais uma etapa do caminho que precisa ser conquistada para acelerar resultados. Quando acreditamos em nós mesmos, em nossa capacidade de superar os obstáculos do dia a dia, descobrimos que nada é impossível e podemos alcançar resultados extraordinários.

Quando temos essa competência desenvolvida, os desafios nunca são grandes demais. Não nos sentimos vulneráveis e nossa autoestima aumenta. Ficamos mais tranquilos para tomar decisões e assumir riscos, melhoramos nosso poder de comunicação, nosso relacionamento interpessoal e a nossa produtividade, fatores essenciais para melhorar o desempenho. A autoconfiança é catalizadora de vários comportamentos, como a coragem, o trabalho em equipe, a capacidade de adaptação e flexibilidade. Com ela, é possível construir relacionamentos e parcerias vencedores e o torna mais aberto às mudanças.

A autoconfiança é uma competência fundamental para desenvolver nossa capacidade de ampliar nossos próprios limites, de expor e de expandir nossos horizontes. A aceitar desafios, a tomar decisões, a entrar em ação, a recuperar a paixão por nossos objetivos e metas e não nos determos até alcançá-los.

"A autoconfiança gera estabilidade em todas as áreas da vida."
John Maxwell

Desenvolver essa competência é um dos fatores fundamentais para liberar seu potencial e promover seu crescimento pessoal e profissional, etapa importante para conquistar seus sonhos e resultados extraordinários em sua vida profissional.

Resiliência

Resiliência é a capacidade de se lidar com problemas, enfrentar crises, grandes transformações, superar obstáculos, desafios e resistir à pressão em situação de estresse e adversidade, sem se abalar emocionalmente. É a capacidade humana de se adaptar a experiências difíceis ou desafiadoras através da flexibilidade mental, emocional e comportamental.

As pessoas resilientes conseguem manter o otimismo, a confiança e o autocontrole nas situações mais inesperadas e conflitantes, agem positivamente frente às adversidades, aprendem com as dificuldades e os desafios, usando a flexibilidade mental para aprender e a criatividade para buscar soluções.

"Ser resiliente é como um bom vilão, que sabe reunir forças e enfrentar situações adversas."
Gabriel Silva

O pesquisador e psiquiatra austríaco Vitor Frankl, que começou a utilizar o termo, é um exemplo de pessoa resiliente. Utilizou sua própria experiência como prisioneiro e sobrevivente de Auschwitz, o campo de concentração nazista, como inspiração de seus estudos sobre a resiliência.

Em seu livro *Em busca de sentido*, Vitor Frankl aponta que mesmo nas situações mais absurdas, dolorosas e desumanas, a vida tem um significado em potencial, portanto, até o sofrimento tem sentido.

As características mais marcantes das pessoas resilientes são: não ter medo de encarar as mudanças, enxergando-as como oportunidades; autoestima e autoconfiança elevadas; possuem valores e princípios morais bons e sabem respeitar o espaço das demais pessoas. Ser sociável, ter empatia e ter um bom *networking* são características diferenciadas das pessoas resilientes, que reúnem condições propícias para lidar com situações de crises e mudanças organizacionais.

A resiliência é uma qualidade que pode ser desenvolvida, desde que o profissional tenha consciência da sua importância para as organizações, que conheça e aplique métodos e ferramentas eficazes para adquirir atitudes resilientes, como o processo de *coaching*, e finalmente, colocá-las em prática, até que tais práticas tornem-se hábito. Contudo, aceitar as mudanças com naturalidade e abraçá-las como oportunidade, com otimismo, é uma das características mais marcantes das pessoas resilientes.

Pratique o autoconhecimento, a automotivação, a autoconfiança e desenvolva sua capacidade de resiliência, e descubra o caminho mais curto para acelerar resultados em todas as áreas da vida.

Referências

ANDRÉS, Verônica de; ANDRÉS, Florencia. *Autoconfiança: como deixar de duvidar de si e encarar a vida de frente.* São Paulo: Academia de Inteligência, 2010.

FRANKL, Victor. *Em busca de sentido.* Rio de Janeiro. Vozes, 1994.

RIZZI, Márcia; SITA, Maurício. *Ser+ com Equipes de Alto Desempenho.* São Paulo: Literare Books, 2012.

SILVA, Gabriel. *A.T.T.I.T.U.D.E.: A chave para o sucesso.* São Paulo: Matrix, 2014.

25

Digicoaching: maximizando resultados na era digital

Autoconhecimento, missão de vida, gerenciamento de tempo e *networking* potencializados pela tecnologia

"O homem que melhor se adapta à evolução, é aquele que marca a história, e possibilita que os próximos passos da humanidade sejam dados."

Henrique Ferrer & Marcelo Capistrano

Henrique Ferrer & Marcelo Capistrano

Henrique Ferrer
Empreendedor, Publicitário e *Coach*, é especializado em *Marketing* e *Design* Digital, além de focar seus estudos em *Personal Branding*. Todos esses elementos associados a inquietação por entender o comportamento social deram origem a uma visão diferenciada sobre posicionamento. É movido pelas palavras inspiração, transformação e realização.

Marcelo Capistrano
Empreendedor, Músico e *Coach* especializado na área musical e artística. Formado em Administração, "seguia o fluxo" em uma carreira estável na área de comércio exterior, quando se deu conta de que sua vida não fazia sentido. A paixão pela música e pelo empreendedorismo unidas ao poder do *coaching* transformaram sua vida, fazendo com que reprogramasse sua missão de vida, seguindo por novos caminhos e desafios. Ressignificar a palavra "sucesso" e despertar indivíduos com propósito que lutem por um mundo melhor é o que move suas ações.

Contatos
www.henriqueferrer.com
contato@henriqueferrer.com
www.marcelocapistrano.com
contato@marcelocapistrano.com
www.digicoaching.com.br

Utilize a tecnologia para maximizar seu alcance e posicionamento, tornando-se eficiente e acelerando seus resultados.

Como o próprio nome indica, o *Digicoaching* é um processo que visa alavancar o potencial humano inclinando o olhar para uma situação mais atual e repleta de tecnologia.

Muito se estuda sobre a origem e a evolução, mas o que falar sobre a história que está sendo escrita neste exato momento? Quem é o indivíduo que está hoje lá fora criando e se transformando a cada minuto? Quais as características que ele desenvolve e quais deixou de desenvolver? O que ele precisa para se situar e se alavancar?

"O homem cria a ferramenta e a ferramenta recria o homem." (Martha Gabriel, apud Marshall McLuhan)

Este novo indivíduo está inserido na Era digital, isso significa que o posicionamento digital é uma variável que pode interferir nos resultados almejados. Mais do que isso, este é um fator determinante na velocidade com que as coisas acontecem.

Vivemos na Era digital, o que exige um comportamento digital. Além de cuidar de todos os aspectos humanos (como vida social, profissional, familiar, etc.), há nessa nova era o eu digital, e é para ele que o *Digicoaching* concentra esforços.

O eu digital

Todos temos personificados do outro lado da tela um "eu digital". Um espelho de nós mesmos, que também precisa de cuidados, afinal os resultados de busca sobre seu nome no Google podem dizer mais de você do que você mesmo.

Ele chega mais longe que você, consegue estar em mais de um lugar ao mesmo tempo, pode criar conexões e parcerias com mais velocidade, e possibilitar que outras pessoas tenham acesso ao seu conhecimento.

Mais do que isso, ele pode ajudar a se enxergar melhor, possibilitando uma autogestão estratégica para acelerar a conquista de seus objetivos.

Para entender melhor como o eu digital pode alavancar o eu físico é preciso entender o conceito de "cibridismo"(Cyber + Híbrido). O significado está relacionado com a expansão do ser humano além do seu corpo biológico, ou seja, o ser humano coexistindo nos mundos *online* e *offline*. Isso significa que dentro de um ciclo que agora é mútuo, é preciso alinhar o seu físico com o digital e cuidar de ambos afim de acelerar os resultados.

Necessidade passiva

Imagine que você tenha uma primeira reunião com determinado contato. É bem provável que você cheque o nome da outra pessoa no Google, certo? Você precisa chegar com o máximo de informações possível, para se sentir mais seguro, confiante e começar a definir suas estratégias. O resultado sobre o indivíduo pesquisado será para você "verdade absoluta", e será com essa ideia que irá começar a reunião.

Da mesma forma outras pessoas também o procuram, ou seja, seu eu digital existe, você é uma pessoa pública e pode ter controle sobre isso.

- Mais de 1 bilhão de nomes pesquisados no Google todos os dias.
- 94% das pessoas avaliam apenas a primeira página de resultados do Google.

Necessidade ativa

Utilize seu eu digital para se promover, prospectar novas oportunidades, fechar negócios, aprender e evoluir.

Muitas vezes conhecemos alguém interessante, e não temos muito tempo pra falar sobre nossos projetos, certo? Escrever um e-mail sobre você pode não cair muito bem de imediato.

Mas que tal se você der um cartão de visitas que possua seu site, ou enviar um breve e-mail ou *chat* com o *link*? Permita que as pessoas saibam mais sobre você, se destaque também no mundo digital, cuide de você.

O que hoje pode ser considerado um diferencial de mercado deverá um dia ser uma necessidade. Investir no seu eu digital mostra o quanto você acredita em si próprio.

O COACHING E O DIGICOACHING

A maximização de resultados e a busca pelo melhor de si são o foco do Digicoaching. Os benefícios vão muito além do aumento de eficiência ou da obtenção de resultados máximos, uma vez que o maior ganho está na plenitude de estar alinhado com sua missão de vida e visualizar com clareza aonde se deseja chegar.

Um bom posicionamento digital (e um comportamento condizente) pode alavancar carreiras e acelerar o desenvolvimento humano, lembrando que o eu digital não tem limitantes temporais, geográficos ou de alcance.

Além disso, se a presença digital for autêntica, sem maquiagem, e o olhar dos indivíduos para seus espelhos digitais for sincero, é possível enxergar áreas de alavanca (pontos de melhoria), e obter *autofeedbacks* em tempo real. O ser humano sempre teve grandes dificuldades em olhar para si próprio, portanto, passar pela experiência de se personificar e se olhar em terceira pessoa, torna a autogestão mais fácil e assertiva.

O processo visa ajudar pessoas a se encontrarem nesse novo tempo, ganhando um forte diferencial, uma vez que contará com o uso máximo da tecnologia a seu favor.

O *Digicoaching* pode ser visto como um processo complementar a processos de *life coaching*, mas vale destacar que o comportamento digital influencia diretamente o desenvolvimento pessoal do eu físico, pois o indivíduo precisa estar sempre evoluindo seu "eu físico" para que seu reflexo digital acompanhe essa evolução. O eu digital ajuda a visualizar as necessidades de evolução, como também a planejar e programar esse crescimento.

As relações - O homem e a comunicação

Analisando este novo cenário em que estamos inseridos e levando em conta que o homem é totalmente responsável por seu destino e pelos caminhos que irá seguir, podemos concluir que a obtenção de sucesso torna-se consequência de como essa pessoa irá se posicionar no mundo em que vive.

Sucesso = indivíduo alinhado com sua missão de vida e reconhecido por isso.

Se posicionar significa assumir o controle de sua própria vida, definir objetivos, estruturar a mensagem que deseja passar ao mundo e ir à luta, colocando em prática todo esse planejamento. É preciso conquistar seu espaço na mente das pessoas, e isso implica no seu comportamento como um todo, desde a imagem que transmite nos primeiros cinco segundos, até o modo como reage a um elogio ou crítica.

Os três pilares do posicionamento

Missão de vida, marca pessoal e comportamento são os três pilares que estruturam os estudos do *Digicoaching* e, se bem trabalhados, são capazes de impulsionar pessoas em direção ao sucesso.

O ser humano pode ir muito além do que pensa serem os seus limites, e quando resolve lutar por uma causa que realmente faz sentido para si próprio, o alcance é infinito!

1) **Missão de vida** – Quem sou? O que desejo? Para onde vou? O que fazer?

   Missão de vida representa nosso horizonte, o que sonhamos em realizar e o que traz sentido para nossa vida. Meta maior que guia todos os planejamentos, ajudando a clarear os desafios situacionais, pois quando se tem o objetivo final como foco, solucionar problemas se torna mais fácil com o simples exercício de pensar qual ação levará mais próximo da missão. Além de ser o combustível que nos faz acordar todos os dias com a certeza de que seremos fortemente desafiados, porém obteremos sucesso. *Motivação = Motivo à ação = o que faz brilhar os seus olhos?

2) **Marca pessoal** – Como o ambiente me vê? O que represento? Como transmito minha missão de vida?

   Nossa marca pessoal consiste em como o ambiente enxerga nossa missão de vida, e qual o conteúdo que passamos com nossa imagem.

   O ser humano é um "julgador" por natureza e eliminar o julgamento é uma tarefa em que devemos todos evoluir sempre. Porém, devemos entender que este preconceito, que até os mais evoluídos criam em suas mentes num primeiro contato, pode (e deve) ser trabalhado para que o ambiente consiga visualizar melhor sua essência e o que deseja mudar no mundo.

3) **Comportamento –** O que faço? Como faço? Onde estou inserido? Como realizo?

   Nosso comportamento é o que nos faz avançar em direção à nossa missão, são as ações que realizamos que confirmam nossa imagem e que nos coloca mais próximos de nossos objetivos.

   Meter a mão na massa e fazer os sonhos saírem do papel, comprovar ao mundo a ideologia que carrega e a imagem que passa, ação é' a palavra!

   Esforços concentrados em apenas um desses pilares tornam o indivíduo carente e desequilibrado, podendo assumir os papeis de: "utopia" quando há apenas missão sem ser colocada em prática; "planta" quando há apenas visibilidade, porém sem essência e objetivos; "papudo" quando há ação sem posicionamento nem conteúdo.

   É muito comum encontrar indivíduos que não atingem seus objetivos por não identificar onde está sua deficiência, de uma forma geral, eles possuem duas dessas esferas. Se não há missão, a marca pessoal e a ação tornam o sujeito "fútil". Caso não haja ação, este indivíduo permanece numa "bolha" e não consegue expandir. E por fim, se a falta estiver na ação, há fortíssimos riscos de ficar na "estagnação".

   O "eu líquido" é o estado perfeito de pessoas que buscam o seu melhor desempenho, equilibrando objetivos, projeção e atitudes que culminarão em sucesso.

Repare na tabela abaixo que o posicionamento do eu físico e do eu digital refletem de formas diferentes e complementares.

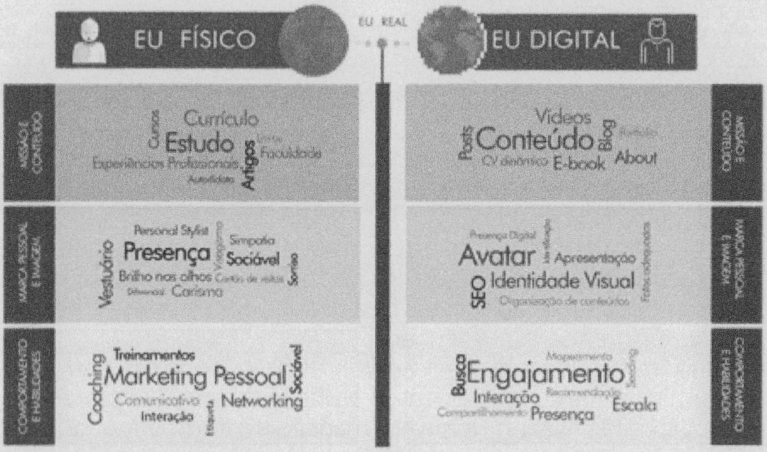

A metodologia *Digicoaching* é fruto de um estudo realizado pela Pesolíquido, e é aplicada em cinco módulos diferentes:

Despertar > Extraindo a essência > Renascimento digital > Comportamento digital > Continue voando

Despertar

O *Digicoachee* deve primeiramente entender de fato as possibilidades e oportunidades da era digital, assim como as necessidades e ganhos de um eu digital bem construído.

Extraindo sua essência

É um dos momentos mais importantes do processo. Antes de gritar ao mundo, é preciso ter a missão de vida bem definida, assim como a mensagem que deve ser comunicada. Este processo deve ser realizado com calma e de forma assertiva. Se conhecer profundamente e se definir são tarefas que podem ser realizadas por meio da aplicação de ferramentas focadas, como Roda da Vida, *Autofeedback*, SMART, situação atual x situação desejada, eu líquido*, *Road Map*, entre outras.

Renascimento digital

A presença digital deve ser reconstruída de forma pensada e estruturada. Redes, imagens e textos de apresentação devem ser revistos e recriados, focando agora neste novo horizonte visualizado. Recomendamos também a criação de www.seunome.com.

O canal "www.seunome.com" representa a casa do individuo na internet, concentrando todas as informações oficiais e informações necessárias, além de ser um dos principais responsáveis por um melhor posicionamento no google.

Devem ser *linkadas* às redes mais importantes, missão de vida, uma breve descrição, e o histórico da trajetória e de projetos. Além disso, podem ser anexados currículo ou *portfolio* para *download*, e área para contato.

É importante que o domínio.com ou.com.br sejam comprados, tanto para uma melhor indexação nos buscadores quanto para passar mais credibilidade.

O usuário deve avaliar também a possibilidade de criar um blog para criar conteúdo e postar dentro de "seunome.com". Assim, textos podem ser indexados ao google e associados ao seus respectivos nomes, demonstrando assim conhecimento.

Um e-mail contato@seunome.com também pode ser interessante para passar mais credibilidade e profissionalismo. O bom e velho cartão de visitas é, ainda, a melhor maneira de *linkar* o mundo físico ao mundo digital.

Comportamento digital

Com as redes reestruturadas e "seunome.com" no ar, o usuário está pronto para colocar o *Digicoaching* em prática. Uma pessoa produtiva, que busca se posicionar na vida e concretizar seus projetos, precisa gerenciar bem seu tempo e colocar o eu digital para trabalhar.

O *Digicoaching* agrega diversas dicas de comportamento, desde privacidade, segurança e exposição, até estratégias de marketing, divulgação e gerenciamento de tempo. A prática é a dica mais valiosa, para que aprenda a mecânica dessa nova era e possa fazer seus próprios ajustes e adaptações para trilhar seu caminho.

Para a prática do *Digicoaching* cinco alavancas devem ser levadas em consideração: conteúdo, interação, prospecção, manutenção e ajustes. Elas se referem a todas as atividades que devem ser realizadas na internet, para que assim divida todas as necessidades em tarefas e possa, assim, gerenciar e planejar essa vida que envolve o mundo digital.

Continue voando

Com a mensagem estruturada, redes em ordem e "seunome.com" no ar, você já possui suas asas digitais e pode ter possibilidades infinitas. Lembre-se que estar bem posicionado exige esforço e dedicação, pois para evoluir e atingir o sucesso é necessário que saia de sua zona de conforto e se desafie a todo momento. Mantenha-se motivado e no foco e sempre faça as alterações necessárias.

26

O conhecimento do "ser" e o processo de *coaching* para acelerar resultados e ter uma vida plena!

Coaching é aceleração de resultados, consiste no desenvolvimento de competências, habilidades e alcance de metas que para serem exitosas necessitam de: empenho, foco, ações efetivas e, acima de tudo, autoconhecimento e um processo evolutivo mais voltado ao "SER" do que ao "TER"

Hérica Santos

Hérica Santos

Master Coach Trainer ACS, Analista Comportamental com Hipnose Ericksoniana e Transe Generativo, certificada pelo IBC, Ápice Desenvolvimento Humano e Sociedade Euro Americana de Coaching, internacionalmente pela ECA – European Coaching Association, GCC - Global Coaching Community, ICI – International Association of Coaching Institutes, BCI – Behavioral Coaching Institute e Metaforum International, IAC – International Association of Coaching, (ICC) – International Coaching Council. Mestre em RH e Gestão do Conhecimento. Pós-Graduada em Gestão de Pessoas e *Coaching*. MBA em Gerenciamento Internacional de Projetos UCI e FGV, Especialista em Gestão Pública pela PUC Minas. Mais de dez anos na área de consultoria em grandes corporações e prefeituras. *Master Coach Trainer* na Ipersonae Coaching. Maestria na aplicação de Constelação Sistêmica. Coautora do livro: *Coaching: Foco Ferramentas e Resultados*, Editora IBC.

Contatos
www.ipersonae.net.br
herica@ipersonae.net.br

"Eu tentei 99 vezes e falhei, mas na centésima tentativa eu consegui, nunca desista de seus objetivos, mesmo que esses pareçam impossíveis, a próxima tentativa pode ser a vitoriosa."
Albert Einstein

Desde o momento em que nos tornamos conscientes do mundo que nos cerca, começamos a ter a necessidade de nos definir e fazermos parte do todo.

Temos a necessidade de nos superar enquanto seres humanos, conscientes de tudo que nos cerca, desde nossa família, amigos, escola até o trabalho e recursos financeiros... Enfim, iniciamos uma jornada em busca de resultados, e de infinitos objetivos que nos dão o impulso necessário para seguirmos em frente.

Quando crianças, temos a tendência de pensar no futuro como uma folha de papel em branco na qual podemos escrever nossa história. As possibilidades aparecem e somos estimulados pela promessa da descoberta do simples prazer de viver imersos em nosso potencial infinito. Mas na medida em que vamos crescendo e nos tornando adultos, somos apresentados as nossas limitações e nossa visão de futuro se torna mais restrita. E aquele sonho de infância que antes parecia tão fácil se transforma muitas vezes em medo e ansiedade.

Somos então apresentados para a dita vida real, onde os objetivos a serem alcançados precisam de uma certa dose de paciência, resiliência e, acima de tudo, muito foco.

Muitas dúvidas pairam na cabeça dos seres humanos no início de sua vida produtiva. Qual caminho seguir? Como crescer e ter sucesso na vida pessoal e na profissão? Como conciliar os nossos objetivos e ter sucesso? Tudo isso não é para menos. Essas dúvidas fazem parte de um importante processo decisório, uma vez que a escolha do caminho a ser seguido em nossas vidas leva à busca constante da felicidade autêntica e sem culpa.

Ser pensante e ser atuante

Até pouco tempo tínhamos a ideia de que o homem era apenas um ser pensante, e isso nos diferenciava dos outros animais. Hoje temos a certeza de que não basta apenas pensar, temos que ser atores principais de nossas vidas, e esta vida não nos permite tantos erros como eram permitidos no passado, com a globalização e a facilidade de comunicação, o mundo tem se tornado cada vez mais competitivo exigindo esforços sobre-humanos daqueles que desejam se destacar na vida, e aqui não importa em que área dela.

Trilhar uma vida de sucesso, com uma carreira e profissão que nos tragam recompensas positivas e, ao mesmo tempo, conseguir escolher bem qual caminho tomar é uma missão que exige foco, dedicação e, muitas vezes, um *coach*.

Em alguns momentos podemos ser levados a tomar decisões baseadas em percepções infundadas, nos valores dos grupos sociais nos quais convivemos, e acabamos por nos esquecer de nossos próprios valores.

Neste momento, o *coaching* busca trazer luz aos nossos valores e princípios que norteiam a vida, tornando as metas mais fáceis de serem alcançadas. Pois ele nasce no processo de identidade, em nosso senso do eu dentro do grupo, e deságua justamente na plenitude de viver uma vida focada em metas e objetivos, não importa em qual área se deseje trabalhar.

O *coaching* como agente de transformação

O processo de *coaching* muitas vezes pode ser associado a um processo de correção de algo que está errado, causando confusão entre ambos. Portanto, é importante colocar que o *coaching* é um excelente acelerador de resultados, um elemento chave na transformação de amplo aspecto em trabalhos ligados à psicologia, antropologia, sociologia e até mesmo reprogramação e treinamentos.

Mas *coaching* é muito mais do que isso, tem relação com potencializar o que já é bom para se tornar excelente.

Não estamos falando só de competências técnicas ou capacidades específicas, das quais um bom programa de treinamento poderia dar conta perfeitamente. *Coaching* é mais do que treinamento, dá poder para que uma pessoa produza suas intenções para se transformar em ações que, por sua vez, se traduzam em resultados.

De acordo com vários princípios comportamentais que derivam de teóricos da aprendizagem, a transformação do comportamento e do pensamento sistêmico é mais possível em certas condições. E por meio do processo de *coaching*, tal transformação é mais provável, pois são trabalhados aspectos como intenção positiva, vontade de assumir um compromisso e executar o comportamento, e habilidades para desempenhar tal comportamento.

Objetivo principal da vida!

Ao perguntar à maioria das pessoas sobre qual o objetivo principal da vida, ouço as mais diferentes respostas, tais como: ter dinheiro, ter uma família feliz, conseguir um bom emprego, dar orgulho aos pais, fazer a diferença na vida das pessoas etc...

Mas acredito que todos perseguimos a felicidade nos seus mais amplos e infinitos aspectos. Sempre estamos procurando algo melhor na vida, e por este motivo também acredito que o próprio movimento da vida é sempre no sentido da felicidade.

Acelere seus resultados e encontre o seu "eu" interior

Pierre Ferrucci em suas obras nos traz importantes propostas para encontrarmos com o nosso ser interior e acelerarmos nossos resultados.

Propostas da psicossíntese para vir a ser!!!

Dedique diariamente algum tempo para o autoencontro
Por meio da visão mental penetrante, encontramos a introspecção saudável, direcionada para as ocorrências psicológicas, desse modo adquirindo um conhecimento consciente daquilo que realmente somos e buscamos, neste momento o *coaching* pode facilitar o autoconhecimento e a meditação, a fim de nos mostrar as várias faces de nosso ser interior.

Pratique o silêncio
É necessário o silêncio para poder escutar a si mesmo. Silencia também sobre seu processo interior, pois compartilhá–lo com

quem não possa compreendê-lo dissipa energias valiosas. Neste momento, o processo de *coaching* pode atuar como cocriador, nos tornando seres fascinantes e únicos em nossa individualidade, assim podemos ter a certeza do que queremos e, principalmente, do que não queremos para as nossas vidas.

Harmonize – se com o corpo e suas sensações

Somos responsáveis pelas nossas atitudes e não pelos nossos sentimentos. Quando conseguimos equilibrar essas duas vertentes, caminhamos rumo a uma evolução emocional e intelectual sem precedentes. Por isso, podemos afirmar: tenho um corpo, mas não sou o corpo e suas sensações, sou um ser maior que meu corpo, mais reluzente e fluido.

Entre em paz com suas emoções

As emoções são impulsos para a ação. Não lute contra elas: perceba-as, expresse-as e as oriente de forma construtiva. Sinta-as, ouça-as e as veja, se forem ruins deixe que vão, se forem boas, deixe que fiquem. A harmonia emocional nos leva a tomar posse de nossas conquistas e nos motiva a seguir em frente.

Observe e recicle seus pensamentos

Somos a únicas criaturas na Terra capazes de mudar o que somos por meio do que pensamos. Mudamos a nossa biologia pelo que pensamos e sentimos. O hábito mental de ser feliz pode reciclar nosso pensamento e interior. Ele nos faz transcender a crença e valores antes intransponíveis.

Desidentifique–se dos desejos e falsas necessidades

Desidentificar-se das sensações, necessidades de coisas e ambições, lembranças do passado e aspirações para o futuro, é viajar para a autoconsciência, distinguindo – se do que se deseja daquilo que realmente é. Devemos nos focar no ser e não somente no ter quando estamos à procura do verdadeiro sentido para as nossas vidas.

Conheça, harmonize e integre as suas subpersonalidades
Conheça e identifique seus pontos fracos. Se errou, refaça e acerte, se caiu, levante-se. A vida é muito curta para que possamos refazer os momentos de perda.

Contemple a beleza da vida ao seu redor
A beleza possui um efeito regenerador e curativo. Uma bela paisagem, uma bela canção, uma noite estrelada, belas produções de arte... Temos que saber apreciar a beleza e declarar o quanto somos capazes e perfeitos.

Utilize sua imaginação frente aos conflitos
Utilizar a imaginação consiste em permitir que o conteúdo psicológico assuma forma concreta frente aos olhos da mente. O medo é, na maioria das vezes, apenas uma limitação que nos impede de chegarmos até o ponto desejado, ao honrar e respeitar nossos medos, mas acima de tudo triunfar sobre eles, alcançamos o que podemos chamar de êxtase completo e acolhedor.

Busque o aprendizado nas situações adversas da vida
Retire o melhor de todas as situações ao invés da reclamação, autopiedade ou revolta contra tudo que está além do nosso controle, pois elas funcionam como um plano do universo para o nosso despertar.

Atue com vontade, disciplina e persistência
Sempre podemos inventar novos pensamentos, novas formas de ser e de viver. Mesmo que as circunstâncias sejam desfavoráveis a consistência da dor depende da energia que nela colocamos.

Estabeleça diálogos constantes com o self
O *self* é o nosso melhor terapeuta. Dialogar com o *self*, ser grato e se harmonizar consigo mesmo, pessoas e situações adversas, é permitir que essa parte – nosso verdadeiro eu – assuma e governe nossas vidas.

Inteligência emocional e coaching para aceleração de resultados

Inteligência emocional é um agregado de capacidade e competências que influenciam a habilidade da pessoa em ter sucesso lidando com as exigências e pressões do ambiente.

A inteligência emocional nos dá a possibilidade de acelerarmos nossos resultados na vida por meio da resolução de problemas, coletando dados para uma visão detalhada e propondo uma solução teórica que considere todos os detalhes facilitando o caminho para eliminar, ressignificar e, consequentemente, eliminar o problema.

A inteligência emocional compete em mensurar o nível de performance de uma pessoa em um trabalho ou papel que ela desempenha, tanto na vida pessoal quanto profissional.

O *coaching* possibilita que o cliente elimine seus comportamentos sabotadores, quebre barreiras e crenças limitantes, aumente a autoconfiança, a autoestima, possa conhecer melhor a si mesmo, decidir claramente seus objetivos, explorar assertivamente seu potencial, e agir em prol dos resultados extraordinários que ambiciona.

O processo de *coaching* auxilia e suporta o indivíduo a despertar o seu potencial máximo rapidamente, e produzir resultados mais satisfatórios, é uma alternativa poderosa para pessoas e organizações que sabem que o sucesso pessoal não é um ponto de chegada, mas sim um caminho. Um caminho que necessita de planejamento, superação de obstáculos, excelência pessoal, motivação, equilíbrio e transformação individual.

27

Mulheres em ação

Com o grupo de mulheres criei para minhas *coachees* uma nova oportunidade de produzir resultados mais satisfatórios na vida de um modo geral, utilizando técnicas e ferramentas comprovadas cientificamente que permitem o desenvolvimento de foco, planejamento, ação e melhoria contínua!

Jeanne Lima

Jeanne Lima

Psicóloga formada pela UNIFMU. Pós-graduada em Administração em RH pela USP. *Coach* pela Sociedade Brasileira de Coaching (SP) e pelo Behavioral Coaching Institute (EUA). Vinte anos de experiência em Recursos Humanos, conduzindo processos de Talent Acquisition para diversos segmentos de mercado e níveis hierárquicos, *Professional Coaching, Personal Coaching* e *Executive Coaching*. Sempre priorizando as expectativas de seus clientes, para que todos atinjam seus desafios estratégicos, gerando ações sustentáveis com transparência e credibilidade.

Contatos
jeannelima@marmaduk.com.br
Fanpage: Marmaduk RH
5811-1250 / 99608-6604

"Não se nasce mulher, torna-se mulher."
(Simone de Beauvoir)

Comecei a receber muitas solicitações para montar um grupo de mulheres. A maioria de suas queixas eram de que queriam atingir seus objetivos e, por alguma razão, não estavam conseguindo.

Diante de tantas solicitações, um dia acordei no meio da noite com um *insight*: criei uma maneira de atender a todos os pedidos! Vou inovar, farei um processo de *coaching* com grupo de mulheres que tenham interesses em comum e o mesmo anseio para atingir seus objetivos.

Nós bem sabemos que conciliar o papel de mãe, esposa, amiga, dona de casa, profissional e tantos outros que possam surgir não são tarefas das mais fáceis.

Montei então um processo de *coaching* com oito sessões para um grupo pequeno, de no máximo dez mulheres, cujo objetivo era proporcionar a aceleração de resultados, por meio do autoconhecimento e do desenvolvimento de habilidades e competências técnicas e comportamentais. Produzir resultados mais satisfatórios na vida de um modo geral, utilizando técnicas e ferramentas comprovadas cientificamente que permitissem o desenvolvimento de foco, planejamento, ação e melhoria contínua!

Com este trabalho estou cumprindo minha missão que é a de contribuir para com um número cada vez maior de pessoas, na intenção de alcançarem bem-estar em suas vidas, crescimento e desenvolvimento, equilíbrio e relacionamentos mais positivos, sucesso e ascensão profissional, além de autoconhecimento, autoestima e autoconfiança!

Comecei com um grupo de mães, que estão o tempo todo driblando suas particularidades. E que precisam tomar decisões a cada segundo. Decisões que inicialmente são da mulher, mas que carecem do apoio do companheiro. Passos a serem dados, quando tudo em volta é nebuloso, é neblina densa que desce na estrada da vida.

A decisão de montar o grupo *Coaching* para mulheres tem sim o propósito de apoiar as mulheres.

Atendo a clientes homens também, e muitos, mas com eles trabalho individualmente. O apoio à mulher, principalmente às mães, é especial, um trabalho abrangente, multifacetado, emocional e poderoso. A mulher que chega buscando apoio no *coaching* é uma mulher que quer enxergar além, além das portas fechadas, além dos olhares da sociedade.

A cada encontro com os grupos exploramos a riquíssima troca que acontece entre as mulheres. Não há restrição de idade, nem de estado civil. Participam mulheres que são ou não mães e, quanto mais eclética a demanda, tanto mais haverá crescimento.

O que acontece é a reflexão, orientada por mim, compartilhada por quem deseja se descobrir e acelerar seus resultados.

Para uma melhor organização, tenho hoje um grupo de mães, um grupo de profissionais diversas e um grupo de professoras e sinto que quando estamos juntas identificamos a nós mesmas através da outra, superamos limitações ao ver a outra transpor também suas barreiras, dividimos experiências com quem passa por aventuras semelhantes. O grupo de mulheres flui com leveza e alma feminina.

As pessoas me perguntam muito, para quem é indicado o grupo de *Coaching* para mulheres? Sempre respondo que é para mulheres que têm objetivos pessoais e profissionais audaciosos, e desejam transformar ideias em ações práticas que gerem resultados satisfatórios para suas vidas. Mulheres que querem conquistar objetivos e metas desafiadoras, tanto na vida pessoal quanto profissional, que buscam melhorar o seu desempenho e produtividade, que gostam de resultados rápidos, que queiram ter mais congruência entre pensamento, palavra e ação. Mulheres que desejam aprender a prever e transpor adversidades, e raciocínio focado na solução. Que buscam empoderamento, mais foco, motivação e autoconfiança. E querem construir uma rotina equilibrada e produtiva.

Aí vem a pergunta seguinte: e quando devo começar? Minha resposta é: o momento ideal é aquele no qual você está disposta a encontrar novas realizações. Com vontade de trabalhar no seu próprio aperfeiçoamento e desenvolver um ritmo de vida produtivo e saudável.

A seguir, comento um pouco sobre os temas dos nossos encontros: foco, planejamento, ação e melhoria contínua.

Foco

Foco é força!
Aonde vai seu foco,
vai toda sua energia!

Focar em solução. Porque focar no problema pode nos levar a desenvolver um padrão de pensamento e de comportamento negativos. Alimentamos nosso cérebro com incentivos nada produtivos. Assim começamos a nos sentir incapazes, e nossos pensamentos tornam-se limitantes. O resultado deste padrão é a ansiedade, o estresse, o sentimento de impotência e a preocupação que nos acompanha dia e noite!

Focar nas soluções não é ignorar o problema, mas sim enxergá-lo de maneira produtiva e positiva.

O método do foco na solução surgiu com a terapia breve, desenvolvida pelos psicólogos Steve de Shazer e Insoo Kim Berg, que se basearam no trabalho do psiquiatra Milton Erickson. Eles trabalharam com a hipótese de que se deve trabalhar com o que o cliente quer alcançar e não com seus problemas. Assim, o foco nas soluções o estimulará a construir um panorama de seu futuro ideal e não abordar um passado que não pode ser alterado.

Metas e objetivo: o que diferencia metas de objetivo?

O objetivo é aquilo que se pretende atingir. E as metas são as ações planejadas que levam rumo ao objetivo. Há foco quando temos um objetivo e metas!

Planejamento

Nesta etapa aprofundam-se os objetivos e se define aonde vai e por que vai.

Planejamento é um processo contínuo e dinâmico que consiste em um conjunto de ações intencionais, integradas, coordenadas e orientadas para tornar um objetivo realidade.

Um planejamento bem realizado oferece inúmeras vantagens, tais como:

- Permite controle das ações.
- Mantém a qualidade das ações.
- Melhora a coordenação de intercorrências das variáveis.
- Possibilita resolução antecipada de problemas.
- Propicia um grau mais elevado de assertividade nas tomadas de decisão.

Em resumo, o tempo dedicado ao planejamento é vital para evitar problemas na fase de ação.

Mulheres de sucesso contam com um bom planejamento e por isso se destacam não só no meio corporativo, mas também na vida pessoal. O ato de planejar não significa estar livre dos erros, mas o planejamento auxilia a calcular as possíveis falhas e ajuda no preparo para enfrentar as adversidades. Quem planeja sabe que diante de dificuldades e obstáculos encontrará formas de superá-los e usá-los para adquirir experiência. Acreditar no sucesso e se empenhar para tal resultado é um exercício contínuo. O ato de planejar deve sempre preceder uma ação.

Para atingir um objetivo, uma meta, precisamos fazer alguma coisa, precisamos agir – realizar uma ou várias ações. Até "não fazer nada" pode ser uma ação necessária para atingir um objetivo. E, exceto nos casos de urgência máxima, precisamos definir uma data para concluir – um prazo.

Assim como precisamos do caminho ou do mapa para chegar a qualquer lugar desconhecido, para chegar a um objetivo também precisamos de uma orientação, ou de um plano.

Ação

Desenvolva o seu melhor e boa sorte!

Mãos à obra: é importante criar seu ciclo da transformação e aplicar continuamente o que foi planejado.

Faça, faça e faça... Mantenha a ação continuamente.

É muito importante desenvolver novas competências e construir novos recursos.

Para saber se está em ação, responda as perguntas seguintes:

1. O que estou tentando melhorar?
2. Como sei se a mudança foi uma melhoria?
3. Que mudanças posso fazer que resultam em melhoria?

É importante que se evite:

- Fazer sem planejar.
- Definir as metas e não definir os métodos para atingi-las.
- Definir metas e não se preparar para executá-las.
- Fazer e não checar.
- Planejar, fazer, checar e não agir corretivamente, quando necessário.
- Parar após uma "volta" do ciclo.

Dicas para desenvolver suas competências comportamentais

1. Colaboração em grupo: esteja aberto a compartilhar seus conhecimentos, a ouvir na essência, aprender com os colegas e parceiros. Evite comportamentos individualistas, colabore com o grupo, esteja aberto e disposto a dividir o sucesso dos projetos realizados em conjunto.
2. Habilidades interpessoais: busque causar uma boa impressão, seja simpático, amável, colabore com seus colegas, tenha uma comunicação efetiva, ouça mais, valorize as relações, seja tolerante, elogie, reconheça, agradeça.
3. Entusiasmo e motivação: automotivação e entusiasmo são indispensáveis a todos, uma vez que o estimulam a cumprir, com qualidade e efetividade, suas tarefas, a engajar-se na realização delas, dedicar-se ao seu sucesso, como também a manter um ambiente agradável. Motive-se!
4. Foco na solução: encare desafios, demandas, datas e prazos com maturidade e se dedique a desempenhar bem cada tarefa. Mantenha o foco, evite excesso de brincadeiras, fofocas, e não utilize as redes sociais em demasia.
5. Atenção aos detalhes: ao executar uma tarefa ou responder um e-mail, por exemplo, fique atento aos erros de português, res-

ponda com clareza o que lhe foi pedido, certifique-se que está tudo como solicitado.

Como podemos constatar, devemos desenvolver nossas habilidades comportamentais, pois elas são fundamentais para o processo de construção de uma pessoa bem-sucedida. O mundo carece de pessoas que tenham diferenciais, isso inclui aprimorar e desenvolver competências e adaptar-se à realidade atual.

Melhoria contínua

A melhoria contínua é base para seu sucesso!

O conceito de melhoria contínua está fundamentado na filosofia japonesa Kaizen e pressupõe a existência de desafios, a capacidade de identificar as causas dos problemas e encontrar soluções. "Kai" significa mudar e "Zen" significa para melhor.

A ideia de melhoria contínua está relacionada à capacidade de resolução de problemas por meio de pequenos passos, alta frequência e ciclos curtos de mudança. Esses ciclos de mudança são causados pela alternância de momentos de ruptura e de controle no desempenho.

"Ruptura" significa mudar os padrões de desempenho para níveis melhores; "controle" pode ser conceituado como aderência ao padrão, levando à manutenção do *status quo*. Com significados opostos, essas duas atividades, complementares entre si e partes do mesmo ciclo, são vitais para a sobrevivência da maioria das nossas metas.

Ter vontade e querer melhorar continuamente é importante tanto em âmbito pessoal, quanto em âmbito profissional, portanto, preocupar-se com a melhoria contínua significa preocupar-se com a sobrevivência, pois é ela que contribui e muito para alavancar suas metas. Preocupar-se em fazer melhor todos os dias tornou-se extremamente necessário.

Resultados esperados

"Reconheça o que você tem de bom, e agradeça quando o reconhecerem por isto."
(Mario Sérgio Cortella)

Os resultados esperados com o processo de *coaching* para as mulheres é o de aprimoramento, planejamento pessoal e profissional. Aumento da autoconfiança e do autoconhecimento. Eliminação dos pensamentos limitantes. O alcance de resultados positivos em diversas áreas da vida. O desenvolvimento da comunicação e o poder de persuasão e melhoria de seus relacionamentos.

Vejo em cada encontro o desenvolvimento significativo dessas mulheres e que confirmam com os depoimentos a seguir:

"A cada encontro fui me conhecendo melhor, pude me enxergar interiormente. Reservei um tempo para mim. Após tantos encontros e perguntas desafiadoras, aprendi que sou capaz de muita coisa, que sou muito mais forte do que imaginava." (Karina Beatriz)

"Eu procurei o grupo de Coaching para mulheres num momento da minha vida que a rotina tinha me consumido de um jeito que eu tinha esquecido quem eu era e o que eu realmente gostava de fazer. Eu não entendia em que momento eu deixei 'a vida me levar', mas aconteceu. Só que aí temos a opção de esperar a maré de má sorte passar, ou, partir para ação e mudar isso. Eu optei pela segunda opção e o grupo de coaching com a Jeanne foi fundamental para isso acontecer de forma não dolorida, tranquila e supermotivadora. Hoje sou muito mais feliz e livre depois que me reconectei comigo mesma." (Maria Eduarda)

"Nós mulheres muitas vezes nos pegamos pensando: por que existiu essa tal Revolução Feminina? Por que aquelas mulheres queimaram seus sutiãs em praça pública? Não seria mais fácil voltarem para as suas casas. Mas são naqueles rápidos momentos, muito breves mesmo de estafa total (corpo e mente) que pensamos em tudo isto. Foi nesse estado que iniciei o grupo de Coaching para mulheres da Marmaduk. Após algumas semanas de aprendizado, restabelecidas a minha energia e a minha coragem e com todas as ferramentas aprendidas em minhas mãos, sei que nunca mais sentirei aquela indisposição, pois não gosto de chamar esse sentimento de revolta. Sou muito capaz e não me dou o direito de me abater por tão pouco e sim de agradecer e ter orgulho por mulheres que abriram o meu caminho e fizeram toda a diferença. Sou forte! Incrível o que posso realizar e em pouco tempo. Agora, me concentrando com muito FOCO em todos os meus objetivos, EU e todos a meu redor só ganharão. Jeanne, meu carinhoso obrigada por me mostrar esse caminho." (Luciene Soares de Oliveira)

Assistindo ao crescimento e às descobertas dessas mulheres, percebo o quanto tenho evoluído como profissional de *coaching*. Todos os meus *coachees* me permitem assumir o controle da minha mente, de fortalecer meu corpo, porque eles são minha inspiração para continuar buscando modelos cada vez melhores. Fazem-me pensar e melhorar minhas crenças e acreditar sempre na superação. Sou muito agradecida, pois eles me mantêm no meu planejamento com foco e ação, e por fim me possibilitam alimentar meu espírito, pois hoje sei que sou um instrumento do Divino para contribuir, para doar, para compartilhar, para propagar o amor! Quero agradecer a todos da maneira mais carinhosa que meu coração aprendeu ao longo de minha vida, pelo prestígio dos depoimentos e pela oportunidade de tê-los como *coachees*, clientes e parceiros!

28

O movimento provocado pelo *coaching*

O *coaching* ganhou notoriedade em razão de seus grandes resultados, que continuam a impressionar milhares de pessoas conquistadas por usar poderosas ferramentas. No entanto, pouco se fala a respeito dos pequenos resultados, dos pequenos movimentos que, uma vez praticados, modificam estruturas neurais e comportamentais e provocam uma força de continuidade e mudanças

Joviniano Brazil
Xenofonte Carreiro

Joviniano Brazil Xenofonte Carreiro

Fundador do Instituto Meta – Desenvolvimento e Excelência Humana, criador da Formação Essential Coaching. Participou das principais formações em *coaching* do Brasil, dentre elas: Formação em *Coaching* Integral Sistêmico e *Master Coaching* Integral Sistêmico, Formação em *Personal* e *Self Coaching* pelo IBC, Formação em *Business and Executive Coaching* pelo IBC, Formação em *Life Coaching* pela Humanity. Analista comportamental, formação em *Coaching* Ericksoniano com Jeffrey Zeig. É psicanalista clínico, hipnoterapeuta com mais de 400 horas em cursos e formações, *practitioner* em Programação Neurolinguística. Palestrante, Advogado com pós-graduação em Direito Tributário e em MBA Executivo.

Contatos
www.institutometacariri.com.br
im@institutometacariri.com.br
(88) 3587-3454

Ao concluir minha primeira formação em *coaching*, saí como a maioria dos *coaches* recém-formados, pensando em todas as mudanças e tudo o mais que eu faria em minha vida. O contato com tantas ferramentas poderosas e o novo olhar sobre nós mesmos fazem do *coaching* essa grande e formidável estratégia de sucesso.

O que aconteceu depois foi uma série de vitórias e outras poucas derrotas. E por uma tendência esquisita de nós, seres humanos, passei a olhar para as derrotas com mais afinco do que saborear os louros das vitórias conquistadas. Cito um caso comum em meus atendimentos: o *coachee* define uma meta e traça dez passos para alcançá-la, mas ao iniciar esses passos, mais ou menos na metade do caminho, ele emperra. A insatisfação gerada depois de algum tempo é maior do que quando nem sabia do sonho, ou quando ainda estava no primeiro passo.

A verdade é que a proximidade com o objetivo, a satisfação anterior em razão dos passos já efetuados geram uma ansiedade e tristeza muitas vezes capazes de nos fazer esquecer de que agora o objetivo está mais próximo. Perdemos o foco e muitas vezes desistimos mais perto da meta do que imaginávamos.

Mantemos uma relação ruim com os nossos fracassos. Quando eles acontecem tendemos a ancorar e trazer na forma de emoção um turbilhão de experiências de outros momentos em que também fracassamos. Experimentar o fracasso numa sociedade que prega o sucesso a todo custo coloca-nos em um grupo de excluídos. E esse sentimento é terrível para muitas pessoas.

Focar na derrota ou no obstáculo encontrado pode gerar falta de movimento ao *coachee*. O *coach* deve transportar seu cliente ao universo de possibilidades e de vitórias conquistadas, fazer com que ele retome o movimento de mudanças.

Com algum tempo, percebi que os processos que havia iniciado continuavam solicitando mudanças. Notei que já não era mais o mesmo, agora eu tinha consciência de vários processos inconscientes que me emperravam.

Antes do *coaching* existiam muitas crenças e padrões comportamentais que eu não percebia e outras que percebia, mas não acreditava ser capaz de mudar. O processo de *coaching* de alguma forma me fez enxergar os padrões comportamentais inconscientes e com isso modifiquei algumas coisas de imediato, outras, no entanto, não estavam no meu campo de visão e passaram a fazer parte dos meus processos conscientes.

A partir dessa percepção tomei consciência da grande pequena força do *coaching*! Aquela força imperceptível a olhos nus, mas capaz de gerar grandes transformações internas. A força do pequeno movimento!

O *coaching* é, sem dúvida, a ferramenta dos grandes resultados, contudo, pequenos resultados também podem se tornar grandes tesouros.

Isso me traz a reflexão de um dos Princípios da Hipnose Ericksoniana:

Tudo o que é necessário é criar uma "mudança estratégica", é a menor mudança possível, e permitir que ela se generalize... Um grau de mudança dentro do cliente é tudo que é necessário. Um grau de mudança cria mudança em todos os sistemas relacionados ao cliente. Um grau de mudança é sempre possível. Lembre-se, você pode trabalhar no sistema sem responder ao problema específico.

Algumas mudanças ocorrem de forma rápida em nossas vidas, outras levam mais tempo, como todas elas, também precisam do primeiro passo, ou do primeiro movimento. Como disse Heráclito de Efeso: "Nenhum homem pode banhar-se duas vezes no mesmo rio... Pois na segunda vez o rio já não é o mesmo, tampouco o homem."

Após realizarmos movimentos de mudanças opostas, encontramos novas direções a seguir. Quando esse movimento é feito de maneira ordenada pela presença de um profissional de *coaching* ele sempre gera grandes transformações.

Como encontrar este movimento no *coaching*?

Primeiramente em seu tripé: estado atual, estado desejado e plano de ação. Quando nos conhecemos, sabemos os recursos de que dispomos, que resultados temos colhido e o que temos feito. Explorar o estado atual é uma excelente forma de projetar os primeiros passos, pois olhamos as fraquezas de uma forma a trazer resultados com foco nas mudanças.

Além disso, no estado atual, o *coachee* tomará consciência de suas características fortalecedoras, e com isso vai saber que passos podem ser dados aproveitando-se dessas joias. Perceber-se diante de tantos recursos que antes não se conheciam provoca o primeiro movimento ao encontro dos objetivos

Sempre se fala muito em aonde chegar, nos sonhos e objetivos e se esquece do primeiro passo. Onde você está?

O segundo movimento pode ser descobrir para onde ir? O que você realmente deseja? Dentro de uma verificação ecológica e tendo por parâmetro os valores pessoais de cada um é necessário descobrir quais os seus sonhos e objetivos.

Sonhar gera um movimento interno incalculável. É possível inclusive se fazer feliz apenas sonhando, principalmente quando não se possui uma relação ruim com a frustração e o fracasso. Eu diria que o sonho é o combustível supersônico para gerar resultados, para se gerar movimento.

É interessante colocar a atenção que os sonhos juntamente com a exploração do estado atual criam um turbilhão de energia dentro de nós e energia provoca movimento, ou, caso contrário, grande ansiedade. É comum encontrar em pessoas que sonham demais e não concretizam seus sonhos, grandes doses de ansiedade e desmotivação.

Sonhar sem realizar é como um carro ligado e acelerado no ponto morto. Todo o combustível é gasto sem percorrer nem um metro. A finalidade do processo é percorrer distâncias, mas para isso é necessário saber a rota, passar a primeira e acelerar...

Quantos sonhos você tem? Quantos deles realmente fariam diferença em sua felicidade e na forma de viver a vida? Quantos deles são importantes ao ponto de fazer a diferença dia após dia quando você acorda? Sobrou um? Ótimo! Maravilha! Nenhum?

E então, por qual motivo continua acordando todos os dias? Os sonhos alimentam a alma. São excelentes catalisadores de energia. A esperança e o sonhar são as forças mais poderosas que podem habitar o ser humano, contudo a primeira só existe com a segunda. Como ter esperança sobre o nada? É necessário ter um sonho, um objetivo, uma visão no horizonte.

Em meu escritório tenho recebido várias pessoas que procuram encontrar um sentido para suas vidas, querem enxergar uma luz. Querem ganhar a alegria de viver, de ter uma vida plena e alegre. Algumas se sentem como zumbis, presas a uma rotina diária onde acordam, tomam café, trabalham, trabalham, voltam para casa, veem televisão e dormem novamente e/ou acordam, tomam café, trabalham, bebem, bebem, voltam para casa, brigam com seus familiares e "dormem". E, muitas outras sequências que se sustentam em muletas. Que sequência tem sustentado a sua vida?

A cada dia se torna mais comum a frase: "Eu não sei o que eu quero!" "Eu não tenho sonhos!" A boa notícia é que os sonhos estão lá, muitas vezes encobertos de poeira ou em uma crosta grossa de sujeira, abandonados pelas questões mais diversas que a vida nos impõe. Por exemplo: preciso ganhar muito dinheiro e ser rico para ter tudo que desejo, e quando alcanço (grande parte nem sequer alcança) me perco porque tudo o que eu desejava não é mais o que eu realmente quero, nada é realmente meu, então de nada adianta ter tudo o que consegui. Para piorar tive que abrir mão de tudo o que era realmente importante.

As perguntas poderosas são capazes, com muita habilidade, de soprar a poeira e trazer à tona o que realmente importa. O que gera motivação em sua vida? O que lhe dar prazer ou alegria? O que você faria se pudesse fazer qualquer coisa? Se pudesse ter outra vida, como seria? O que você estaria fazendo nela, qual seria sua rotina? Seu trabalho? Sua relação com a família? O que você pode fazer agora para iniciar esta nova jornada?

Nestes casos, o *coach* deve utilizar-se de suas habilidades para explorar todas as possibilidades de gerar uma nova motivação, trabalhar ferramentas para que o *coachee* encontre o que é verdadeiramente seu e prazeroso e, dentro disso, encontrar um caminho alinhado a seus valores.

Com um ponto de partida bem definido e um horizonte bonito, a caminhada ganha sentido e o movimento se impacienta em acontecer. O *coach* nesse momento pode trabalhar com seu cliente o plano de ação, procurando prever as possibilidades, traçando rotas e caminhos.

O plano de ação, além de gerar movimento, imprime velocidade e constância na caminhada. Traçar um planejamento avaliando a ecologia e perceber os possíveis obstáculos encontrados no caminho.

Nessa fase sempre levantar: o que deve ser feito; como deve ser feito; quem pode ajudar; quando iniciar; os recursos que o *coachee* possui. Essas ferramentas estruturarão o mapa mental que gerará força no alcance dos objetivos.

Aliado a esse tripé as ferramentas do *coaching* trarão uma forma nova de pensar e de agir, de perceber que tudo é possível se for olhado de um ângulo diferente.

O mais importante é aprender a começar e recomeçar, continuar a ter movimento. Nesse contexto escrevi uma parábola que retrata a perspectiva do movimento no *coaching*:

A lagarta

Era uma vez, muito e muito tempo de pouco tempo atrás, pode ter sido há 500 anos, 50 ou cinco anos e quem sabe talvez alguns meses. Havia uma pequena lagarta, uma pequena lagarta que sonhava em ser um dia borboleta. Na verdade, lembrando bem da história, houve uma época que ela sequer sabia o que queria... Ela se arrastava e se arrastava... E para quem se arrasta, a visão do chão é sempre a mais próxima! Seus dias eram comer e se arrastar, se arrastar e comer e alguns outros animais, quando passavam por ela, às vezes perguntavam: Tu és feliz? Qual o teu propósito e missão? O que realmente desejas? E todas aquelas perguntas não faziam o menor sentido para o pobre bichinho!

Ora, ora, tu és feliz? O que é a felicidade? Defina o que é felicidade e eu te direi se sou... Meu propósito e minha missão? Comer e me arrastar, me arrastar e comer... O que eu desejo? O que eu desejo? O que eu desejo? Todas as outras perguntas não faziam muito sentido... Mas essa... Essa deixou uma pulga atrás da orelha, se é que lagartas possam ter pulgas... Jamais havia pensado sobre isso e não conseguia encontrar dentro de si uma resposta que satisfizesse sua inquietude... Sabia muito bem que a vida não era só aquilo, mas se defendia na retórica de suas respostas para que não percebessem o quanto estava insatisfeita com a vida...

Por muitos dias, a lagarta perambulou e perambulou, meio sem rumo, e nessa andança desnorteadamente tropeçou se é que é possível uma lagarta com tantas patas tropeçar... E tropeçando caiu e rolou ficando de papo para cima... UAUUUuuu! Jamais havia reparado a imensidão do céu... Como é lindo, o azul, e nas horas que passou naquela posição foi conhecendo um universo que desconhecia, as nuvens e seus vários formatos, os pássaros, como eram muitos... E de tantas cores... Conseguiu conhecer até alguns insetos que sobrevoavam por ali, até que viu as majestosas borboletas e suas cores exuberantes pintadas muito provavelmente pelas mãos do Criador! E como era lindo o seu voo, suave e delicado como uma linda melodia...

Eu desejo ser uma borboleta! Eu desejo ser uma borboleta, Eu desejo ser uma borboletaaaaaaa!

E em uma fração de segundos, que também pode ser confundido com vários dias, e como num passe de mágica, que também pode ser representado por um grande esforço, ela se viu voando, e voando e assim pôde conhecer muitas e muitas coisas novas, pôde agregar novas experiências e aprendizados.

Dentre tantas coisas aprendidas, aprendeu que aprender é sempre uma constante, e que crescer não significava necessariamente voar ou se arrastar e pode ter aprendido também...

Pode ter aprendido até que voar é bom, mas se arrastar às vezes é necessário, só que se arrastar para uma borboleta é uma tarefa muito desafiante e que voar para uma lagarta só é difícil enquanto se acredita que é difícil... E quem sabe esse tenha sido um dos grandes aprendizados que teve: que suas crenças podem projetar seu caminho e sua forma de enxergar as coisas, e conforme elas mudam, o caminho também muda e as possibilidades se abrem...

E em um determinado tempo de sua vida de borboleta percebeu que no mundo existiam outras borboletas e que também existiam muitas outras lagartas, e que as duas, as duas formas podiam ser felizes, pois a borboleta não era nem melhor nem pior do que a lagarta... Pois percebeu que só pôde ter se tornado borboleta porque um dia tinha sido lagarta. E, por último, enquanto contava-me esta história, ela disse algo que sempre carregarei comigo e que talvez você possa carregar também: "O mais importante de tudo isso é ser lagarta e transformar-se em borboleta e, sendo borboleta, transformar-se em lagarta e por já conhecer o caminho transformar-se em borboleta novamente, o importante é o movimento, o movimento de mudanças e que neste movimento possa inspirar outras lagartas a voar!"

29

O que você quer ser?

Todos nós já fomos questionados, quando crianças, sobre o que queríamos ser quando crescêssemos. E você, conseguiu ser o que sonhava quando lhe perguntavam isso? Seus sonhos mudaram muito desde então? Por que mudou? O que levou você a mudar de ideia? Será que ainda dá tempo de correr atrás desses sonhos? Leia o texto e descubra o que fazer para transformar seus sonhos em realidade

Júlio Torres

Júlio Torres

236

Empresário no setor coureiro-calçadista. *Professional Coach* pela Academia Brasileira de Coaching - Abracoaching e Instituto Edson de Paula com Certificação Internacional pelo BCI - Behavioral Coaching Institute. Especialista em Relações Humanas e Comunicação Eficaz pelo Dale Carnegie Training Institute. Fundador e Diretor do Instituto Tempo Desenvolvimento Organizacional e Potencial Humano.

Contatos

www.tempoinstituto.com.br

julio@tempoinstituto.com.br

facebook.com/coachjuliotorres

facebook.com/institutotempo

instagram.com/institutotempo

Instagram.com/coachjuliotorres

(37) 9971-9437

E quanto vale o tempo todo que vivemos
Correndo atrás dos sonhos
Pra viver só de amor
E quanto a gente paga pelos sonhos que deixou?"
(Já foi - Jota Quest)

"Tudo o que um sonho precisa para ser realizado é alguém que acredite que ele possa ser realizado."
(Roberto Shinyashiki)

O que você quer ser quando crescer? É uma perguntinha simples e como éramos crianças, não levávamos tão a sério, afinal, tínhamos muito tempo para decidir. Médico, bombeiro, policial, professor... o que importa? As vontades mudam com o passar do tempo e das situações em que vivemos: condição financeira, relacionamentos, conhecimentos de outras áreas. Mas e os sonhos? Seus sonhos de hoje são os mesmos de quando era criança? O que mudou? Por que mudou?

Mas a vida é assim mesmo e as pessoas que desistem do sonho, acabam se tornando pessoas comuns, sem objetivos nem vontade de crescer. Deixam a vida seguir seu curso natural. E você, onde se encaixa nessa história? Faz parte da grande maioria ou quer algo a mais para você e para aqueles que lhe são importantes?

Se você acredita que faz parte da grande maioria, eu lhe pergunto: quem o colocou nesse lugar? Como você chegou lá? Você, claro! Por meio das escolhas que tem feito na vida. Não estou julgando suas escolhas e decisões, só quero que veja que você é o responsável pelas suas escolhas, e pelas consequências delas também.

E daqui em diante, quais são seus planos, seus sonhos?

Todos nós somos movidos por sonhos. Sem sonhos, a vida não tem sentido. Acordamos, trabalhamos, retornamos para nossa casa ao final do dia com a sensação do dever cumprido. Fim do dia, fim da missão por hoje. Mas e os sonhos, onde estão? O fato de trabalhar e realizar nossos afazeres diários é suficiente para que consigamos realizá-los? Será que nos contentamos com tão pouco?

Muitas vezes, nossos sonhos são causados por um vazio que sentimos em nossa alma. Vazio que é causado pela rotina de nossa vida. O sonho representa a fuga dessa rotina e faz com que imaginemos coisas que achamos que são impossíveis de realizar. E é exatamente essa fuga que nos faz enxergar coisas que não conseguíamos ver e buscar coisas diferentes, que nos ajudam a crescer e melhorar cada vez mais, chegando sempre mais perto dos nossos sonhos.

Mas a busca pela realização deve ser incessante, porque sonhos não são fáceis de realizar. Não vou escrever aqui nenhuma fórmula secreta, até porque ela não existe, mas acreditem que sejam possíveis, porque são. A cada dia devemos procurar melhorar naquilo que acreditamos que somos bons e a chave para a realização dos sonhos está na fé e na crença. E não digo isso em nível de religião. Fé e crença independem de religião.

Na minha experiência como *coach* tenho percebido muito que um dos maiores sonhos que as pessoas têm, para não dizer o maior, é ser feliz. A maioria das pessoas que você perguntar, responderá que sonha em ser feliz. Mesmo que a resposta não seja direta, o objetivo final é ser feliz. Por exemplo: o maior sonho da Paula é ganhar um bom prêmio na loteria. Mas para quê? Bom - respondeu ela - ganhando na loteria ficarei rica e assim fico feliz. Já o sonho da Marcela é ser uma empresária bem- sucedida. De novo: Para quê? Sendo uma empresária bem-sucedida, posso ganhar muito dinheiro e viajar para onde eu quiser - respondeu. E o que isso lhe traz? Serei feliz. Mais um exemplo, o último: o sonho de Luciano é comprar um carro novo, último modelo, *top* de linha. Para quê? Ah, porque assim ficarei realizado e muito feliz. Percebam que no fundo o sonho de ser feliz predomina a mente das pessoas, mesmo que elas não saibam que o objetivo final é se tornarem felizes.

E você, qual o seu maior sonho? Pense um pouco sobre essa pergunta e encontre o objetivo final.

O que você quer: um carro novo, uma casa, viajar, passar no vestibular, concluir a faculdade, ser dono do próprio negócio... são tantos sonhos, e no final somente um objetivo: ser feliz.

Mas para você, o que é a felicidade? Será que felicidade consiste apenas em ter? Será que ter tudo o que se quer torna a pessoa feliz? Bom, acredito que para alguns sim. Não podemos julgar o pensamento de ninguém. Cada um é feliz à sua maneira, não é mesmo? Mas voltando, será que depois que você conseguir tudo que sonha você será uma pessoa feliz?

Pense um pouco nos seus propósitos de vida. Você faz o que gosta? Você gosta do que faz? Por que você está aqui? Será que tem alguma missão? São tantas perguntas que carregamos ao longo de nossa vida e muitas vezes não conseguimos as respostas, e o pior é que não sabemos que elas se encontram em nós mesmos. Somos nós os responsáveis pela realização de nossos sonhos. É claro que existem fatores externos que contribuem ou atrapalham nossa jornada em busca do nosso objetivo tão desejado, mas esses fatores são muito pequenos se comparados ao nosso querer. Uma das coisas que mais atrapalha nosso caminho se chama desculpa.

Arrumamos desculpas para tudo: "Hoje o dia está muito quente", "Está chovendo demais", "Meu carro não quer pegar"... e por aí vai. Todas essas desculpas nos mantêm em nossa zona de conforto. É um lugar muito aconchegante! Não tem esforço, não tem aborrecimento, não tem cobranças... não tem sucesso!

Hoje, com certeza, você deu uma desculpa para deixar de fazer alguma coisa. Qual foi? Pense um pouco. O que você perdeu em não fazer o que lhe foi proposto ou pedido? O que você ganhou com isso? Se tivesse feito, o que teria ganhado? E o que teria perdido, ou deixado de ganhar? Com certeza, todas essas perguntas têm pelo menos uma resposta.

Isso nos mostra que o nosso sucesso está muito mais em nossas mãos do que imaginamos. Nós fazemos nosso destino. Algumas pessoas acreditam que já nascemos com nossos destinos traçados, outras acreditam no livre arbítrio. Devemos respeitar todas as opiniões. São essas crenças que levam as pessoas a seguirem seus caminhos, mas independentemente disso nós temos a capacidade de decidir o que é melhor para nós. Por mais que você acredite que seu destino já está traçado quando nasce (ou quando é concebido, depende de cada pessoa), você não faz nada, conscientemente, que vá prejudicá-lo. É aí que está seu poder de decisão, seu poder de alterar a sua linha do destino.

Para que você possa ser mais determinado, responda às perguntas a seguir e reflita sobre seus sonhos:

- A realização do seu sonho depende exclusivamente de quem?
- O que falta para que você comece a correr atrás desse sonho?
- O que você ganha com a realização desse sonho?
- O que você perde não o realizando?

- Como está sua vida agora?
- Como seria sua vida se esse sonho fosse realizado?

Mas como eu disse, a realização dos seus sonhos só depende de você e requer muita dedicação, sacrifício, disciplina e foco. Mas é comum não sabermos qual é nosso sonho, ou qual nosso principal sonho, aquele que queremos realizar mais rapidamente. É verdade! A finalidade é ser feliz, mas como atingir essa felicidade? Nem sempre o que desejamos é o que sonhamos... parece complicado, né? Mas não é. Para definir o que é sonho e o que é desejo, sugiro que você faça uma lista de tudo aquilo que você quer conseguir, mas não se prenda à ideia de que sonhar e desejar significa ter sempre mais. Lembre-se que devemos sempre nos preocupar com ser mais. Ser é o caminho mais fácil para se ter.

Lembrando uma frase de Augusto Cury: "*Sonhos não são desejos, desejos são intenções superficiais, enquanto sonhos são projetos de vida.*"

Como já disse também, os sonhos dão sentido à nossa vida, nos estimulam a seguir um caminho. Sonhos não acabam com o tempo. Resistem, persistem em nossa vida. Já o desejo é algo passageiro, desaparece ou muda diante da primeira dificuldade.

Mas, voltando à nossa lista: você facilmente saberá separar o sonho do desejo. Sonho é aquilo que faz você vibrar por dentro, dá brilho aos seus olhos, mas você vê mais dificuldades em realizar, não consegue ter uma previsão de sua realização.

Já o desejo, faz seu coração bater mais forte. Isso porque você consegue determinar um prazo. Quando se deseja algo, você mobiliza corpo, mente e coração para realizar, conseguir esse objetivo. Definimos metas, elaboramos estratégias, ou como dizem por aí: "corremos atrás".

Todos temos o direito de sonhar e desejar. Mas para que se consiga atingir seus objetivos, antes é necessário que se tenha um ponto de chegada, uma meta, pois como diz o ditado: "Quando não sabemos aonde queremos chegar, qualquer caminho serve."

Mas antes você tem que transformar seus sonhos em metas, porque metas produzem resultados, sonhos não. Não adianta sonhar em comprar uma casa, fazer uma viagem se você não estipula um prazo para isso. "Meu vizinho comprou aquela casa". Se ele tivesse somente sonhado em comprá-la, é muito provável que não a teria comprado.

E como definir uma meta?

É muito importante que essas metas sejam exteriorizadas. Coloque em uma agenda, um caderno, numa folha de papel, mas faça com que você visualize essas metas. O simples fato de escrever já contribui muito para a sua realização.

Não existem regras para a definição de metas. Existem estratégias. Vou citar alguns passos que podem ajudar no processo, mas não posso garantir que se forem seguidos exatamente terá sucesso. O fator você é muito importante ao desenvolvimento.

1. Faça algumas perguntas sobre o que você quer para sua vida; qual o seu objetivo final? Essas perguntas podem ajudar a reconhecer as coisas que você valoriza e o manterá focado nos objetivos finais.
2. Estabeleça objetivos menores e mais específicos. Quanto menor e mais específico for o objetivo, mais fácil seu cérebro conseguirá absorvê-lo, retornando uma carga positiva de possibilidades para a sua execução.
3. Uma ótima ferramenta é o método SMART, *Specific* (Específico), *Measurable* (Mensurável), *Attainable* (Conquistável), *Relevant* (Relevante) e *Time-related* (Cronometrado). Esse método é muito utilizado por *coaches* e profissionais de RH para descrever um sistema que identifica, estabelece e conquista os objetivos.
4. Estabeleça prioridades. Defina entre seus objetivos, quais são mais relevantes e dê mais atenção a eles. Não que você irá abandonar os outros, mas há sempre um mais importante em algum momento de sua vida.
5. Procure pequenas alternativas que o ajudem a conseguir atingir o objetivo final. Ficar focado somente no resultado pode se tornar cansativo e desmotivador. Imagine pequenas situações, nas quais seja possível desviar e, assim, poder agregar mais condições para a sua realização.
6. Acompanhe o progresso de sua realização. Faça anotações desse progresso, peça a amigos que avaliem suas mudanças. Essa percepção é muito importante para se manter motivado.

7. Recompense-se. Uma vez atingido aquele objetivo, comemore. Celebre essa conquista e aproveite para rever seu objetivo e faça uma análise do grau de dificuldade que você enfrentou para conseguir.

E você pode contar também com um *coach*. O *coaching*, por meio de seus recursos técnicos, pode ajudá-lo a definir esse caminho, a atingir um objetivo, alcançar uma meta sem você deixar de ser quem é. O *coaching* trabalha as emoções e percepções de cada indivíduo identificando suas limitações e facilitando a interação entre o sonhar e o realizar.

"Mas como assim? Como o coaching pode me ajudar a conquistar o que eu quero sendo eu, da maneira que eu sou?"

O *coaching* trabalha com o processo de investigação do autoconhecimento. Não é tarefa do *coach* apontar caminhos ou dar sugestões. O trabalho do *coach* é exatamente fazer com que a pessoa descubra, por si só, suas limitações, suas crenças e assim buscar o melhor caminho para se desviar desses sabotadores.

Enfim, diante de tantos motivos para sonhar, você vai continuar aí parado, esperando que o tempo decida tudo para si? Tenho certeza de que você não quer ser apenas mais um na multidão. Então, levante, erga a cabeça, procure quais são seus sonhos e aja para realizá-los. Você tem tudo o que precisa aí agora nas mãos.

E agora, o que você quer ser?

Dicas de vídeos:

Um sonho possível (*The blind side)* - Ano: 2009

Somos Marshall (*We are Marshall)* - Ano: 2006

Referências

FELIPPE, Marcelo. *Transformando Pessoas Coaching, PNL e Simplicidade no processo de mudanças.* 1 ed. Semente Editorial, 2012.

Professores do Sucesso. Disponível em: <http://www.professoresdosucesso.com.br>.

Blog Geração de Valor. Disponível em: <http://www.geracaodevalor.com>.

30

Coaching como facilitador do processo de mudança organizacional

É necessário enxergar as empresas como organismos vivos, com órgãos que agem e interagem inteligentemente, com rapidez e flexibilidade em função do todo e que, como tal, estão em constante mudança. O desafio é encontrar metodologias e ferramentas para conduzir eficazmente o processo de mudança. O *coaching* entra como facilitador desse processo, pois favorece a maximização do potencial pessoal e profissional dos líderes e de suas equipes

Kátia Moreno

Kátia Moreno

244

Consultora e *coach*. Bacharel em Administração de Empresas, com pós-graduação em Administração Financeira e MBA em Recursos Humanos pela FIA-USP, também é certificada pela Persona Global (USA) em comunicação interpessoal e desenvolvimento de lideranças. Tem, ainda, formação de consultores em desenvolvimento humano e líderes facilitadores pela Adigo Consultores, certificação em *Master Coaching, Mentoring* e *Holomentoring* pelo Instituto Holos, certificação para aplicação e análise da ferramenta de assessment Extended Disc. Sócia da ISK Consultoria Organizacional, com mais de 15 anos de atuação em projetos de gestão organizacional, acumula vasta experiência na implantação de estruturas organizacionais, cargos e salários, remuneração variável, pesquisas de remuneração e de clima organizacional, gestão de desempenho, melhores práticas de gestão, mapeamento e redesenho de processos e *coaching*.

Contatos
www.isk.com.br
katia.moreno@isk.com.br
(11) 2366-5756

"As empresas não são máquinas, são organismos vivos, e para que possam se transformar, é preciso que parem de pensar como mecânicos e comecem a agir como jardineiros".
(Peter Senge em The Dance of Change)

As empresas sofrem constantes pressões relacionadas à concorrência, clientes, fornecedores, colaboradores, conjunturas políticas e econômicas, etc. e para se adaptarem às novas exigências é necessário que se enxerguem como organismos vivos, com órgãos que agem e interagem inteligentemente, com rapidez e flexibilidade em função do todo.

Metodologias e ferramentas precisam ser desenvolvidas para conduzir os processos de mudança de forma a atender às reais necessidades das empresas. Em diversos casos, o discurso utilizado é moderno, mas as práticas e as ferramentas são antigas, não contribuindo para a mudança.

O modelo conceitual (MOGGI e BURKHARD, 2005) apresentado a seguir contribui para a condução do processo de mudança de forma eficaz, classificando tudo o que existe em uma empresa em quatro níveis qualitativamente diferentes:

- **Nível 1 – Recursos:** inclui tudo o que é físico, material e ocupa espaço, como prédios, instalações, máquinas, ferramentas, equipamentos, recursos financeiros e humanos.
- **Nível 2 – Processos:** permeia o nível dos recursos e compreende os fluxos vitais da empresa, como fluxos de matéria-prima, peças semiacabadas, peças prontas para montagem, documentos, informações, pessoas, dinheiro e outros fatores.
- **Nível 3 – Relações:** compreende tudo o que acontece entre as pessoas. É a alma ou o "astral" da organização, que se expressa no ambiente de trabalho. Não é visível como o nível dos recursos e nem lógico e racional como o nível dos processos.
- **Nível 4 – Identidade:** engloba aspectos como a biografia da empresa, sua cultura e seus valores, a missão e o sentido de sua existência, os objetivos empresariais, seus mitos e ritos, os princípios de ação, a atitude perante o mundo, etc. Em outras palavras, é a essência da organização.

Visão Holística das Organizações

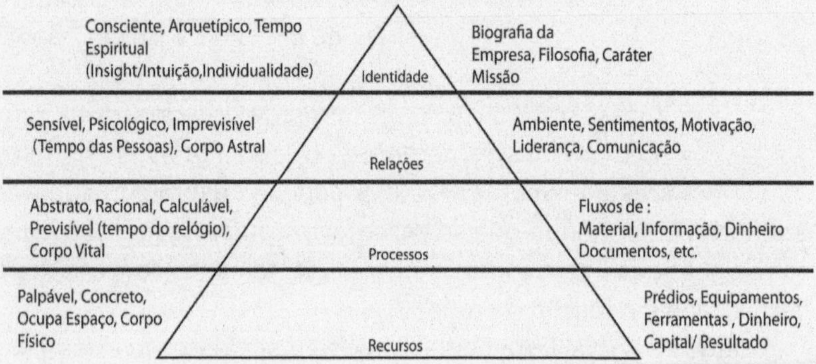

Fonte: MOGGI e BURKHARD, 2005.

Os níveis dos recursos e dos processos exigem uma abordagem científica, ou seja, é a consciência dentro da qual estamos acostumados a raciocinar. A informática, a engenharia, o planejamento, o controle e a pesquisa operacional nos oferecem ajuda para atuar nesses dois níveis, onde as questões são quantitativas.

O nível das relações diz respeito à consciência necessária para atuarmos eficazmente e poderia ser chamada de consciência social, artística, lúdica ou "inteligência emocional". É o diálogo entre indivíduos, grupos e áreas. Em essência, é tudo o que acontece entre as pessoas e que influencia a eficácia da organização como um todo. Nesse caso, as pressões do meio ambiente invadem a empresa de maneira pouco controlável, onde a experiência de vida contribui muito para uma atuação competente, e as questões são qualitativas.

O nível da identidade exige uma consciência holística para compreensão do contexto mais amplo e as questões são conceituais.

Cada um desses pontos exige consciência e habilidades diferentes para atuação eficaz dentro da empresa. Conforme se cresce na hierarquia, mais necessária torna-se a atuação competente nos níveis das relações e da identidade. Os níveis de recursos e processos exigem inteligência e raciocínio, o nível das relações exige sensibilidade, ponderação e equilíbrio emocional e o nível da identidade, sabedoria e intuição.

Para se obter sucesso em um processo de mudança, este deve ser planejado, patrocinado pela alta direção e contemplar o crescimento e o desenvolvimento das pessoas e da empresa em todos os níveis (identidade, relações, processos e recursos). A empresa só se desenvolve se as pessoas que a compõem se desenvolverem e vice-versa.

É neste momento que o *coaching* entra como facilitador do processo de mudança, já que seu objetivo é inspirar a maximização do potencial pessoal e profissional de líderes e suas equipes.

Conforme KRAUSZ (2007), "*coaching* é um tipo especial de colaboração que expande a consciência e a aprendizagem e permite a obtenção de resultados com menos esforço e em menos tempo". Assim, o *coaching* atua no desenvolvimento de competências necessárias para alcançar os objetivos, por meio de ferramentas que incentivam a consciência da responsabilidade frente aos desafios e aos resultados do trabalho, contribuindo para uma melhor atuação de líderes e suas equipes em um processo de mudança organizacional.

As mudanças geram resistências em diversos níveis, pois não se tem claro o porquê e o como essas mudanças serão realizadas, gerando medo de perder o conforto do conhecido, de que o desafio seja maior que a capacidade e da responsabilidade em tomar decisões importantes.

Reação a Mudanças

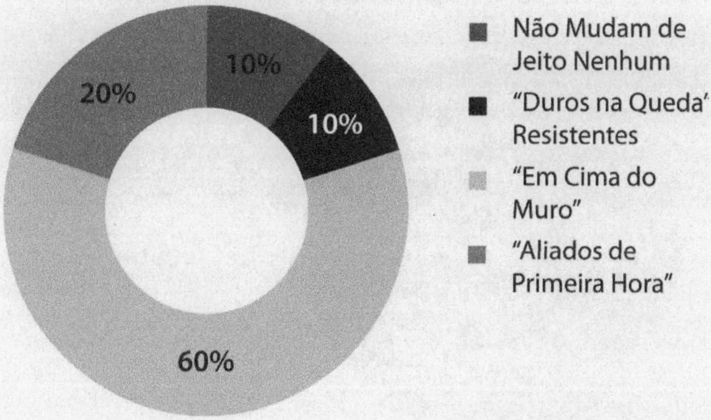

Fonte: WALZBERG, 2013.

Neste contexto de mudança, o líder precisa ter visão sistêmica, flexibilidade, adaptabilidade, capacidade de enfrentar a complexidade atual e de influenciar pessoas, bem como vontade de realização. Essas qualidades estão relacionadas às competências emocionais que, segundo GOLEMAN (2001), diferenciam os desempenhos superiores dos desempenhos medianos apresentados pelos profissionais em liderança.

Os estudos realizados por GOLEMAN (2001) demonstram que as competências emocionais respondem por cerca de 80% do sucesso de um profissional, restando 20% para as competências intelectuais. Quanto mais alto o nível hierárquico, maior a importância das habilidades interpessoais quando comparadas às habilidades técnicas para a obtenção de desempenho superior, reforçando o modelo conceitual de MOGGI e BURKHARD (2005), conforme mencionado anteriormente.

Com base nesses estudos, pode-se considerar que os fatores de sucesso organizacional estão relacionados a 80% de liderança que envolve espírito de equipe, integração, comunicação, motivação pessoal, mentalidade, clima organizacional, relacionamento, assertividade, sinergia, vontade, ética, intenção, performance profissional e comprometimento, e a 20% de gestão que envolve capacitação técnica, logística, planejamento, produtos, serviços, atendimento, equipamentos, processos, operacionalidade e resultados.

Fatores do Sucesso Organizacional

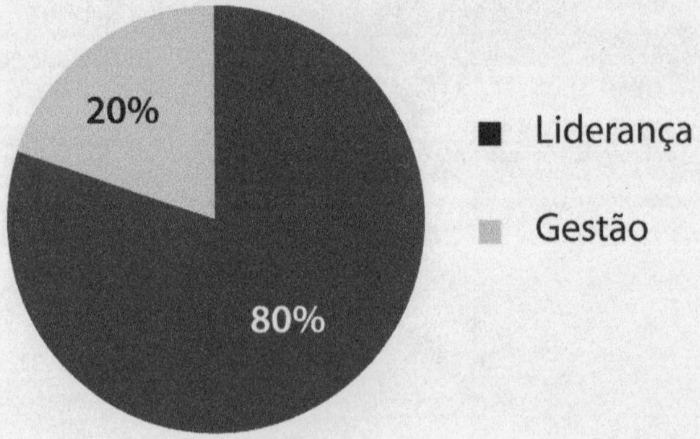

Fonte: Instituto Holos

Dessa forma, o desenvolvimento das lideranças é um dos fatores de sucesso de um processo de mudança e a utilização das ferramentas proporcionadas pelo *coaching* contribui para melhor condução das equipes ao longo do processo e para obtenção de resultados consistentes e sustentáveis, além de desenvolver competências como: autoconhecimento, autodesenvolvimento, abertura para o novo, superação de conflitos, clareza de objetivos, *feedback* eficaz e facilitador, engajamento, comprometimento, alavancagem dos resultados operacionais, sinergia organizacional, aprendizagem contínua, atuação com mentalidade holístico-sistêmica, reflexo na qualidade das pessoas e da organização, relacionamentos focados em qualidade e resultados, melhoria contínua, lideranças mais efetivas, clima organizacional mais agradável e dinâmico, reforço da confiança e da credibilidade da organização, entre outros.

Um estudo publicado pela revista Você S/A, realizado pela PUC-Campinas junto a dez executivos que passaram pelo processo de *coaching*, mostra que 100% deles aperfeiçoaram a capacidade de ouvir, 80% melhoraram a flexibilidade, 80% aprenderam a aceitar melhor as mudanças e 70% evoluíram a capacidade de relacionar.

Em outro estudo, publicado no Public Personnel Management Journal, verificou-se que os executivos que participaram de um treinamento gerencial aumentaram em 22,4% sua produtividade. Já aqueles que passaram pelo processo de *coaching*, após esse treinamento, aumentaram sua produtividades em 88%.

Nos processos de *coaching* que realizei com profissionais de alta e média gerência de determinada empresa, verifiquei que o primeiro bloqueio a ser rompido foi o componente emocional, que permeava as relações entre esses líderes e suas respectivas equipes, comprovadamente provocado pela pressão natural da busca pelos resultados quantitativos.

Ao chegarmos à identificação de quais pontos deveriam ser inicialmente tratados, não foi surpresa que o tema relacionamento tenha surgido em primeiro plano.

A posição dos líderes perante a alta direção da empresa era, em geral, colocada como a responsável por cumprir as metas estabelecidas a todo custo. Isso criou um ambiente de feroz cobrança e competitividade entre os integrantes das equipes, bem como entre as diversas áreas da empresa.

Mesmo sendo determinação da alta direção para que esses líderes se submetessem ao processo de *coaching*, houve a necessidade de fazer com que eles comprassem a ideia e enxergassem os benefícios que poderiam obter ao final do processo.

A partir de perguntas poderosas, exercícios e dinâmicas aplicados às experiências individuais, foi possível tratar com mais objetividade os pontos de conflito e as resistências internas, de cunho emocional e, a partir daí, conduzir o processo tratando efetivamente dos assuntos relacionados à gestão.

Com a aplicação do processo de *coaching* nas organizações, como ocorrido no exemplo apresentado, fica comprovado que as competências emocionais são predominantes no exercício da liderança no dia a dia e, principalmente, em processos de mudança, pois contribuem para um melhor ambiente de trabalho e para o alcance dos resultados esperados. O *coaching* é importante, também, para despertar nos profissionais a motivação para continuar em permanente processo de crescimento pessoal e profissional.

O desenvolvimento de pessoas e de organizações por intermédio do *coaching* é e continuará sendo um grande diferencial competitivo, tanto para o profissional quanto para a empresa, devido à agilidade e à eficácia dos seus resultados, comprovados por estudos realizados ao longo do tempo.

Referências

GOLEMAN, D. *Trabalhando com a inteligência emocional.* Rio de Janeiro: Objetiva, 2001.

KRAUSZ, R.R. *Coaching executivo: a conquista da liderança.* São Paulo: Nobel, 2007.

MOGGI, J.; BURKHARD, D. *O espírito transformador: a essência das mudanças organizacionais no século XXI. 4ª edição.* São Paulo: Antroposófica, 2005.

SENGE, P. *The Dance of Change. New York: Doubleday,* 1999.

31

O resultado depende de quem?

Este artigo busca desenvolver questões incompreendidas do nosso objetivo, ou pelo menos questões que sempre deixamos para depois e que são necessárias para obtermos os resultados desejados. Está preparado para se redescobrir? Eu o convido, amigo leitor, a refletir durante a leitura, a cada palavra, a cada frase, sobre sua própria atitude

Leandro do Prado de Almeida

Leandro do Prado de Almeida

Sócio Proprietário da CTEMS Consultoria e Treinamentos, fundador da Suzan Consultores e Associados, consultor empresarial em padronização de micro e pequenas empresas, palestrante, treinador comportamental, Líder *Coach* e *Professional Coach*, pelo IAPerforma, com reconhecimento internacional pela Word Coaching Council. É graduado em Gestão Ambiental pela Universidade de Braz Cubas, *Green Belt – Six Sigma*, instrutor de cursos profissionalizantes, com reconhecimento do CPIS – SENAI e coautor do livro *Estratégia empresarial para micro e pequenas empresas*, pela Editora Literare Books.

Contatos
www.ctems.com.br
lprado.almeida@gmail.com
(11) 2822-2224
(11) 97151-4430

Inicio este artigo convidando você, amigo leitor, a almejar um resultado! Mas qual resultado? Aquele que seja significante, aquele que seja desafiador, aquele que o incomoda, aquele que será o êxtase na sua vida, aquele de que você tanto precisa e que parece tão longe, aquele que é essencial para um sorriso! Neste momento, podem ter passado *insights* em sua mente e tenho a certeza que conseguiu refletir e pensar em seus objetivos. Talvez você tenha pensado no que mais o incomoda, ou até nos obstáculos e desafios, ou até em outras pessoas que o aconselharam, pode também ter pensado no superior imediato da organização onde trabalha, ou na pessoa que não ficará feliz com a sua felicidade, e ainda em pessoas que pensaram no que as outras estão pensando dos seus pensamentos. Por fim, você pode ter desenhado um resultado e imediatamente se lembrou da expressão "se" – quem já não se pegou pensando no "se".

Agora que já estamos pensando da mesma forma, somos um só, vou apresentar-lhe a resposta para obter seus resultados!

Convido-o mais uma vez a pensar e refletir! Quem eu penso que sou? Segundo Célia Maria de Souza, em seu artigo "Quem você pensa que é": como dizer que você é algo ou alguma coisa definitivamente? Podemos afirmar apenas que somos o que é imutável, por isso, talvez, não sejamos... estamos!

Todas nossas respostas estão ligadas diretamente a quem nos tornamos ao longo de nossa vida. Segundo Deyse Campos, muito do que se aprende até os seis anos de idade fica na memória, porque se tratam de situações de aprendizagem conquistadas pela via da brincadeira, da ludicidade, que combinam perfeitamente com lucidez. Ora, pode-se concluir que brincar é o jeito mais saudável de exercitar o pensamento. A importância do brincar também é evidenciada pelo filósofo Nietzsche, que diz que é mais tarde que se compreende o quanto o brincar foi precioso e salienta que se deve continuar brincando, pois "o máximo de maturidade que um homem pode atingir é quando ele tem a seriedade que têm as crianças quando brincam".

Toda criança tem uma grande habilidade de aprender e copiar. Vamos pensar no que uma criança aprende até os seis anos de idade. Por exemplo, para conseguir alimento, ela utiliza o que tem de melhor e mais convincente: o choro! Aprende a fazer sons e, para isso, observa os outros e sente as vibrações em seu tímpano. Uma criança aprende a sentir afeto, a sentir-se protegida e a buscar formas de manter essa sensação de prazer. Uma criança aprende a passar mais tempo acordada – podemos imaginar qual o desgaste dela em ficar acordada, logo após o parto? Ela estava em um ambiente seguro que de uma hora para outra passa a não lhe oferecer mais as condições necessárias para seu prazer; e busca o novo, acredita que consegue, está preparada e descobre que está desprotegida e pede ajuda. E nós pedimos ajuda a quem quando estamos em uma situação difícil?

Essa criança cresce, aprende a falar, alimentar-se, brincar, sorrir, aprende quem são seus protetores. Seus protetores possuem o poder de ensinar-lhe tudo, desde um simples gesto, uma expressão facial, uma frase, até uma atitude. Agora, quando os adultos fazem algo que pela sociedade é considerado ruim, o que estamos ensinando?

Tenho certeza que cada família se doa para cuidar desse ser indefeso e delicado, que ainda não sabe como se defender. E é neste momento que se criam os valores desta criança, seus limitadores destrutivos e potencializadores, sonhos, cria-se, enfim, um ser humano.

Já pensou que a criança simplesmente é o fruto da educação, amor e cuidado que recebe desde a gestação até a sua adolescência? Meu amigo leitor, não culpem seus pais ou seus responsáveis pelo seu fracasso, mas os agradeçam pelo seu sucesso, pois eles deram o melhor e fizeram o impossível para que você estivesse lendo este artigo.

Faça a experiência, agradeça seus responsáveis pela sua atividade remunerada, pela sua saúde, pelo seu relacionamento conjugal, pelo seu conhecimento, pela sua felicidade. Eles foram os responsáveis por você ser quem é hoje!

Sociedade, mitos e inserções

Iniciamos uma nova etapa de nossa jornada. Estamos preparados para assumir os riscos de conhecer algo novo. O novo é algo de que muitos têm medo, até ficam apavorados por causa dele, já pensou nisso? Antoine Laurent de Lavoisier, em seu princípio "na natureza nada se cria, nada se perde, tudo se transforma", deixa claro que o novo nada mais é do que a transformação do que já conhecemos, ou seja, o novo é o velho modificado, não há razão para que se tenha medo dele.

A sociedade ou nossos círculos sociais nos impõem o que devemos ser, fazer e construir. Construímos nossa identidade pelo contato com os outros, desenvolvemos habilidades por causa dos outros, modificamos palavras e questionamos por causa dos outros, até mesmo deixamos de viver a vida por causa dos outros. Sendo assim, amigo leitor, quem você pensa que é?

Você é pessoa que trabalha em tal instituição, a pessoa que participa de tal atividade social, a pessoa de quem todos gostam, a pessoa que sempre ajuda os outros e ..., a pessoa que você quer que seja, aquela pessoa que aonde chega faz amizades, solta boas gargalhadas, interage em qualquer situação, boa ouvinte, uma pessoa determinada, criativa, encorajadora, fiel, deslumbrante, sensível, perspicaz, guerreira, líder, proativa, nossa você merece meu UAU!

Perceberam de quem estamos falando? Amigo, estamos falando de você. Adaptados a tudo o que os outros querem que sejamos, temos nossa identidade construída e bem fortalecida. Use essas qualidades e habilidades para ser feliz!

Correlação entre a sociedade e eu

Agora que já percebemos de onde viemos e o que nos tornamos, começamos a compreender o que estamos fazendo de nossa longa e curta vida.

Encaramos desafios desde nossa formação como ser humano, trazemos em nosso cérebro informação das resoluções de todos os desafios que vivenciamos. Se alguém lhe perguntar como era sua infância, você saberia dizer? Se alguém lhe perguntar sobre sua adolescência, saberia responder? Se alguém lhe perguntar sobre uma professora na época da escola, saberia responder? Se alguém lhe perguntar sobre seus amigos de escola, saberia responder? Se alguém lhe perguntar sobre a primeira atividade que lhe trouxe remuneração, saberia responder? Se alguém lhe perguntar sobre o que você fez com seu primeiro salário, saberia responder? Se alguém lhe perguntar sobrę sua primeira decepção, saberia responder? Se alguém lhe perguntar sobre sua maior decepção, saberia responder? Se alguém lhe perguntar o que lhe faz sorrir, saberia responder?

Foram tantos questionamentos, que acabamos de voltar no tempo, em nossa origem, nos amigos que já passaram em nossa vida, nas situações que já vivemos entre outras lembranças... Isso somente vem provar a nós mesmos o quanto de coisas estamos preparados para fazer e conquistar, sim! Toda lembrança está envolvida por diversas situações e decisões que um dia tomamos e que nos trouxeram até aqui.

A sociedade e os círculos sociais em que vivemos até hoje sempre nos impuseram a maneira como deveríamos ser ou fazer, então quando alguém lhe perguntar quem é você, o que vai responder? Trabalho em tal organização e exerço o cargo ou função. Agora pare e pense, esta situação não é momentânea? Você é ou você está? Para chegar ao cargo de liderança em uma empresa, precisamos percorrer um caminho, certo? E neste caminho quem seremos? Que pergunta poderosa, hein! Essa citação aprendi a dizer com o mestre professor *master coach* Douglas de Matteu. Se continuarmos pensando no fim, no resultado, o que seremos durante o caminho? Se todos temos sonhos e objetivos e sempre que um objetivo termina começamos outro, sempre estaremos nos modificando.

Enquanto crianças estávamos com fome, éramos crianças famintas, quando nos alimentavam passamos a ser crianças satisfeitas e bem alimentadas. Enquanto estudamos, somos estudante. Quando concluímos o curso, recebemos o diploma de conclusão. Quando estamos almejando o casamento, somos namorados, noivos. Logo que concluímos esta fase, somos casados. E agora profissionalmente, quando almejamos um cargo ou função de liderança executiva ou não, buscamos percorrer os caminhos e, neste momento, quem somos? Agora a reflexão mais poderosa: quando estamos sem atividade remunerada, o que somos? Tenho certeza que neste momento veio a palavra "desempregado", certo? Então precisamos refletir.

A palavra desemprego menciona à falta de trabalho. Um desempregado é um indivíduo que faz parte da população e que está à procura de um lugar no mercado de trabalho. Desemprego pode ser sinônimo de desocupação? Não, nunca e jamais. Quem está à procura de emprego trabalha qualitativamente mais que uma pessoa com carteira assinada ou com contrato.

Nesse momento, é necessário expor um conceito muito publicado, porém pouco acreditado em nossa sociedade, mas que quando aplicado é transformador! Vamos nos próximos parágrafos nos lembrar do empreendedorismo.

O conceito de empreendedorismo foi utilizado inicialmente pelo economista Joseph Schumpeter em 1950, que disse: "empreender é agregar valor, saber identificar oportunidades e transformá-las em um negócio lucrativo ou realizador". Seguramente muitas pessoas gostariam de ser empreendedoras neste mundo. Segundo Augusto Cury "empreender é executar os sonhos, mesmo que haja riscos. É enfrentar os problemas, mesmo não tendo forças. É caminhar por lugares desconhecidos, mesmo sem bússola. É tomar atitudes que ninguém tomou. É ter consciência de que quem vence sem obstáculos triunfa sem glória. É não esperar uma herança, mas construir uma história... Ser um empreendedor não é esperar a felicidade acontecer, mas conquistá-la!" Após estudarmos esse conceito pergunto: quantos projetos você deixou para trás? Quantas vezes suas crenças limitantes bloquearam seus sonhos?

Alguém que empreende acredita no seu potencial, apresenta capacidade de liderança e consegue facilmente trabalhar em equipe. Além disso, o empreendedor sabe que um fracasso é apenas uma oportunidade de aprender e melhorar, e não se deixa abalar com isso. Posso, a partir deste estudo, afirmar que todos somos empreendedores! Existem aqueles que incorporam o empreendedorismo outros que incorporam os desejos da sociedade. E você, qual desses perfis agregou a sua vida?

Após esta reflexão, convido você a repensar a forma de enxergar a si mesmo! Por isso, peço-lhe gentilmente, sempre que alguém estiver à procura de realizar um objetivo, diga "você está prestando serviço para si mesmo em primeiro lugar", ou seja, é um empreendedor na essência. Um empreendedor busca a realização profissional e pessoal, faz o que é preciso e faz muito bem, e somente por essa dedicação e pelas condições que ele precisa superar, ele é feliz e realizado.

Mas, qual a diferença de um empreendedor e de um profissional que busca recolocação no mercado? Digo: nenhuma! Isso mesmo o que acabou de ler. A sociedade impôs o desemprego, agora o convido a substitui-lo por prestador de serviço disponível no mercado. O empreendedor precisa estar focado em seu negócio para obter os resultados desejados, deve fazer de tudo para a manutenção e crescimento do seu negócio. Prestador de serviço está focado em seu negócio (conseguir recolocação), faz de tudo, percorre longos caminhos e, muitas vezes, encontra pessoas mal-humoradas que não dão valor ao seu trabalho e que atrapalham o seu empreendimento. Mas como todo empreendedor é criativo e persistente, ele não desiste nunca, e vence.

Podemos empreender em nosso lar, em nosso trabalho, em nossa vida, pois empreender nada mais é do que ousar, persistir e determinar com ética a concretização de um objetivo.

Após identificar como a sociedade está nos moldando, qual será sua atitude? Ser quem a sociedade quer que você seja ou ser você na sociedade?

Se respondeu ser você, vale aqui uma intervenção! Quando responder a pergunta quem você pensa que é, comece a respondê-la pelo seu lado pessoal, depois pelo familiar, pelo sentimental e, por fim, pelo lado profissional. Surpreenda-se pelas respostas que obterá.

Revisão do seu interior

A partir de uma nova holística sobre você mesmo, ressalto aqui a percepção do que fizemos e de quem fomos em nossa infância e adolescência. Essa significância está implícita em nossas decisões. Aprendendo observar o passado, não precisaremos de técnicas de regressão para sondar nossas lembranças. Posso afirmar que uma vez consciente, suas atitudes e sua vida tomarão outro rumo. Observando que seu presente é diferente do que pensou até agora, temos condições de reavaliar algumas atitudes e objetivos. Este artigo tem como objetivo conduzi-lo a repensar sobre questões que valorizam nosso ser que não possuíam relevância ou simplesmente eram descartadas.

Agora, após essas reflexões sobre essência e atitudes, será que é possível continuar acreditando que as coisas não acontecem na nossa vida, será que ainda é possível viver sem acreditar que estamos preparados para as oportunidades que virão? Será que é possível gastarmos nosso precioso tempo em reclamar quando algo não acontece da maneira como planejamos?

Nesse momento eu faço a pergunta mais poderosa que você já respondeu até aqui: os resultados dependem de quem?

Obrigado por concluir esta leitura, tenho a certeza de que você é uma pessoa nova!

32

Desenvolvendo habilidades dentro do contexto do *coaching* integral sistêmico

O *coaching* integral sistêmico é uma abordagem que leva em consideração o indivíduo na sua integralidade, buscando gerar resultados que proporcionem impacto extremamente poderoso e fascinante na lapidação do ser, unindo corpo, mente, alma e espírito dentro do processo, nos conectando de forma consciente e gerando resultados que influenciam nossas escolhas, nossas decisões e destino

Líssia Dias

Líssia Dias

Master Coach e Avaliadora de Perfil Pessoal e Profissional (SOAR), pela Federação Brasileira de Coaching Integral Sistêmico (Flórida Christian University); *Practitioner* em Programação Neurolinguística; Graduada em Fisioterapia; Especialista em Neurologia, Mestre em Saúde e Ambiente; Gestora há mais de 10 anos, com experiência em Gestão Empresarial e Gestão de Qualidade.

Contatos
lissiadias@yahoo.com.br
(98) 9603 9610

O entendimento de *coaching* como um processo capaz de unir pensamento, sentimento e ação a resultados desejados pode ser considerado limitado. As mudanças sistêmicas que ocorrem no processo de *coaching* tradicional já anunciam uma necessidade de expansão desse conceito.

O que podemos dizer então do **coaching integral sistêmico**? É uma abordagem capaz de promover um acesso às camadas mais profundas do comportamento humano em sua formulação, ampliando visão, expansão de identidade, consciência, senso de propósito, promovendo mudanças de padrões comportamentais sustentáveis.

Durante o processo somos chamados a descobrir quem está no caminho, o que ou quem transforma.

E a resposta é você! Quando isso ocorre? Quando em contato com a sua essência é que a grande magia acontece, no exato momento em que realmente deseja transformar-se e decidir quem realmente deseja ser.

E quem está no controle dessas decisões? Suas escolhas e, consequentemente suas emoções, sua fisiologia corporal, em que corpo, mente, alma e espírito fazem parte do mesmo sistema, influenciando e movendo tudo em você.

Temos sede e necessidade de algo que não se encontra fora, mas dentro de nós. O desejo de vencer e ser o melhor que emana da nossa alma é impulsionado pela força do mundo, que nos faz movimentar a alavanca de querer conquistar o que ainda não foi possível. Para chegarmos ao destino desejado dispomos de estratégias mental e emocional, usamos conhecimento e o transformamos em ação, como instrumentos poderosos e infalíveis no processo de conquistas e realizações.

Ampliar a capacidade de produzir resultados com excelência, ou seja, desenvolver o autodomínio, conhecer suas fortalezas, pode ser definitivo para quem deseja virar o jogo na competição dos dias, quando todos buscam aperfeiçoar suas forças através do mais vasto e amplo conhecimento e dos recursos existentes e disponíveis.

É interessante quando reconhecemos nossos obstáculos internos e buscamos flexibilidade comportamental frente aos obstáculos externos e entendemos que estamos em processo constante de evolução e a serviço da vida, de forma consciente ou não.

As principais necessidades humanas, de acordo com Anthony Robbins (*coach*, palestrante e escritor americano), estão relacionadas em atender o ego e o espírito. Isso significa que, de acordo com a forma como operamos mentalmente, atendemos a essas necessidades, e o nosso comportamento é governado por isso. A questão é você opera mais nas necessidades do ego ou do espírito? Vamos entender quais são essas necessidades.

Necessidades do ego:

1. **Certeza**: de maneira geral, temos necessidades de certeza para nos sentirmos seguros. É com base nisso que fazemos neuroassociações e somos capazes de agir buscando certeza e estabilidade. É necessário experimentar a força que há em seu coração, que sempre o impulsiona a prosseguir, mesmo quando não se tem certeza de nada ou até desacreditando de tudo. O ego é que deseja ter certeza. Pensemos nisso!

2. **Incerteza**: ao contrário da nossa primeira necessidade, está relacionada a desafios, inovações e mudanças, convidando-nos a refletir que a vida precisa de menos certeza. Isso significa dizer que, quanto mais certeza você tiver, mais limitada será a sua vida para o crescimento. Faz sentido para você? A variedade e as possibilidades nos fazem sair da rotina, gerando uma incerteza que nos estimula a pensar e buscar alternativas que, geralmente, estavam fora do nosso filtro de percepção. A alma só precisa que você siga seus movimentos, seus instintos e sua intuição.

3. **Significado:** sobre essa terceira necessidade humana, podemos dizer que está relacionada ao reconhecimento e valorização, em qualquer área da sua vida. Estamos sempre e, invariavelmente, buscando a valorização do nosso ego, a nossa autoafirmação.

4. **Conexão e amor**: sentimos necessidades de conexão, de amar e de sermos amados. Muitas pessoas querem conexão, que está relacionada ao bem-estar. Já o amor é a forma mais fácil de suprir nossas necessidades mais profundas. Portanto, estamos sempre buscando isso.

Necessidades do espírito:

5. **Contribuição:** devemos relacioná-la a um legado, definimos como fazer algo que tenha um impacto positivo na vida de outra pessoa, dar algo e nada esperar, ajudar. Atender a essa

necessidade está atrelado à felicidade, significa que você vai tirar a atenção das necessidades do seu ego. Precisamos dar uma atenção muito especial a essa necessidade e de forma consciente.

6. **Crescimento**: princípio básico da vida. Estamos em constante desenvolvimento e sempre em busca de mais; tudo o que está em sintonia com a vida é mais. Estamos sempre querendo mais saúde, mais dinheiro, mais paz, mais felicidade. Esse é o movimento do universo, por isso essa necessidade precisa ser atendida.

Com base nessa abordagem, a melhor forma de suprir as necessidades do ego de forma positiva é atender primeiro às necessidades do espírito. Quando entendemos e identificamos essas seis necessidades e temos consciência de como elas funcionam, podemos operar em nível mais elevado. Quanto mais valorizarmos crescimento e contribuição, mais vamos experimentar o amor e, por consequência, as demais necessidades do ego serão atendidas.

Como podemos despertar para operar nesse nível espiritual?

Sugiro que todos os dias, ao acordar, faça a seguinte pergunta para si mesmo:

Como posso fazer para crescer e contribuir com a minha vida e com a vida das outras pessoas?

Ao fazer essa pergunta, você permite que sua mente busque alternativas que o ajudarão a encontrar novos caminhos e lhe moverão em busca de um propósito maior e tudo que encontrar de desafios pela frente será encarado como um grande aprendizado. Faça essa experiência e observe que seus relacionamentos, carreira e todos os segmentos da sua vida estarão operando para um bem maior. Trabalhando conscientemente as demais necessidades da sua personalidade, certamente alcançará o nível de realização e felicidade que deseja.

O essencial é extremamente simples. Buscamos com frequência atender a exigências que nos põem em xeque com a nossa verdadeira essência, que nos distanciam daquilo que realmente somos.

Aprendemos ao longo da vida que é preciso fazer algo, ter alguma coisa para só então ser alguém. Essa lógica cognitiva, egoica e pretenciosa nos impõe regras internas que nos deixam cada vez mais distantes da realização pessoal e profissional. Adotamos parâmetros de felicidade inalcançáveis e o resultado disso é que acumulamos na nossa bagagem de vida frustrações, angústias e uma sensação constante de que seremos felizes somente quando o futuro chegar.

Embora a nossa estrutura ferramental de *coaching* seja trabalhada para alcançar o estado desejado, somos condutores de uma expansão de consciência do nosso cliente de modo que a ordem de operacionalização da sua programação mental (neurolinguística) ocorra na ordem inversa. Primeiro o ser, que corresponde a 80% dos seus resultados, o fazer, que é importante para que os conhecimentos sejam implementados nas suas ações, correspondendo a 20% dos seus resultados, e o ter, apenas como consequência dos demais.

Essa estrutura possibilita o equilíbrio, tanto racional como emocional, que todo ser humano necessita para produzir mais e melhor, considerando que autoconhecimento e autoestima são pontos cruciais para clarear nossa visão e nosso resultado.

Outro aspecto importante a se considerar é que, dentro de nossas dimensões somos seres integrados e interconectados ao corpo, a mente, a alma e ao espírito. A linguagem é a comunicação das nossas ideias e dos nossos sentimentos manifestados de várias maneiras, sendo um reflexo do nosso mundo interior onde na maioria das vezes "o barulho que existe fora é apenas um eco do que está dentro".

É através dos diversos pilares que compõem a nossa vida que podemos trabalhar o que somos, o que fazemos e o que temos. Através de ferramentas utilizadas no processo de *coaching*, como o Mapa de Autoavaliação Sistêmico (MAAS), identificamos e avaliamos o estado atual para alcançarmos, junto com o cliente, resultados sustentáveis com o *coaching* integral sistêmico.

Quero agora convidar você a avaliar todos os pilares da vida e o quanto você está pleno em cada um deles. Se não estiver equilibrado com algum desses pilares considere que é preciso fazer algo em favor da sua vida.

Lembre-se de que somos integrados e sistêmicos, e tudo na nossa vida tem influência e gera impacto, ou seja, se não estamos bem emocionalmente isso se reflete nas demais áreas ou se estamos em desequilíbrio financeiro, provavelmente nossa saúde é afetada e assim sucessivamente.

Vejamos nossos pilares e pontuemos de 0 a 10 cada um deles, com base nos critérios do *coaching* integral sistêmico (CIS). Aprenda a preencher:

1º passo: coloque no espaço redondo o quanto, de 0 a 10, cada pilar é importante para você.
2º passo: nas linhas que estão pontuadas de 0 a 10, marque em que ponto a sua vida está hoje, dando a nota correspondente a cada pilar.
3º passo: una os pontos de cada coluna, até formar uma figura geométrica de 11 lados. Tendo montado a sua "roda da vida", você começará a entender e visualizar o seu estado atual.
4º passo: analise o seu grau de realização subtraindo a nota que está no espaço redondo (estado desejado) da nota que está na coluna (estado atual).
5º passo: coloque o resultado no espaço quadrado. Quanto menor for o resultado dessa subtração (quadrado - coluna), mais perto você está da plenitude e da felicidade naquela área da vida. Consideramos nota 10, quando os critérios forem plenamente atendidos:

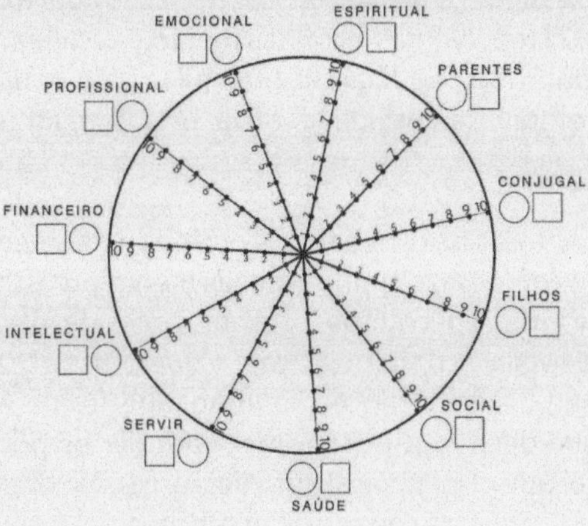

Fonte: FEBRACIS (Federação Brasileira de Coaching Integral Sistêmico)

Espiritual: este pilar está relacionado à nossa relação com o ser superior, quando há intimidade, comunhão, amizade e fé, quando nos dedicamos de forma congruente e estamos em sintonia com Deus.
Parentes: refere-se à relação entre pai, mãe e irmãos; quando ela ocorre de forma harmoniosa, respeitosa, com diálogo, confidência, toque, carinho e abraço manifestado pelas mais diversas formas de amor.

Conjugal: relação madura em que existe diálogo, compreensão, companheirismo, respeito, harmonia e ambos se sentem plenamente atendidos no relacionamento.
Filhos: refere-se à qualidade de respeito, afeto, confiança, atenção e demonstrações de amor.
Social: relaciona-se ao seu bem-estar, lazer, ciclo de amigos, *hobby*, o quanto você tem feito o que realmente gosta.
Saúde: falamos de disposição, ausência de dores, de doenças, de cansaço, o quanto você está de bem com seu corpo, seu peso, se seus exames estabelecem relação de coerência com sua saúde de forma holística.
Servir: este pilar refere-se à sua disponibilidade de tempo, sentimento e doação, em busca do bem-estar das pessoas ao seu redor.
Intelectual: o quanto você se dedica à leitura, conhecimento, cursos, aperfeiçoamentos e expansão da sua mente.
Financeiro: retrata a relação com o dinheiro, sob os aspectos de gastos, investimentos, ou seja, patrimônio, poupanças e dívidas.
Profissional: avaliamos neste pilar a relação com a carreira profissional, seu crescimento, reconhecimento e resultados concretos.
Emocional: podemos balizar esse pilar pelo equilíbrio de vida, avaliando grau de ansiedade, raiva, angústia, atitudes extremas e destrutivas.

O *coaching* trabalha com pessoas prontas para serem desafiadas e capazes de se comprometerem com suas metas, por isso é importante o alinhamento das expectativas do cliente antes de iniciar o processo.

Após sua avaliação criteriosa, veja o que precisa fazer para ter os resultados que deseja. Amplie sua visão, aperfeiçoe e lapide o seu ser, defina que decisão precisa tomar para dar os primeiros passos em busca do que deseja alcançar. Nesse percurso, aproveite para descobrir e se conectar com a sua essência e desfrute da magnífica experiência que é viver com qualidade.

"Seja a mudança que você deseja ver no mundo."
Mahatma Ghandhi

33

Cultura *coaching*: compreender, implantar e manter

Como manter uma equipe motivada e comprometida? Como ampliar e potencializar os resultados da organização? Talvez seja necessário rever alguns hábitos já enraizados, conhecer novos caminhos e construir uma nova forma de gestão capaz de potencializar habilidades e alcançar resultados excepcionais. Descubra como despertar o potencial de pessoas e organizações através da cultura *coaching*

Maggie João &
Wilson F. Nascimento

Maggie João & Wilson F. Nascimento

Maggie João

Executive & Life Coach, certificada pela ICF e pelo EMCC. É também supervisora de *coaches*. Facilita sessões de *team coaching* e formações intraempresas. Sua experiência baseia-se em mais de uma década na área de Engenharia & Gestão Industrial. Ter vivido e trabalhado em 12 países confere-lhe experiência cultural ampla diferenciando-a na área de *coaching*. Publicou cinco livros na área do *coaching*.

www.maggiejoao-coaching.com
maggie.joao@maggiejoao-coaching.com

Prof. Wilson Nascimento Ph.D

Doutor em *"Business Administration"* e Mestre em *"Arts in Coaching"* pela Florida Christian University - FCU, MBA em *Coaching*, especialista em Gestão de Negócios e Empreendedorismo, pós-graduado em marketing e propaganda, administrador de empresas, *Trainer* em PNL. Participou do treinamento "Unleash the Power Within" com Anthony Robbins. Professor convidado na FCU, docente na Unisuz e FIAM. Diretor do Instituto de Alta Performance Humana - IAPerforma.

www.iaperforma.com.br
wilson@iaperforma.com.br

Nos dias que correm, as organizações necessitam de líderes fortes, aptos e rápidos, mas, sobretudo, líderes flexíveis, empáticos e que inspirem os seus colaboradores a darem mais de si e serem sempre melhores. A gestão pelo medo e a autoridade tornam-se assim obsoletas e cada vez mais se espera organizações inovadoras, responsáveis pelo ambiente e amiga de seus colaboradores.

Daí a cultura *coaching* ser uma aposta prometedora que leva as organizações a colherem resultados eficazes e duradouros. A cultura *coaching* assenta numa forma de pensar e de fazer as coisas em tudo oposta aos métodos ditatoriais da gestão autoritária.

Ela bebe dos princípios da equidade e da premissa que nem sempre temos todos os elementos em nosso poder para julgarmos os outros e assumirmos pressupostos que por vezes estão incorretos. Assim, a cultura *coaching* tem um *spectrum* de atuação que se estende desde o apoio até ao desafio, passando por todo um gradiente de ajuda e questionamento até chegar a um campo que é caracterizado por um ambiente mais desafiante e por vezes até provocador, mas não agressivo, ajudando o interlocutor a repensar os seus paradigmas.

O diagrama 1 explica sumariamente os três componentes que geram uma cultura *coaching*.

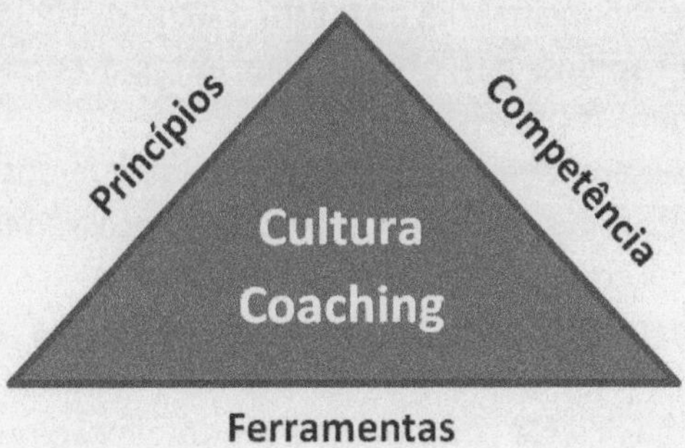

Diagrama 1 - Cultura *Coaching*

Um desses componentes é formado por três princípios fundamentais. O primeiro é haver uma relação de confiança entre colaboradores (ou entre *coach* e *coachee*) de forma que qualquer assunto possa ser debatido entre eles, sem pudores, nem temores.

O segundo princípio é não julgar os outros. Na maioria das situações não detemos toda a verdade nem sabemos como o outro se sente, apenas nos apercebemos e percepcionamos parte do que acontece e do contexto em que estamos inseridos. Daí, o julgamento feito através de uma opinião conflituosa ou de um comentário infeliz coloca-nos numa situação que por vezes não ajuda nos relacionamentos interpessoais que queremos ter e manter dentro da organização. Mais do que a simpatia, é importante saber gerar a empatia, que para além de nos ajudar a colocar na situação do outro, nos permite dar-lhes o espaço que lhes é necessário à recuperação, à intervenção ou até mesmo ao silêncio. A empatia é uma das competências basilares para desenvolver uma forte cultura *coaching*.

Finalmente, o terceiro princípio é saber perguntar e não dar as respostas. À semelhança do ditado chinês que refere *ensina o homem a pescar e não lhe dê o peixe*, assim acontece com este princípio: ajudar as pessoas a pensarem, a refletirem e a chegarem às suas próprias conclusões, sem ajuda de outrem a apontar o caminho. O que acontece muito, atualmente é que, na vida corrida que temos, fazemos as perguntas e acabamos também por dar a resposta, matando assim qualquer iniciativa que o colaborador possa ter, a sua criatividade e eliminamos também o espaço para ele crescer e aprender a ser ele próprio. Não dar as respostas pressupõe saber respeitar o espaço do outro, o tempo de resposta e, claro, a própria resposta.

Conforme já mencionado, a cultura *coaching* comunga de várias competências capitais, das quais destacamos a empatia, a escuta ativa e as perguntas poderosas.

A empatia é a relação harmoniosa que se cria entre os interlocutores gerando uma afinidade entre eles, necessária à criação de confiança, tão premente numa cultura *coaching*.

A escuta ativa é uma competência que estreita os relacionamentos entre colaboradores (ou *coach* e *coachee*) já que, muito mais do que o simples ouvir, esta competência é a percepção que o indivíduo tem de se sentir compreendido por quem o está a ouvir. Quando alguém se sente compreendido pelo outro, o princípio de confiança intensifica-se exponencialmente.

Por outro lado, as perguntas poderosas são um instrumento muito útil à reflexão. Há pessoas que não sabem pensar, que não sabem estruturar uma estratégia ou abordar um desafio. A pergunta adequada no momento certo ajuda todos esses processos. Assim, saber questionar é também uma competência importante a ter em conta numa cultura *coaching*. É de salientar que quanto mais abertas forem as perguntas, menos julgamento carregam. As perguntas fechadas tendem a ser mais incisivas e talvez a orientar mais o interlocutor. Não obstante, há circunstâncias em que as perguntas fechadas proporcionam melhores resultados e provocam uma reflexão mais profunda do que as abertas.

Essas três competências quando bem ministradas asseguram uma quarta que está na base da presença ativa do interlocutor num qualquer dado momento da conversação. Assim, pressupõe-se que para se ser empático, ter uma elevada escuta ativa e fazer perguntas poderosas é primordial estar presente naquele momento, atento ao que nos está sendo comunicado por palavras, gestos e emoções, e por vezes o que não nos está a ser comunicado, mas que podemos, quando nos atentamos à nossa intuição, ler nas entrelinhas.

Claro que um dos instrumentos mais importantes numa cultura *coaching* é o próprio, ou seja, cada um de nós, a nossa forma de vermos e fazermos e, sobretudo, a nossa forma de sermos. Aqui reside também a distinção entre organizações e até mesmo entre serviços de *coaching*, nomeadamente, o cunho pessoal que cada um coloca na execução da tarefa e na gestão do processo.

Uma cultura *coaching* é alimentada por valores comuns, desde o respeito, ao reconhecimento, à honestidade até a liderança e inovação. Assim, não é de estranhar que muitas ferramentas utilizadas em outras práticas se adequem tão bem a essa cultura *coaching*. Uma dessas ferramentas é o *storytelling*.

O *storytelling* nada mais é do que a tradição milenar de contar histórias com uma mensagem inerente que auxilia as pessoas a chegarem a conclusões interessantes para as suas próprias vidas e desafios. Cada vez mais, o *storytelling* é uma forma de ajudar o colaborador a "abrir os olhos", a "fazer o que está certo", sem lhe dizer "faça assim", ou sem lhe mostrar o caminho. Essa é exatamente a premissa da cultura *coaching*.

Outras ferramentas e modelos não redutores, mas em si potencializadores das capacidades individuais dos colaboradores, são utilizados com uma maior frequência nas organizações que promulgam a cultura *coaching*. Alguns exemplos incluem o DISC, GROW e feedback 360.

Na prática, uma organização que aplica a cultura *coaching* é aquela que promove a iniciativa dos seus colaboradores, defende a criatividade, para que se possam encontrar respostas aos desafios do dia a dia sem esperar de braços cruzados pela indicação de seu superior. Essas organizações são mais dinâmicas, eficientes e orientadas à ação, já que a todos é incentivado que cresçam e façam acontecer. Com isso, o clima organizacional é mais saudável, há mais reconhecimento e valorização da contribuição de cada um e as pessoas sentem-se apreciadas pelos demais, o que por si gera mais energia para atingir os objetivos propostos.

O processo de criação de uma cultura *coaching* deve ser estruturado estrategicamente, de modo a contextualizar todos os esforços e a canalizá-los para os fins desejados. Assim, há abordagens passo a passo que ajudam a construir essa cultura e, sobretudo, a vivenciá-la ao mais pequeno pormenor, desde reuniões de equipe, até sistemas de avaliação 360, passando por toda uma comunicação coerente e ligada aos valores e visão da organização.

A gestão eficaz do *coaching* nas organizações é apontada como estratégia inicial para integrar o *coaching* com demais processos da organização, como gerenciamento de talentos e programas de desenvolvimento de liderança. Implementar essa cultura exige uma abordagem que favoreça a mudança. Uma pesquisa, realizada pela organização sem fins lucrativos Center for Creative Leadership em 2008, aponta cinco principais estratégias sugeridas por líderes para atingir a implementação da cultura *coaching* de modo eficaz.

1. Abasteça a organização de líderes que possam ser vistos como exemplos/referências de comportamento *coaching*.
2. Associe as ações de *coaching* aos resultados da organização. Desenvolva um modelo de competências com metas que promovam a cultura *coaching*.
3. A implantação da cultura faz parte das ações dos líderes e suas equipes. Os líderes indicam que enquanto uma equipe passa pelo processo de *coaching*, o dobro dela gostaria de conhecer o processo.
4. Reconheça e recompense o comportamento *coaching*. Destaque modelos e resultados positivos provindos do novo comportamento adotado.

5. Integre o *coaching* a outros processos de gestão de pessoas já adotados pela organização.

Certamente, todos terão de *walk the talk*, ou seja, aplicar o que é dito, sem exceção. Dependendo da vontade de pôr a máquina em funcionamento e do nível de organização, o processo de criação e vivência da cultura *coaching* pode ser implementado em pouco mais de um ano. O importante não é a duração da implementação, mas sim a manutenção de seus resultados, que se querem vitalícios!

A manutenção da cultura *coaching* na organização também é muito influenciada pelos trabalhos de *coaching* já realizados anteriormente com as lideranças. E. Wayne Hart (2003) apresenta seis estratégias que as organizações podem utilizar para a manutenção da cultura *coaching*.

Estratégias para manutenção da cultura coaching

1. Utilize *coaches* externos para desenvolver sua equipe, associe sempre o trabalho desenvolvido pelos *coaches* a uma ação de enriquecimento da equipe e não a ações corretivas.
2. Procure criar um efeito cascata através do desenvolvimento (formal e informal) de *coaches* dentro da organização.
3. No ambiente organizacional, os conceitos de liderar e gerenciar devem ser compreendidos como sinônimos para modelar a prática e os comportamentos de *coaching*. Essa ação se tornará mais eficaz se aliada a trabalhos de educação continuada do departamento de recursos humanos.
4. Todos os programas de treinamento da organização devem convergir para a manutenção do comportamento *coaching*, reforçando aquele já adquirido pela cultura *coaching*.
5. Incorpore o comportamento do *coaching* como uma competência requerida/pré-determinada, associando-a a sistemas de premiação e incentivos.
6. Planeje, formalize e estruture ações a longo prazo que garantam a manutenção contínua da cultura em vez de ações específicas.

As estratégias sugeridas aqui reforçam a ideia de que o melhor meio de manutenção da cultura *coaching* é garantir que ela esteja presente no cotidiano da organização e faça parte das ações dos colaboradores tornando-se um hábito espontâneo.

É de salientar que a cultura *coaching* não pressupõe que todos os colaboradores façam e recebam *coaching* uns aos outros. Pressupõe sim que os princípios fundamentais já descritos (uma relação de confiança; não julgar os outros e não dar as respostas, e sim ajudar a pensar) sejam assimilados no dia a dia da organização, e também que todos os colaboradores tenham pelo menos as quatro competências referidas bem desenvolvidas. Para tal, dois fatores são fundamentais. Por um lado, formação específica e bem estruturada é essencial e por outro, a vontade de fazer acontecer no decorrer da execução desse modo de abordagem.

No início passará por ser um modo de fazer as coisas, para mais tarde se tornar num modo de ser, o que em si é muito mais potencializador e enriquecedor.

Referências

ANDERSON, M; FRANKOVELGIA, C; HERNEZ, G. *Creating Coaching Cultures: What Business Leaders Expect and Strategies to Get There.* EUA: Center for Creative Leadership, 2008.

HART, E. Wayne. *Developing a Coaching Culture.* EUA: Center for Creative Leadership, 2003.

JOÃO, M. *Colecção Storytelling para Coaching – Liderança.* Portugal: e-book, 2014.

NASCIMENTO, W. F. *Implantação da cultura coaching em organizações brasileiras.* Dissertação de Doutorado em Philosophy in Business Administration, Florida Christian University – EUA, 2014.

34

Neurobiomecanismos do aprender: compreendendo o cérebro no processo de aprender e gerar resultados

Em uma visão neurobiológica da aprendizagem humana, o lobo pré-frontal é responsável pelo comportamento, julgamento, planejamento e intercomunicação cerebral. Quando ocorre ativação de uma área cortical, há alteração em outras áreas cerebrais, visto que o cérebro funciona de modo global. Compreender o funcionamento cerebral é indispensável para que se garanta uma aprendizagem ágil, eficiente e motivadora

Mônica Panasco

Mônica Panasco

Biomédica graduada pela Universidade Federal do Estado do Rio de Janeiro; mestre e doutora em Ciências Biomédicas (Fundação Oswaldo Cruz); especialista em Neurociência Pedagógica; diretora científica da Cidade do Cérebro, onde ministra cursos de Emotologia e Emotopedia e atua com consultora e *coach* de desenvolvimento de potencialidades cerebrais e coordena os cursos de Emotologia (básico e avançado) e práticas de *coaching* com Emotologia. Servidora pública da Universidade Federal Fluminense e professora universitária, ministrando aulas de neurociência pedagógica nos cursos de pós-graduação lato sensu da Universidade Cândido Mendes, nas disciplinas de Anatomia do Sistema Emocional Humano; História das Neurociências; Neurobiologia do Conhecimento e Fundamentos da Neurociência e Educação Cognitiva da Aprendizagem e do Comportamento Emocional Humano.

Contatos
www.cidadedocerebro.com.br
monica@cidadedocerebro.com.br
(21) 98082-8242 / (21) 99649-7571

O cérebro humano é o resultado de um longo processo de evolução que cumpriu três etapas e evoluiu de baixo para cima. A primeira etapa evolutiva está representada pelo tronco cerebral que controla funções biológicas essenciais para a sobrevivência física do indivíduo. Este se localiza na base do cérebro, o chamado cérebro reptiliano (complexo R). Nesta região estão localizados os centros de comando para a vida. Eles controlam o sono e a vigília; a respiração e a regulação da temperatura; os movimentos automáticos básicos, e funcionam como subestações intermediárias para a transmissão da informação (*input*) sensorial. Essa estrutura cerebral está diretamente relacionada aos instintos primitivos e agressivos do comportamento humano, os quais precisam ser educados, pois do contrário, prevalecerão. Segundo Paul MacLean, o cérebro intermediário, segunda etapa evolutiva, é a unidade cerebral responsável pelas emoções dos antigos mamíferos, o cérebro paleomamífero, formado pelas estruturas do sistema límbico e correspondente ao cérebro dos mamíferos inferiores. Promove a sobrevivência, refina, corrige e coordena os movimentos. Além disso, é o local do desenvolvimento dos aparatos cerebrais para a memória e as emoções, os quais melhoram e realçam ainda mais a regulação interna do corpo, ao mesmo tempo em que começam a interagir com o mundo social. É com esse cérebro que aprendemos a cuidar das crias, e desenvolvemos relações afetivas. A terceira etapa gerou o córtex cerebral, o chamado cérebro superior ou cérebro racional (cérebro do neomamífero). É a unidade cerebral responsável pelas tarefas intelectuais dos novos mamíferos e compreende a maior parte dos hemisférios cerebrais. Esta área é responsável pela rigorosa afinação das funções inferiores, pelas associações, pelo pensamento abstrato, pela capacidade de planejamento, capacidade de aprender e de resolver problemas, desenvolver memórias e linguagem e exibir criatividade em suas várias formas.

O cérebro humano controla todos os aspectos da vida corrente dependentes da inteligência, das formas de comportamento no meio social, da busca de realização pessoal no contexto de aspirações que o próprio indivíduo constrói ao longo do permanente processo de aprendizagem. O atual conhecimento das neurociências, de natureza essencialmente multidisciplinar, permite entender melhor as várias formas de comportamento humano expressas pelo conteúdo emocional e social; permite também, conhecendo potencialidades e limitações individuais, aplicar esses recursos para melhor administrar os relacionamentos tanto no meio familiar como no ambiente de trabalho, diretamente relacionados com o desempenho profissional.

Aprender é um processo constante e ininterrupto, pois, ao longo da vida, se aprende a todo o momento, a todo instante. O cérebro é descrito como sendo um sistema dinâmico, que, no nascimento, dispõe de um estoque básico de saber prévio, e começa, de imediato, a dirigir perguntas ao exterior. Dessa forma, o fluxo das informações provenientes dos sentidos e a interação dinâmica e constante com o meio, determinarão como o cérebro vai se desenvolver.

A aprendizagem não significa simplesmente absorção de conteúdos, mas para que esses conteúdos se concretizem, faz-se necessária a interação de uma rede de operações neurofisiológicas e neuropsicológicas que associam, combinam e organizam estímulos fornecidos pelo meio e a eles deem as respostas mais adequadas, assimilações e fixações que possibilitem futuras evocações. Além disso, devem-se considerar os processos cognitivos internos, ou seja, como o indivíduo elabora os estímulos recebidos, sua capacidade de integrar informações e processá-las, formando uma rede complexa de representações mentais, que possibilite a resolução de problemas; a aquisição de conceitos novos e a interpretação de símbolos (ALVAREZ & LEMOS, 2006).

Em consonância com a neurociência cognitiva, cujo foco de atenção é a compreensão das atividades cerebrais e dos processos cognitivos, a aprendizagem humana não decorre de um simples armazenamento de dados perceptuais, mas sim do processamento e elaboração das informações oriundas das percepções no cérebro (CARVALHO, 2011). Nesse sentido, processos de aprendizagem modelam o cérebro dotado de conexões neurais em constante reorganização, mediante o fortalecimento ou enfraquecimento de sinapses. No cérebro, há neurônios prontos para a estimulação, pois tudo o que é aprendido altera a rede neuronal. A atividade mental estimula a reconstrução de conjuntos neurais, processando experiências vivenciais, num fluxo e refluxo de informações. A multiplicação dos estímulos exteriores determina qual será a complexidade de ligações entre as células nervosas e como elas se comunicarão entre si. É somente quando o desenvolvimento do cérebro é determinado por aquilo que se aprendeu e experimentou que a adaptação do cérebro ao meio ambiente se dá de forma ideal (PRIGENZI, 2009; CARVALHO, 2011). A aprendizagem, portanto, é o processo em virtude do qual se associam coisas ou eventos no mundo, graças a qual adquirimos novos conhecimentos. No caso humano, a percepção do mundo está relacionada à interpretação de fenômenos que envolvem os sentidos e a memória. Os processos de aprendizagem e memória modificam o cérebro e a conduta do ser que os experimenta (MORA, 2004). A memória envolve não somente as percepções, ações e objetivos, como também sentimentos, imaginação e trajetória do pensamento. As experiências sensoriais deixam traços no cérebro ao alterar a eficácia dos contatos sinápticos entre neurônios, fortalecendo a estrutura das redes neuronais. De fato, quanto mais recursos forem empregados na transmissão de uma informação, tanto melhor essa informação será fixada na memória, que é responsável pelo armazenamento de informações e pela evocação daquilo que está armazenado. A aprendizagem requer competências para lidar de forma organizada com as informações novas, ou com aquelas previamente armazenadas no cérebro, a fim de realizar novas ações. A aprendizagem surge de um acoplamento estrutural, em que informações entre o indivíduo e o meio fazem surgir mudanças estruturais na organização do ser vivo e do contexto em que está inserido; perante as informações, o organismo opera com propriedades emergentes, a fim de se adaptar às condições do processo do conhecer. Além disso, deve-se ressaltar que as emoções desempenham um papel determinante na aprendizagem. A neurobiologia mostra que se aprende melhor quando o objeto do aprendizado tem um conteúdo emocional. São as emoções que orientam a aprendizagem. Nesse sentido, o sistema límbico, formado pelo tálamo, hipotálamo, giro cingulado, amígdala e hipocampo, exerce papel fundamental na avaliação das informações, decidindo que estímulos devem ser mantidos ou quais devem ser descartados, dependendo da retenção da informação no cérebro e da intensidade da impressão provocada nele. A consciência da experiência vivenciada é atingida quando, ao passar pelo córtex cerebral, compara-se a experiência a reflexões anteriores. Desta forma, quando conseguimos estabelecer uma ligação entre a informação nova e a memória preexistente, neurotransmissores como a acetilcolina e a dopamina são liberados aumentando o sentimento de satisfação. É assim, então, que a emoção e a motivação influenciam na aprendizagem. (CARVALHO, 2011). As emoções são, portanto, componentes essenciais ao funcionamento cognitivo e à aquisição de conhecimento.

A aprendizagem é um processo contínuo que opera sobre todos os dados que alcançam um umbral de significação, dependendo, fundamentalmente, da memória e da atenção. A capacidade de especialização cerebral em armazenar dados para seu uso posterior permite, mediante a memória, codificar e decodificar informação. Atenção possibilita focalizar atividades conscientes dependentes de sistemas e subsistemas anatomofuncionais, que trabalham como redes em paralelo, proporcionando uma atuação simultânea e interativa nas tarefas cognitivas. De fato, o processo de aprendizagem exige certo nível de ativação e atenção, de vigilância e seleção das informações. A ativação, por meio da vigilância, conecta-se com a atenção no sentido da capacidade de focalização da atividade. Sem uma organização integrada não é possível uma aprendizagem normal. Os processos de codificação e decodificação são de extrema importância, quando se abordam problemas de aprendizagem. A linguagem, oral e escrita, receptiva ou expressiva, faz parte do sistema cognitivo e constitui um dos componentes essenciais na organização cognitiva e nos processos complexos da aprendizagem. O ato de prestar atenção, compreender, aceitar, reter, transferir e agir são alguns dos principais componentes da aprendizagem. Assim, a informação captada é submetida a contínuo processamento e elaboração, que funciona em níveis cada vez mais complexos e profundos, desde a extração das características sensoriais, a interpretação do significado até a emissão da resposta.

O aprender implica certas integridades básicas que devem estar presentes quando são oferecidas oportunidades para a realização da aprendizagem. Essas integridades são caracterizadas por três níveis:

Funções psicodinâmicas – à medida que o organismo internaliza o observado ou o experienciado, ele começa a assimilar hierarquicamente, pelos processos psíquicos, devendo, portanto, existir controle e integridade psicoemocional para que ocorra a aprendizagem;
Funções do sistema nervoso periférico – responsáveis pelos receptores sensoriais, que são os principais canais para a aprendizagem simbólica. Uma subcarga sensorial implicaria privação do cérebro de estimulação básica, para o crescimento e amadurecimento dos processos psicológicos;
Funções do sistema nervoso central – responsável pelo armazenamento, elaboração e processamento da informação, resultante da resposta apropriada do organismo.

As emoções e sentimentos constituem aspectos centrais na regulação biológica e estabelecem uma ponte entre os processos racionais e os não racionais.

As emoções desempenham uma função na comunicação de significados e podem, também, ter papel na orientação cognitiva e na compreensão das mensagens e de seu conteúdo.

As emoções são adaptações que integram os mecanismos pelos quais os organismos regulam a vida, quer numa reação específica a uma situação quer na regulação do estado interno do indivíduo. Emoções são conjuntos complexos de reações químicas e neurais, formando um padrão; todas as emoções têm algum tipo de papel regulador a desempenhar, levando à criação de circunstâncias vantajosas para o organismo em que o fenômeno se manifesta. (DAMÁSIO, 2000)

O aprendizado e a cultura alteram a expressão das emoções e lhes conferem novos significados. Assim temos, por um lado, os processos biológicos determinantes das emoções e, por outro, os aspectos socioculturais.

No processo de *coaching*, a motivação, o envolvimento entre *coach* e o *coachee*, o conteúdo e a compreensão do funcionamento cerebral são fundamentais para que se garanta uma aprendizagem ágil e eficiente. Considerando-se as emoções como parte do processo de aprendizagem, é determinante conhecer como o cérebro processa novas informações e como assimila novas aprendizagens.

O grande segredo para gerar resultados está em saber envolver o sistema límbico/emocional para mobilizar reservas cerebrais, com o propósito de atingir nossos maiores objetivos. Isso se dá pela criação de imagens mentais com forte teor emocional e carregadas de estímulos internos. Esses estímulos mobilizam o sistema endócrino e liberam neuro-hormônios que auxiliarão no processo de geração de energia para a aceleração e consecução de objetivos, e consequentemente, da motivação para o alcance deles. Saber estabelecer objetivos e criar a imagem mental do resultado com grande carga emocional, com as sensações do resultado alcançado, significa abrir o canal emoção-energia. Esse canal funciona como um farol a guiar e acelerar as ações a serem desempenhadas; indica a mobilização energética para que as faculdades de realização se transformem verdadeiramente em resultados.

Referências

ALVAREZ, A.; LEMOS, I. C. *"Os neurobiomecanismos do aprender: a aplicação de novos conceitos no dia a dia escolar e terapêutico"*. Psicopedagogia, 23 (71):181-90, 2006.

CARVALHO, F. A. H. *Neurociências e educação: uma articulação necessária na formação docente.* Trab. Educ. Saúde, 8 (3):537-50, 2011.

DAMÁSIO, A. *The Feeling of What Happens: Body and Emotion in the Making of Consciousness.* Mariner Books, 2000.

MACLEAN, P. *The lymbic system and its hippocampal formation in animals and their possible application to man.* J. Neurosurg. 11: 29-44, 1954.

MACLEAN, P. *The lymbic system (visceral brain) in relation to central gray and reticulum of the brain stem.* Psychosom. Med. XVII: 335-336, 1955.

MORA, F. *Como funciona o cérebro.* Porto Alegre: Artmed, 2004.

PRIGENZI, L. *Compreendendo o processo do aprender.* Disponível em: http//www.webartigos.com/artigos. Acesso em 10 nov. 2014.

35

Quanto melhor é, melhor fica

O trabalho pode e dever ser fonte de felicidade. Ao utilizarmos a régua da felicidade desenvolvemos a habilidade de focar nos pontos positivos do nosso trabalho e alteramos a produtividade da empresa e o nosso grau de satisfação

Patricia Narciso

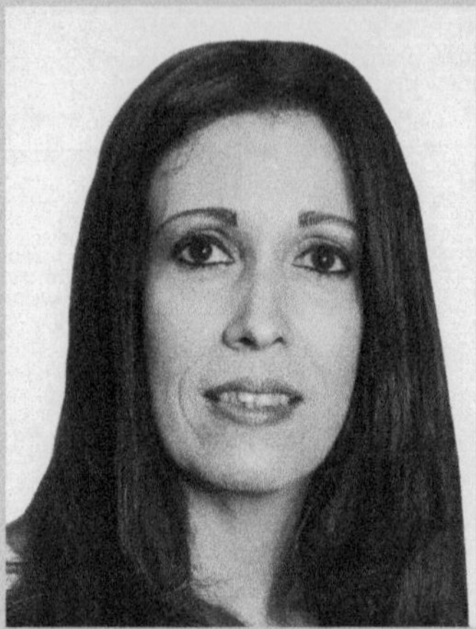

Patricia Narciso

É Diretora Executiva do Centro Oncológico de Niterói e Sócia Diretora da Narciso Consultoria. É formada em enfermagem pela UFRJ. Tem MBA Executivo pela Coppead, certificada no Programa de gestão avançada da AMANA KEY. Já foi avaliadora da Fundação Nacional da Qualidade. Criou o método "Quanto melhor é, melhor fica". Consultora empresarial com mais de 15 anos de experiência na área de reestruturação de empresas, palestrante para empresas na área de desenvolvimento de lideranças.

Contatos
www.patricianarciso.com.br
contato@patricianarciso.com.br
(21) 99977-4955

Por que será que felicidade e emprego são quase incompatíveis para a maioria das pessoas? Se perguntarmos a empregados de diversos segmentos da nossa economia, vamos perceber que o nível de felicidade e contentamento com suas tarefas são muito baixos e o trabalho é encarado como um fardo a ser carregado até a tão sonhada aposentadoria. Milhares de empregados e seus líderes não se sentem felizes e realizados com seus empregos e as tarefas que desenvolvem diariamente. Esse sentimento afeta – de forma direta e indireta – a produtividade da empresa. A quantidade de recursos desperdiçados com o nível de infelicidade dos empregados compromete tanto o resultado da empresa como suas vidas pessoais, já que durante a maior parte do dia estamos dentro das empresas, convivendo com os colegas de trabalho e tendo que desenvolver projetos, bater metas. Os líderes e empregadores não conseguem entender e reverter essa situação, e muitas empresas veem seus resultados desabarem, cercados de uma equipe infeliz, que acredita que o trabalho é sua principal fonte de infelicidade e de desgaste físico e mental. Aí vem a grande pergunta: como transformar o trabalho em algo prazeroso e que gere resultados satisfatórios tanto para você quanto para sua empresa? Como o trabalho pode ser criativo e satisfatório? Como sermos felizes no trabalho?

A reclamação como hábito

Cena comum em muitas empresas: um grupo de empregados reunidos num café conversa tensamente sobre o quanto estão sobrecarregados, cansados e descontentes com seus chefes e com os processos da empresa. Todo o foco está concentrado em reclamar do estágio atual, ou pelo menos de como eles interpretam a situação. Panorama normal, já que todos reclamam disso e assim levam suas vidas dentro da empresa. A principal liga dessa conversa é a observação atenta de tudo o que está errado e, desse modo, como os "outros" se comportam ou atuam nesse cenário. A reclamação é um hábito que é cultivado dentro das organizações e que obstrui qualquer tipo de criatividade. Não é possível reclamar, se sentir injustiçado e ter alguma motivação ou desejo de fazer algo diferente e produtivo. Além disso, é mais fácil reclamar de tudo e de todos do que realmente se tornar responsável pelos seus atos e criar novos hábitos. A reclamação do chefe, do ponto eletrônico, do salário, da estratégia da empresa, do excesso de trabalho, do colega ao lado, e outras tantas tiram a energia do empregado e, consequentemente, comprometem a produtividade e os lucros da empresa. Muitos pensam que nada têm a acrescentar à empresa, já que trabalham por uma remuneração e o "patrão" já é rico; sentem raiva, ressentimento e inveja dos empregadores e líderes. Esse comportamento é destrutivo para o empregado, já que trabalhar numa empresa economicamente saudável é uma oportunidade de prosperar. Todos os setores de recursos humanos travam essa batalha: motivar um grupo com trabalhos de integração em sala de aula e tentar medir os resultados depois. Muitas vezes esse trabalho é encarado como uma "lavagem cerebral". O empregado ou líder "reclamão" nunca acredita em nada que possa melhorar o clima e a produtividade. Basta reclamar – o que acaba criando algum tipo de união com o grupo. Tudo isso faz parte do hábito de reclamar e encontrar motivos para se manter conectado ao resto do grupo, já que em todas as conversas com os colegas pauta é reclamar. Todos fomos ensinados a "reclamar nossos diretos", mas a lição sobre como podemos conquistar nossos diretos a poucos foi ensinada ou um mínimo de pessoas aprendeu. Reclamar é um hábito destrutivo e corrosivo, tanto na vida profissional como na vida pessoal.

O princípio da felicidade

O que sabemos sobre a felicidade nas organizações? Não adianta colocar a palavra "felicidade" como tópico nos valores da instituição se, na realidade, os líderes e gestores são os mais infelizes e não sabem como fazer para motivar suas equipes e gerar mais produtividade. Todas as tentativas de recuperar a produtividade são aplicadas: treinamento, padrões de trabalho, projetos motivacionais, troca de pessoas e, por fim, a culpa é do governo, do dólar e da concorrência. Mas o principal componente dessa equação é subestimado: para operar uma empresa, precisamos de pessoas. Sim, pessoas que têm seus sentimentos, suas crenças e suas expectativas, suas histórias de vida e, inevitavelmente, seus medos e dificuldades. Frequentemente, o melhor que se pode fazer é chamar o setor de recursos humanos para resolver e não se envolver diretamente. Infelizmente, muitos pensam dessa forma. Minha experiência como executiva e consultora mostra que equipes desmotivadas e infelizes são fruto de líderes pressionados para entregar resultados e que também precisam criar novos hábitos. Ações isoladas e que não mobilizam a individualidade do empregado não produzem o resultado que esperamos: felicidade e produtividade andam de mãos dadas na empresa.

A maioria das empresas pensa que felicidade é algo abstrato e de cunho pessoal. Essencialmente, criar o sentimento de felicidade nos empregados não é de total responsabilidade da empresa; no entanto, se ela deseja ter um aumento de produtividade e lucros, deve investir para manter as pessoas do grupo felizes. Em linhas gerais, a felicidade no trabalho é o resultado de diversas ações conscientes que demandam um desejo de mudança, um ambiente propício de trabalho, e algum treinamento. Sim, felicidade é uma questão de hábito! Então, como podemos pensar nisso se tudo à nossa volta diz justamente o contrário? Se meu chefe pega no meu pé, se eu moro longe e acordo muito cedo, se ninguém me valoriza, se eu estou sobrecarregado de tarefas, se só o patrão está bem, se meu chefe é difícil... De fato, com essa lista imensa de problemas, fica difícil se sentir bem e motivado para qualquer coisa. Pedir a um grupo de empregados que escreva dez pontos problemáticos da sua rotina no trabalho é muito fácil. Alguns empregados enumeram dezenas de problemas e dificuldades. Deve-se estimular a criar o hábito de encontrar coisas positivas nas suas tarefas. Todos têm algo de bom para contemplar e agradecer, mas esse hábito não foi desenvolvido ou ensinado por nossas famílias ou no próprio trabalho. A felicidade no trabalho ou na vida pessoal é de sua responsabilidade.

A régua da felicidade no trabalho

Nos meus seminários sobre felicidade no trabalho, entrego um pequeno kit contendo uma régua de 10 cm e um caderno de anotações. Peço aos participantes que nos 30 dias seguintes marquem na régua, antes de iniciar o trabalho, o seu grau de felicidade e contentamento com o trabalho, considerando a marca do 0 como um estado de total infelicidade e desmotivação com o trabalho e a marca do 10 como um estado total de felicidade, criatividade e motivação. A seguir, peço a eles que utilizem o caderno de anotações como um diário e escrevam 10 coisas positivas sobre o trabalho. O importante é encontrar motivos para apreciar o atual emprego, como: recebo sempre em dia, tenho convênio médico, tenho um local para almoçar, tenho amigos no trabalho, meu computador funciona perfeitamente, entre outros pontos. O importante desse exercício é anotar todos esses pontos antes de iniciar suas tarefas. Se você não faz o que gosta, certamente vai ter dificuldades de encontrar pontos positivos, mas mesmo assim é preciso esse esforço, pois somente quando se sentir bem com o seu atual trabalho é que vai ter energia para a mudança necessária, ou seja, buscar um trabalho que lhe agrade. Durante o dia eles são incentivados a observar as situações positivas durante suas tarefas e no encontro com outras pessoas do grupo. Antes de irem embora, peço que façam uma nova medição na régua da felicidade e anotem se subiram ou desceram na escala. Após um mês, volto à empresa para o seminário de verificação e os resultados apresentados por eles em geral são incríveis: os empregos aumentam em até 60% seu nível de felicidade e contentamento com o trabalho, muitos dos empregados mudam de setor ou de empresa, e outros são promovidos. Outro ponto relevante é que os líderes envolvidos criam um ambiente mais criativo e dão espaço para que um novo modelo fosse implantado. Observamos também um aumento da produtividade, já que todos estavam individualmente focados em procurar benefícios dentro do ambiente. Por que isso acontece? Por que os resultados melhoram? Pelo simples fato de encontrarmos motivos para nos sentirmos bem em relação ao trabalho. Existem aquelas pessoas com grande resistência e que no início falam: "nada aqui me agrada!", mas mesmo elas são conduzidas a encontrar no momento atual algum motivo para agradecer e apreciar seu trabalho, antes de qualquer mudança. É claro que ficar feliz ganhando muito e fazendo o que gosta é muito fácil; o desafio consiste em ficar bem com o que temos, e isso não exclui de forma alguma os desejos de melhorar e progredir. De maneira elementar, ficar bem no momento atual é a força motriz que alavanca os sonhos e desejos pessoais e profissionais. A importância de termos o hábito de encontrar na nossa tarefa diária situações positivas sempre nos dá motivação para novos momentos. Surgem novas ideias e as pessoas passam a olhar seu trabalho como uma tarefa desafiadora e cheia de possibilidades de criação. O que realmente importa é a decisão de tornar a régua da felicidade um instrumento de auxilio, para que de forma consciente possamos passar de zero a dez na escala. E isso é feito de forma simples, barata e é muito fácil de ser implantada – bastam um caderno e uma régua. Coisas simples dão resultados incríveis, e o melhor resultado acontece nos números e na produtividade da empresa. Como todos os empregados estão buscando individualmente a felicidade e apreciar de forma deliberada sua tarefa, surgem novas ideias e processos; desse modo, as tarefas e processos anteriormente atravancados passam a fluir e, com isso, as vendas, prestações de serviço ou linhas de montagem ganham em eficiência, já que quem opera o processo está trabalhando para o melhor.

Mas e os líderes? Esses são peças fundamentais na utilização desse método, pois devem participar e estimular os demais empregados. Cerca de 90 dias utilizando o método da régua da felicidade são suficientes para que o clima organizacional melhore e com ele a produtividade da empresa. Esse método pode e deve ser aplicado em todas as áreas da vida do empregado, já que ele é voltado para um conceito simples: seja feliz agora e encontre motivos de forma deliberada para apreciar. Isso não quer dizer que as dificuldades não vão existir, que os desafios do dia a dia estão eliminados, que o planejamento da empresa e as metas não precisam mais de destaque, mas significa que o trabalho pode e deve ser uma fonte de prazer e criação, seja ela qual for.

Por que quanto melhor é, melhor fica?

A minha frase favorita é: Quanto melhor é, melhor fica. Interessante é notar que para um futuro melhor, é necessário um bom presente. Por isso, se você não está feliz com seu emprego ou com a tarefa que desenvolve, procure todos os aspectos positivos dessa situação e crie uma meta ou plano para uma situação futura. Só vamos consegui atingir um estado de plena satisfação se no momento presente nos esforçarmos para criar um ambiente grato e criativo. Não é possível que nada melhore, se você – de forma consciente – não mudar a maneira de pensar e agir, dentro e fora do trabalho. A velha esperança de que um dia tudo vai melhorar é uma forma de procrastinar a felicidade, já que a imaginamos como um conjunto de situações perfeitas e não como uma decisão pessoal, independentemente da circunstância presente. Imagine que nada vai mudar se você não decidir mudar, e a mudança sempre é uma decisão pessoal e intransferível. Ok, seu emprego é ruim, você odeia o que faz, mas o que você vai fazer para mudar? Reclamar? Ou fazer as pazes com o seu momento atual e criar um objetivo a ser conquistado? Felicidade é uma questão de treino. Para tanto, devemos utilizar diariamente a régua da felicidade e anotar todos os aspectos positivos que conseguimos encontrar no nosso trabalho e ambiente familiar. O emprego dos sonhos vai chegar quando você estiver bem e feliz com a situação atual. Não estou falando para ficar feliz com coisas que lhe deixam triste e com raiva. Focalize as coisas positivas e que você gosta, e assim seu humor vai melhorar e sua vida vai prosperar, tenha certeza. Cultive a frase: quanto melhor é, melhor fica e sua vida profissional e pessoal será transformada.

36

Coaching integrativo e inteligência espiritual A chave para o sucesso das organizações

Dentro daquilo que traduzi como meu projeto gestor de almas tenho me dedicado muito aos estudos sobre as inteligências QI - inteligência tradicional, QE - inteligência emocional e o QS - inteligência espiritual. Meu propósito é auxiliar aqueles que tenham interesse subir mais um degrau em seu desenvolvimento vivenciando a QS - inteligência espiritual

Paulo Henrique Paiva

Paulo Henrique Paiva

É palestrante comportamental, administrador, *coaching*, consultor empresarial, psicanalista, coautor do livro "*Coaching - Grandes mestres ensinam como estabelecer e alcançar resultados extraordinários na sua vida pessoal e profissional*" com o tema "Alma minha essência me faz pleno!" da Editora Literare Books. Professor de MBA e especialista da área de Recursos Humanos com mais de 15 anos de experiência e prática em desenvolvimento de pessoas, com artigos publicados em revistas acadêmicas e sites especializados. É considerado hoje como Gestor de Almas das organizações por sua forma de desenvolver pessoas de forma provocativa e holística, integrando corpo, mente e alma!

Contatos
www.gestordealmas.com.br
paulopaiva@gestordealmas.com.br
www.facebook.com/gestordealmaspaulopaiva
(15) 3342-3606

"Nada poderá superar as suas experiências, se bem analisadas encontrará a chave para suas questões, as quais ninguém poderá responder."

A busca por saúde, felicidade, prosperidade, autoestima, liderança, estão muito além somente de meditações, orações ou técnicas; posso dizer que é algo muito mais amplo e sem limites que considero a inteligência espiritual.

Estamos em uma busca de autorrealização, autoafirmação o tempo todo. Do que se trata algo tão amplo; e que poucos fazem disso um recurso para uma vida mais plena?

Por que tanta angústia, frustração, insatisfação, dúvida e stress se o que fazemos no dia a dia é replicarmos comportamentos que a sociedade nos impõe em querer nos fazer super-heróis?

A inteligência tradicional e a emocional nos fazem enxergar de forma a termos uma lógica para nossa vida, mas não nos dão um significado próprio, devido a replicarmos comportamentos iguais sem termos algo que nos diferencie uns dos outros, é o senso comum replicando comportamentos projetados o tempo todo.

Insistimos em buscar repostas onde não acharemos a não ser que façamos o mais e intenso mergulho que é nos aprofundarmos dentro da maior e melhor experiência que podemos vivenciar e experimentar que somos cada um de nós.

Nossa busca se dá imensamente no externo, regras, condutas, caminhos preestabelecidos, alguém que lhe dê "o que" e o "como", mas não o "porquê"; ninguém é capaz disso devido ao caminho ser somente seu, unicamente e exclusivamente seu!

A inteligência espiritual pode ser descrita por sete etapas:

1) **Consciência:** estamos cientes por não reconhecermos o caminho e por não entendermos o propósito de nossas vidas.
2) **Significado:** a busca por recursos que nos dê acesso para tentarmos ampliar onde realmente nos encontramos.
3) **Avaliação:** experimentamos recursos / técnicas e nos forçamos a acreditar que isso nos fará mais felizes.
4) **Ser centrado:** nos abrimos para o mundo externo e lhe damos permissão para que tenha acesso sobre nós.
5) **Visão:** deixamos que esse conteúdo externo reflita o que chamamos de caminho e assim conseguimos caminhar.

6) **Projeção:** conseguimos achar inicialmente um significado dentro de nossa busca, assim já não trilhamos mais o desconhecido.
7) **Missão:** com ciência e consciência do que estamos realizando algo maior dentro de um território e caminho mais expandido.

Contudo, digo dentro de uma realidade permanente, me recordo de uma frase entre meus estudos que traduz muito bem o processo de escolhas e experiências. "É impossível violarmos a lei. Podemos só nos violarmos contra a lei".

Essa trajetória da inteligência espiritual faz com que analisemos a realidade da situação em que vivemos e não deixa que nada ocorra sem um significado.

Com o significado já estabelecido, faço o seguinte questionamento: qual é o seu objetivo de vida? Muitos travam, se paralisam nessa questão. Confundem objetivos primários como: ganhar mais dinheiro, mais *status*, a adquirir algo entre outras coisas que refletem o modelo mental da grande maioria dentro de uma inteligência intelectual e emocional muito distante da espiritual. Contudo, reformulo a pergunta: qual é seu objetivo de vida que o guia e faz com que você se sinta pleno com suas escolhas e realizado por meio de seus objetivos menores já atingidos ou que o direcione aos que tem buscado? Objetivo de vida! Entende? Algo que lhe dê sentido em viver em lutar, em entender a vida e isso é a plenitude, escolhas e ações bem pensadas e praticadas traduzidas em experiências.

Imagino que levar isso à empresa possa ser traduzido em convergir valores pessoais e sociais para que haja um engajamento e entendimento de algo ampliado.

Se analisarmos o que uma empresa busca a priori seria produtividade e resultados financeiros, esses resultados estão interligados às inteligências: intelectual e emocional.

Ao ampliarmos para a inteligência espiritual, teremos uma empresa engajada, de alta performance, relacionamento saudável, um clima harmonioso. Isso com o propósito de unir três pilares que sustentam mais a produtividade do ser humano em tudo que ele se colocar à disposição em realizar, em desmistificar cada vez mais a inteligência espiritual da religião, trabalhando o que chamo de corpo, mente e alma.

Aquele que tiver o interesse em conhecer essa tríade terá condições de gerar mais resiliência em sua vida gerando mais compreensão e facilidade para lidar com seus talentos e suas limitações.

Estar comprometido com a inteligência espiritual é algo individual que não é algo simples a demonstrar àqueles que não possuem esse olhar para o todo.

Se percebermos que os dilemas, as dúvidas, as dificuldades do dia a dia são geradas normalmente por nós e que estão dentro de um processo onde o que determina a causa seja o QI ou QE, faz sentido quando temos condições de resolver qualquer questão que seja sem o mesmo padrão ou processo que utilizamos, aí surge a inteligência espiritual – QS.

A metodologia que chamo de *coach* integrativo (corpo, mente e alma) é sustentada por estudos com base nas áreas da administração, psicanálise e no processo de tomada de decisão.

O processo dentro da metodologia tem como objetivo fazer com que cada pessoa consiga reconhecer em si o despertar da luz da inteligência espiritual com a possibilidade de produção de escolhas, caminhos em sua melhor tomada de decisão, seja em sua vida pessoal ou profissional; proporcionando uma experiência e ampliando a maturidade do QS.

Para fazer mais sentido em tudo que tenho estudado e vem ao encontro da minha prática, podemos entender que o QS – inteligência espiritual faz parte do nosso *self* (natureza) ao nascermos, ele predomina e, quanto mais vamos crescendo, desenvolvendo essa inteligência, ela reduz e passa a dar espaço para o QE – inteligência emocional e o QI – inteligência cognitiva, assim colocando as pessoas dentro de um mesmo padrão. Pesquisas neste campo surgem na década de 80, com os conceitos do psicólogo e pesquisador norte-americano Howard Gardner.

Tenho percebido que líderes entusiasmados independentemente da posição hierárquica conseguem extrair o que há de melhor em suas equipes, lidando com muita maestria frente às adversidades organizacionais, utilizando habilidades de inteligência emocional como empatia, assertividade e autoconfiança.

Com desenvolvimento do quoeficiente emocional, surge neste século a inteligência espiritual – QS, que estabelece uma compreensão mais ampla e integrada do ser humano.

Tenho notado diversas pessoas em treinamentos, ou em processo de *coaching* que atuam com a inteligência espiritual – QS se apresentam mais altruístas, muito mais assertivas em sua comunicação e resilientes e não são tão afetadas por fatores emocionais como a pressão do dia a dia.

A inteligência espiritual – QS nos possibilita experimentar em uma amplitude de valores com efetividade; implica ser capaz de usar o espiritual para ter uma vida mais integrada e mais abundante, assim possibilitando formular os objetivos e o principal: "o objetivo de vida", que é algo amplo e as pessoas se confundem com objetivos menores, como: objetivo pessoal ou objetivo profissional.

Um dos grandes fatores que tenho lutado para ressaltar, esclarecer dentro de meus projetos de consultoria empresarial e trabalhos de *coaching* é a inteligência espiritual – QS, não tem relação direta com religião, é uma inteligência que nos direciona à tomada de decisão que pode ser chamada de "*feeling*", quando nos deparamos com nossas crenças limitantes, quando nos defrontamos com as adversidades; é exatamente nesses momentos que a inteligência espiritual fornece discernimento e uma tomada de decisão assertiva. Assim podemos fundamentar que é uma inteligência ligada à intuição e não à razão.

Inteligência espiritual não é religiosidade e nem é a proporção de fé que tem em Deus, se isso é possível medir? Tem a ver com o estado de espírito, percepção de mundo e como lida com as coisas em seu dia a dia. É claro que eu mesmo com uma base espiritual no catolicismo e estudioso de outras crenças e filosofias de vida tenho em mim a minha religiosidade que pode ser comum encontrarmos pessoas com inteligência espiritual e religiosidade; mas podemos ter o contrário de pessoas que dizem possuir uma determinada religiosidade que falam em nome de Deus e não possuem uma inteligência espiritual desenvolvida.

Ao trabalharmos a inteligência espiritual nas organizações faz com que a cultura, ou seja, líderes e equipes em geral busquem uma autoconsciência, crenças e valores que direcionem seu dia a dia em suas realizações e ao lidarem uns com os outros num sentido mais amplo que ressaltei acima, que é o objetivo de vida possibilitando uma visão holística onde o respeito, amor e o compartilhamento se fazem presentes.

Empresas que elevam o nível de sua cultura fazendo o processo de aprendizado contínuo trabalham de forma a contribuir para vencer paradigmas organizacionais como: o conceito do lucro, da hierarquização, de uma liderança punitiva, que seu efetivo de pessoas só compõe números; que a capacitação é custo, e que valores pessoais são negociáveis. Ao contrário dessa perspectiva, estaremos atuando numa gestão integradora, participativa e engajadora traduzindo uma cultura sustentada pela inteligência espiritual – QS.

"Líderes são aqueles que formam outros líderes que por meio de sua alma, ou seja, sua essência, valores e crenças, entusiasmam e engajam as pessoas por um objetivo maior."

A compreensão das inteligências (QI, QE e QS) nos leva a um aprendizado muito além do processo pedagógico ao qual estamos acostumados e possibilita uma compreensão ampla do corpo, mente e alma, transformando informação em comunicação e transformando conhecimento em comportamento, dando sentido e percepção sobre a vida que se resume nas relações intra e interpessoais, rompendo crenças e valores que nos limitaram até o presente momento.

"Escapei de mim mesmo e observei que eu era parte da minha própria saída."

Nesta década tenho percebido o interesse maior das pessoas e líderes em geral em desenvolver a inteligência espiritual com o objetivo de facilitar a gestão de pessoas nas organizações. Isso por conta de perceberem que os colaboradores em geral possuem necessidades maiores de autoconhecimento do que somente os benefícios propriamente ditos; e se percebe por indicadores de resultados que as empresas que atuam e exercitam a amplitude desta percepção holística possuem equipes mais produtivas.

O engajamento está em dar às pessoas da organização o sentido, significado, e reconhecimento possibilitando uma sensação de pertencimento ao negócio.

Além de falar dos benefícios para aquelas que vivenciam uma cultura focada na inteligência espiritual, devo também reforçar que para a empresa possibilita um clima organizacional mais positivo entre a relação empresa e colaboradores, maior produtividade, desenvolvimento e retenção do capital intelectual, pessoas com interesse na resolução de problemas, comportamentos éticos com base no valor organizacional.

Nos meus últimos quatro anos de trabalho tive uma média de cem *coachees,* sendo oitenta por cento, alta e média liderança entre presidente, diretores e gerentes e demais coordenadores e analistas.

Devido a um modelo pedagógico de aprendizado, temos fragmentos em nossa formação escolar e social e saindo da gestão local para a global isso se tornou gritante e praticamente incontrolável no ambiente corporativo se distanciando cada vez mais de uma produtividade que deveria ser traduzida em produzir com qualidade e felicidade.

Um perfil meramente interessante se constitui no mundo e nas organizações que buscam o autoconhecimento profundo, conduzidas por exemplos resilientes, holísticos com uma visão integrada, mas que enxergam a unidade, celebram a diversidade e aprendizado, são independentes em seu pensamento e comportamento,. Estes perguntam sempre "por que" e "para que", são agentes transformadores, dão amplitude às coisas, espontâneos em sua forma der ser, equilibrados emocionalmente e atuam de forma a criar um ambiente de entendimento e união.

Empresas inteligentemente espiritualizadas são aquelas que nortearam o futuro da competitividade global criando uma harmonia entre a relação com o dinheiro e o ser humano, respeitando sua individualidade e o todo dentro de uma perspectiva de um mundo mais produtivo e sábio; e mais, tudo isso prosperando em uma organização saudável para se trabalhar dentro de uma premissa; o autoconhecimento como fonte renovadora de automotivação e sustentabilidade.

A reflexão que trago com o tema "inteligência espiritual" sendo considerada como chave para o sucesso das organizações é que por meio de um processo de *coaching* integrativo, profissionais que desenvolvem pessoas, que lideram, que exercitam a gestão em suas organizações e colegas de profissão, consultores e especialmente *coaches* precisam unir metodologias, processos, ferramentas e muito estudo sobre o que é realizado na vida das pessoas e mensurar os resultados e impactos do processo com os *coachees*.

Conceituo minha metodologia sobre gestão integrada do ser humano por meio do projeto de desenvolvimento humano chamado gestor de almas, nome esse me dado por muitos profissionais que passaram pela minha metodologia de trabalho onde a preocupação é criar o alinhamento da mente, corpo e alma que considero a essência ou *self* do ser humano, criando o que temos como título deste livro – *Aceleração de resultados em coaching,* mas por meio da ressignificação de valores e crenças.

37

Como ter objetivos claros para conquistar resultados rápidos

Aprender a desenvolver objetivos claros é essencial para a conquista de melhores resultados. Quando temos em mente o que queremos de fato alcançar, tudo fica mais fácil e prático. Esse artigo foi desenvolvido para ajudá-lo a deixar o seu objetivo mais claro e simples e a melhorar seus resultados ou os da sua empresa. Mas por que muitas vezes não terminamos o que começamos? Por que deixamos o projeto dos sonhos de lado? A meta da academia? O trabalho dos sonhos? A viagem que nunca saiu do papel? Pegue papel e caneta e vamos tentar descobrir

Pedro Castro

Pedro Castro

300

Pedro Castro é especialista em *Coaching* e membro da Sociedade Brasileira de *Coaching* desde 2013. Presta consultoria, assessorando seus clientes a alcançarem os resultados almejados, através da aplicação das técnicas de *Coaching*. Também estuda e desenvolve pesquisas na área de Psicologia. Ministra palestras e cursos sobre desenvolvimento pessoal e profissional.

Contatos
www.pedrocastro.co
pedro@pedrocastro.co

Alguns sonham, outros realizam

Existem dois tipos de pessoas: as que passam a vida sonhando em conquistar seus objetivos e as que se esforçam para realizá-los, as que vivem o sonho. De que lado você está?

A possibilidade de realizar o seu sonho depende de como você se prepara para isso. Normalmente colocamos barreiras pelo caminho e olhamos para o nosso sonho/objetivo como se ele fosse quase impossível. Sim, existem dificuldades e barreiras, mas podemos escolher conquistar o nosso sonho ou escolher o lado mais fácil, mais agradável e muitas vezes o mais rápido, mas que trará apenas frustrações. Um exemplo básico são as pessoas que desejam ter determinada profissão, mas a consideram muito difícil ou que só as pessoas superdotadas seriam capazes de conseguir sucesso nela, até dizem que foi sorte, ou foi a época ideal e ficam ali todos os dias dizendo para elas mesmas e para os outros que seu sonho é impossível.

"O homem não teria alcançado o possível se inúmeras vezes não tivesse tentado atingir o impossível."
Max Weber

Devemos dar um passo de cada vez para chegar à realização do objetivo ou do sonho e aqui vou apresentar a você como deixar o seu objetivo mais claro para uma realização com mais foco e determinação.

Realizar um sonho requer trabalho. Se você acredita que seus sonhos vão cair do céu, peço que desista dessa ideia. Para alcançar algo desejado você precisa de dedicação, persistência, planejamento e fé no que está fazendo.

Quero deixar claro que é possível realizar seus sonhos, mas precisamos saber mais sobre o seu objetivo antes de estender as velas do barco e chegar ao destino desejado.

Eu sei o que é deixar um objetivo de lado, ou não ter progresso nele, muitos clientes chegam com essa mesma dificuldade, que é tão comum. Eu por algumas vezes já me deparei com esse obstáculo, e é por isso que aqui vou lhe apresentar técnicas que vão fazer você evoluir no alcance do seu objetivo.

"Se seus sonhos estiverem nas nuvens, não se preocupe, pois eles estão no lugar certo; agora construa os alicerces."
Dalai Lama

1. Defina o seu destino

Qual é o seu objetivo? O que você deseja conquistar? Quando você quer? Quanto você quer? Se você não sabe aonde quer chegar, não vai chegar a lugar algum. É como pegar uma estrada sem saber qual caminho seguir. Saber aonde você quer chegar é a primeira coisa que você tem que definir. Deixe tudo bem claro, o mais detalhado possível, só assim você vai saber quando chegou ao seu destino. Quando sabemos o que queremos, nós nos guiamos para um caminho único e sem distrações. Hoje vivemos em um mundo de muitas informações, o que atrapalha a caminhada para a conquista dos objetivos, pois a vasta quantidade de informações termina por desvirtuar o foco desejado. Quando sabemos o que queremos, aprendemos a dizer não para as falsas oportunidades, aquelas que levam você a tomar um caminho diferente e deixar seu objetivo de lado. Isso é muito comum, fique atento.

Segue um exercício prático para ajudá-lo nesse primeiro passo: responda às seguintes perguntas: Qual é seu objetivo? O que você deseja conquistar? Quando você quer isso? Quanto você quer disso? Seja realista em relação aos seus prazos e sempre se pergunte: O que eu estou fazendo hoje está me levando aonde quero chegar amanhã? Comece com pequenos passos para ir progredindo no seu objetivo.

Mas como vamos saber se esse objetivo está claro e se é realmente o que você deseja? Para isso é preciso entender o porquê desse objetivo.

2. Por quê?

Após definir seu objetivo pergunte-se "por que esse objetivo é importante para minha vida?" Essa é a pergunta principal e quero que seja bem detalhista quando respondê-la. É essencial que você saiba a verdadeira importância do seu objetivo. Quando você estiver deixando de lado o seu sonho, você vai voltar ao seu porquê e, se os seus valores diante do objetivo não tiverem suficientemente embasados, nos momentos de dificuldade você vai acabar desistindo de alcançar o seu propósito. No entanto, se você tiver um "porquê" consistente, a sua motivação vai lhe ajudar a continuar lutando pelo seu sonho. Diante disso, responda: por que o seu sonho é importante? Seja claro e sincero, busque razões que movam montanhas, pois se o seu "porquê" não mover montanhas seu objetivo não é muito importante para sua vida. Deixe claro o que quer alcançar. Dica de sucesso: Divulgue seu sonho para outras pessoas, essa é uma forma de conquistar mais ajuda para atingir a sua meta, não tente realizá-lo sozinho.

Esse segundo passo serve também para escolher qual objetivo alcançar caso tenha que escolher entre dois ou mais, lembrando que é essencial realizar um objetivo de cada vez. Você vai escolher a opção que ofereça as razões mais importantes para as suas realizações no momento em que vive.

Seu objetivo precisa ter um sentido profundo, pois só assim você vai saber se ele é importante para sua vida. O "porquê" é o sentido para sua vida. Um bom exemplo: quero essa vaga no emprego, pois quero dar o melhor para meu filho.

Muitos clientes não reconhecem a importância dos seus objetivos e muitas vezes falam que o mais importante é o resultado final que se quer alcançar. No entanto, é essencial saber o que está por dentro do resultado final, que tem sido sempre o mesmo: "mais dinheiro/felicidade/tempo/saúde". Aqui, vou pedir que você detalhe o que é "mais dinheiro/felicidade/tempo/saúde" e o que isso vai lhe trazer, quais os benefícios que você vai realmente ganhar. Quanto mais você detalhar melhor.

Exercício de detalhamento: Depois de responder a importância desse objetivo na sua vida, quero que entre em detalhes: X é o que faz esse objetivo importante, mas o que X vai me dar de retorno? Resposta = Y. Depois faça o mesmo que você fez com X, mas agora com Y, continue até conseguir responder o máximo que terá de retorno. Seja profundo. Por exemplo:

Vaga no emprego > Dinheiro > Melhorias para o filho
> Confiança > Segurança > Tranquilidade

Busque dentro de você motivos e razões para seu sonho. Procure lá no seu íntimo se isso que você busca é realmente o que deseja. Busque o conhecimento interior. Procure admitir esse conhecimento de uma forma que o possibilite entender seus pontos fortes e fracos. Trabalhe para desenvolver o melhor dos seus pontos fortes e melhorar seus pontos fracos.

Foque no que você tem de melhor, busque melhorar suas qualidades sempre.

3. Valores de vida X valores do objetivo

Equilibrar seus valores pessoais com os valores do seu objetivo é uma forma de compreender a importância das suas metas. Ao fazer isso, tudo se encaixa.

Identifique os seus principais valores e compare ao do seu objetivo, veja se estão alinhados. Estas perguntas vão despertar os seus valores mais sinceros.

1. O que é realmente importante para você?
2. Quais são as principais motivações da sua vida?
3. Quais detalhes fazem a diferença no seu dia a dia?
4. O que essas motivações lhe proporcionam?

Na nossa vida temos muitos objetivos e sonhos para conquistar, e sentimos dificuldades em alcançá-los no dia a dia. Qual será a melhor maneira para se organizar e planejar?

4. Planejamento

O que você fez até hoje para alcançar seu objetivo? Qual será o seu próximo passo para chegar ao seu objetivo? Você precisa entender claramente o que deve fazer para chegar lá. Está perdido e não sabe por onde começar? Não sabe o que fazer ou como fazer diferente? Pergunte-se: "qual é a melhor forma de buscar por ideias diferentes?" O meu exemplo, e de muitos clientes, foi buscar por informações e experiências novas, através de cursos, livros, palestras, blogs. Crie a sua fórmula de buscar novas informações, às vezes essas informações falam de assuntos totalmente diferentes do seu objetivo, mas que de certa forma se inter-relacionam.

Depois de ter estabelecido a data que deseja concretizar o seu objetivo, chegou o momento de organizar seu calendário. Estabeleça metas de curto, médio e longo prazos. Prepare um passo de cada vez. Se comprometa com cada atividade estabelecida. Visualize seu objetivo de uma forma palpável e esteja sempre em contato com ele. É importante manter suas metas atualizadas em seu dia a dia.

Faça algo diferente do que já fez até hoje.

5. Continue andando

Para que o seu objetivo seja concluído é necessário que você continue andando, um passo de cada vez. Eu sei que muitas vezes é complicado deixar uma atividade de lado e também sei que é difícil perceber quando ela não está mais ajudando. Alguns clientes estavam evoluindo em seus objetivos, mas em algumas situações do processo de *coaching* eles continuavam no mesmo lugar, tomavam as mesmas atitudes para alcançar o objetivo, gerando sempre os mesmos resultados. Isso fez com que permanecessem estagnados. E como já dizia Albert Einstein: "Insanidade é continuar fazendo sempre a mesma coisa e esperar resultados diferentes". Para que o seu objetivo tenha progresso é necessário dar passos diferentes. Se você ficou parado no seu objetivo e não sabe para onde seguir, procure novos conhecimentos que façam você sair do lugar. Continue se movimentando sempre.

6. Verificando os resultados

Que resultados você vem obtendo hoje? Crie uma lista das suas metas realizadas e não realizadas. Em quais metas você obteve sucesso e em quais você fracassou? Anote e verifique os motivos da sua conquista e dos seus fracassos, o que fez você vencer ou perder? Analise o seu progresso em cada atividade, veja quanto você se dedicou a cada uma.

Tudo que realizamos tem dois pontos: o positivo e o negativo. Saiba olhar o ponto positivo de suas realizações. Por outro lado, tudo que acontece do lado negativo gera um aprendizado e quando notamos isso percebemos que o que aprendemos com os resultados negativos é o lado positivo.

Importante: O que você tem aprendido com seus resultados?

Dica de sucesso: Crie outra lista de tudo que já alcançou até hoje, com todos os desafios pelos que já passou e que fizeram você chegar onde está atualmente. Mantenha essa lista sempre viva e ao seu lado, para que nos momentos difíceis você possa lembrar que já passou por momentos de maiores dificuldades e que nada vai derrubá-lo.

7. Conclusão e recomeço

Sempre que alcançamos um objetivo vamos em busca de um novo. Algumas vezes somente para melhorar o que já conquistamos. Mantenha-se em constante evolução. Busque os seus sonhos nas nuvens.

Invista em você, com certeza esse é o melhor investimento.

Envie-me um *e-mail* com sua opinião e suas dúvidas, será um prazer responder. E lembre-se: as técnicas desse artigo só vão ajudar se você colocá-las em prática.

38

O segredo da alta performance: alinhamento do seu perfil comportamental com o coaching de alto nível

Você já percebeu como sua forma de se comunicar, pensar, ver, ouvir e se comportar pode ser diferente das demais pessoas? Como seria alcançar o alto desempenho em diversas dimensões da sua vida? A verdadeira alta performance pode ser alcançada considerando o seu perfil de comunicação e mais do que isso, ao potencializar seus resultados alinhando sua individualidade, seus traços de personalidade e muito, muito mais

Prof. Douglas de Matteu, PhD &
Prof. Anthony Portigliatti, PhD

Prof. Douglas de Matteu, PhD & Prof. Anthony Portigliatti, PhD

Prof. Douglas de Matteu, PhD
Diretor Presidente do Instituto de Alta Performance Humana – IAPerforma. Doutor em *Business Administration* e Mestre na Arte do *Coaching* pela Florida Christian University - EUA. *Master Coach Trainer* com reconhecimento internacional, Escritor, Professor universitário com experiências nos EUA e Japão. *Trainer* em PNL. Coordenador do Grupo de Pesquisa em Liderança e *Coaching* da FATEC-MC.

Contatos
douglas@iaperforma.com.br
www.iaperforma.com.br

Prof. Anthony Portigliatti, PhD
Presidente e chanceler da Florida Christian University (FCU), nos Estados Unidos. É presidente da American Christian Embassy, da American Ministers Association, do Lakehunters Buildin, LLC e da SOAR GLOBAL Institute. Tem bacharelados, mestrados e doutorados em *Business Admnistration, Coaching, Education* e em *Clinical Psychology.* Nessas áreas, é professor nos níveis de graduação e pós-graduação. É conferencista internacional em diversas áreas. É educador, empreendedor, investidor e incorporador imobiliário nos Estados Unidos, América Latina, Brasil e Europa.

Contatos
www.fcuonline.com

Prof. Douglas de Matteu, PhD &
Prof. Anthony Portigliatti, PhD

"O segredo do sucesso é saber algo que ninguém sabe."
Sócrates

A sociedade contemporânea vem imprimindo um ritmo de trabalho frenético, as organizações demandam alta produtividade, porém o homem já sofre as mazelas dessa tendência. Segundo a Organização Mundial da Saúde (OMS), 1,4 bilhão de pessoas, cerca de 20% da população cedo ou tarde, desenvolverão depressão, que já é a doença mais impactante da atualidade. Dr. Augusto Cury (2014) também sinaliza com alerta e estima que cerca de 80% da população sofre com a Síndrome do Pensamento Acelerado - SPA, e certamente, uma parcela substancial desse número deriva dessa corrida sem linha de chegada para potencializar os resultados, a produtividade e conquistar a competitividade.

Nesse sentido surgem grandes questões:

- Todos os funcionários da sua organização podem alcançar a alta performance?
- Como mensurar e desenvolver a alta performance?
- Será que "todos" os colaboradores estão entregando o seu melhor?
- Sua organização reconhece o talento de forma individualizada e o utiliza a seu favor?
- Programas de desenvolvimento de alta performance devem considerar o desempenho individual ou da equipe?
- Qual o caminho seguro e eficaz para alcançar a tão deseja alta performance?

Nesse cenário, as instituições buscam caminhos mais seguros e eficazes para alcançar a alta performance de seus colaboradores, investindo em treinamentos e programas de desenvolvimento de líderes por exemplo, porém, a metodologia que vem trazendo mais e melhores resultados são os processos de *coaching* e/ou *mentoring* com base em *coaching*. Tal metodologia com começo meio e fim busca despertar e materializar o potencial de quem a submete, levando-o a alcançar seus objetivos, sejam eles de ordem pessoal e/ou profissional.

O *coaching* mobiliza uma série de ciências de modo transdisciplinar que possibilita ao cliente (*coachee*) sair do estado atual para o estado desejado (objetivo).

De acordo com Jonh Whitmore (2010), o desempenho é ir além do que é esperado, é estabelecer altos padrões pessoais e que estes extrapolem o prometido aos outros. O autor acrescenta que performance é "Um feito, uma proeza, uma exibição pública de habilidade". (WHITMORE, 2010. p. 97)

Esse resultado pode ser alcançado por todos desde que estimulados da maneira correta e com uma orientação precisa. As organizações geralmente mensuram sua performance por meio de indicadores, estes devem ser desenvolvidos internamente considerando a realidade e a individualidade de cada organização, recomenda-se também um *benchmarking*, ou seja, que se considere o que as demais organizações têm de referência, isso vale tanto no contexto organizacional quanto no contexto pessoal. Será que é adequado comparar a sua performance com a do seu vizinho? Qual indicador utilizar? Posso mensurar a performance pela receita que gero por ano? Pelo volume de trabalho?

A chave-mestra para responder essas questões é o alinhamento das demandas organizacionais com as características individuais. Soma-se a essa equação a figura do *coach*, profissional que detém conhecimento para desenvolver habilidades natas e outras que atendam à necessidade da organização e respeite a individualidade de cada colaborador.

Para cada objetivo, podem ser produzidos indicadores para medir os resultados, a proposta aqui é listar o método que pode ser aplicado e moldado para cada realidade.

Este modelo está alicerçado no método PERFORMA[1] de *coaching* que preconiza: ampliar a **per**cepção do cliente, estabelecer um **fo**co, ou seja, um estado desejado, estabelecer uma **r**ota de ação, isto é, estabelecer estratégias e ações para conquistar o objetivo, criar indicadores para **m**ensuração e promover *insights*, ou seja, **a**prendizados ao longo de todo o processo.

Premissas

1. É fundamental entender que todos os funcionários não são iguais, têm habilidades, personalidades e valores diferentes, entre outras questões da sua individualidade que devem ser respeitadas e valorizadas.
2. Compreender que cada empreendimento possui demandas singulares, processos diferenciados e necessita estabelecer o perfil de colaborador desejado para o cargo e função. Nesse sentido, a descrição de cargo é fundamental, bem como o mapeamento de competências para a atuação eficiente e eficaz, considerando o *core business* (núcleo do negócio) e, consequentemente, as competências fundamentais para a organização.
3. Diagnóstico comportamental - esse é um dos maiores segredos das pessoas de alta performance, elas sabem efetivamente quem elas são, possuem autoconhecimento com entendimento claro dos seus traços de comunicação e personalidade. Entre as diversas ferramentas disponíveis no mercado destaca-se a americana "SOAR", da Soar Global Institute, utilizada pela Florida Christian University há 15 anos. Esta ferramenta foi desenvolvida e lapidada com base em diversos estudos científicos de como

1 O método PERFORMA foi desenvolvido pelos pesquisadores Prof. Douglas de Matteu, PhD e Wilson F. Nascimento, PhD da Florida Christian University.

cada personalidade se comunica e sendo polida e atualizada constantemente. O "SOAR" avalia os traços e os denomina como: dominante, extrovertido, paciente, analítico e apresenta também os subtraços, não dominante, introvertido, impaciente e não analítico. O estudo desses elementos sinaliza o nível do indivíduo em cada quadrante, aponta ainda se este traço de personalidade está se intensificando ou diminuindo. A ferramenta também evidencia o estilo natural e o adaptado, ou seja, como ele se flexibiliza ou se ajusta, demonstrando o quanto a pessoa está ajustando o seu perfil em decorrência ao momento de sua vida. É importante salientar que não existe perfil bom ou ruim. A ferramenta evidencia o que cada indivíduo tem de melhor. O SOAR fornece as palavras-chaves para o *coach* e/ou mentor estimular cada estilo de perfil para performar dentro de seu estilo de comunicação, para desafiar e/ou potencializar o seu *coachee* (cliente).

O quadro 1 evidencia os principais comportamentos de cada perfil:

DOMINANTE	EXTROVERTIDO	PACIENTE	ANALÍTICO
Direcionado para resultados Fica entediado facilmente; Gosta de desafios e mudanças; Avalia-se pelas suas realizações; Gosta de respostas diretas; Detesta indecisões; Possui elevada autoconfiança; Gosta de arriscar; Possui alta expectativa em relação aos outros e a ele próprio; É rápido e impaciente; Pode ser enfático e exigente; Decidido.	**Direcionado para pessoas** Prefere liberdade a detalhes e controles; Usa bem a intuição; Simpático(a); Amigo(a); Popular; Excelente comunicação verbal; É confiável; É persuasivo e carismático; Tende agir por impulso e emoção; Autoconfiante e se autopromove; Geralmente é entusiasta; Encoraja as tomadas de decisão da equipe; Alegre.	**Direcionado a ser eficiente e planejador** É tendencioso a relacionamentos profundos; É resistente a mudanças de última hora; Evita conflitos; Pacificador nato; Bom ouvinte; Gosta de se identificar com a empresa; Deseja paz e harmonia; Prefere um ambiente estável; Busca a lealdade; Valoriza a atmosfera calma; Importa-se com a equipe; Pode ser metódico; Persistente.	**Direcionado a fazer certo as coisas** É organizado e voltado para o processo; Tende a ser perfeccionista; É sistemático nos relacionamentos; Valoriza a verdade e a precisão; Exige um alto padrão de si mesmo e dos outros; Tem a tendência a se preocupar e querer todos os detalhes e fatos; Suas decisões são com base na lógica; Não expressa sua opinião, a menos que tenha certeza; É racional e traça planos para resolver os problemas com qualidade.

Fonte: SOAR GLOBAL Institute (2015) - Adaptado

Quadro 1 – Principais comportamentos – Traços de personalidade

O quadro 1 destaca as principais características de cada perfil, é importante frisar que cada indivíduo tem um "tempero" especial, ou seja, uma combinação única, que deriva da combinação dos traços de personalidade, suas motivações, experiências de vida, crenças, valores, entre outros.

É relevante destacar que atualmente existem ferramentas que, além dos traços de personalidade, oferecem também outras peculiaridades. O SOAR apresenta ainda estilos de comunicação, liderança, nível de energia e estresse, fatores motivadores e desmotivadores. Algumas ferramentas também mensuram os motivadores de forma acurada e o nível de inteligência emocional, podendo até mapear suas competências.

4. Se um indivíduo consegue alcançar a alta performance, outros também o podem. Utilizando a estratégia adequada, a motivação é elevada e a determinação incansável.
5. A adoção de um método, um *coach* e/ou mentor pode encurtar o tempo para alcance do objetivo e maximizar os ganhos em nível de produtividade e qualidade.

Com essas informações, um *coach* devidamente habilitado consegue:

A) Ampliar a percepção do cliente frente a suas habilidades natas e dos desafios do seu perfil, sinalizando quais competências naturais podem ser potencializadas e alertando sobre os pontos de melhoria, desenvolvendo ações conjuntas para potencializar sua performance, tudo isso balizado em seu próprio perfil. Você não é igual aos demais indivíduos e não precisa necessariamente ser melhor do que os outros, mas pode dar o seu melhor e alcançar sua alta performance.

B) Identificar o que o motiva e como colocar essa motivação intrínseca, ou seja, interna em prática e alinhá-la a seus objetivos. É relevante destacar que "Qualquer coisa motivadora nos faz sentir bem." (GOLEMAN, 2012, p. 53) acrescenta ainda "Nossas motivações ditam onde encontramos nossos prazeres" diante do exposto, a proposta do *coach* é tornar o trabalho mais prazeroso e melhorar o sentimento do trabalhador frente às demandas.

C) Conduzir um processo de *coaching* para potencializar sua percepção frente ao ambiente em que está inserido, identificando oportunidades e ameaças, repensando seus comportamentos, origens e resultados, bem como refletir sobre suas capacidades, fomentar o desenvolvimento de suas habilidades natas e/ou aprender novas competências.

D) Estimula o estado de "*flow*", ou seja, de "fluxo" o estado de desempenho ótimo estudado por Mihaly Csikszentmihalyi. No estado de *flow*, (fluxo) canalizamos emoções positivas em uma atividade energizada, sem dispersar o foco, geralmente sentindo felicidade e alegria. (GOLEMAN, 2012).

E) Identificar as crenças limitantes que podem frear sua performance e substituir por crenças fortalecedoras que podem turbinar seus resultados.

F) Despertar consciência frente a eventuais condutas que levam à autossabotagem, que acontece de forma inconsciente, ofertando uma solução consciente ao desenvolver a autorresponsabilidade frente aos resultados da sua vida em todas as dimensões.

G) Realizar um inventário dos valores que norteiam o seu comportamento, tal levantamento permite compreender o motor que impulsiona nossas decisões e emoções, os valores são como a "Constituição Federal" de um país que regula uma nação, nesse caso se torna a "Lei que governa o nosso eu"; o nosso comportamento.

H) Repensar sua identidade, o seu "eu", como se vê, quem você é e como lida com seu senso de identidade.

I) Resgatar e demostrar a importância da tétrade: corpo/fisiologia, foco, palavras e propósito: o corpo e a nossa fisiologia impactam positivamente ou negativamente em nossos resultados, bem como a escolha do foco. "Nós acabamos conseguindo aquilo no que nos concentramos. Se tememos o fracasso e concentramos nele, isso é o que conseguimos." (WHITMORE, 2010, p. 62) Logo, fica evidenciada a necessidade de foco para conquistar os nossos objetivos, alertando ao cuidado para focar o positivo. "Um estado de espírito positivo nos induz a um modo de pensar completamente diferente de um estado de espírito negativo." (SELIGMAN, 2004, p. 54) Os autores ratificam a necessidade do foco sempre no positivo. Outro fator-chave é evitar palavras negativas e concentrar-se em positivas, nossa forma de pensar e agir está diretamente ligada às palavras que escolhemos no cotidiano. Para finalizar, a tétrade evidencia a necessidade de propósito de vida, que está alinhada a sua missão nesse planeta.

J) Alinhar-se ao grupo que você pertence, isto é, repensar sua rede de relacionamentos, alinhando seus objetivos e sua identidade.

Todos os passos citados devem estar alinhados ao *feedback* do cliente e não obedecem necessariamente a essa ordem, cada cliente é um universo de possibilidades e de caminhos para ser acessado e potencializado.

Outra abordagem interessante são as características e competências de uma equipe de alta performance:

- Compartilha do mesmo propósito;

- Atua de forma verdadeiramente cooperativa e com sinergia;
- A comunicação é clara, eficaz em todas as direções com ampla utilização do *feedback* e da assertividade;
- Respeita e valoriza a diversidade;
- Focaliza os resultados e valoriza as pessoas;
- Produz trabalhos com qualidade;
- Honra sua empresa, os membros dela e seus clientes;
- Possui empatia e sabe gerenciar suas emoções;
- Alto nível de comprometimento;
- Busca o autodesenvolvimento continuamente e participa ativamente de treinamentos;
- A autoavaliação é constante, focalizando melhoria contínua;
- Assume responsabilidade frente aos resultados;
- Possui visão positiva das situações;
- Automotivada e proativa;
- Resiliência diante das adversidades:
- Cumpre prazos e faz mais do que o combinado;
- Amor pelo trabalho.

Diante desse breve artigo, deixamos os seguintes desafios: considerando os tópicos acima, de zero a dez, qual seria a sua pontuação e da sua equipe de trabalho? O que você pode fazer para potencializá-la? Qual desses itens é o mais relevante a ser desenvolvido agora? Como seria se você realizasse um diagnóstico comportamental? Você é mais dominante? Extrovertido? Paciente ou analítico? E os membros da sua equipe? Pode caracterizá-los? O que você pode fazer agora para acelerar seus resultados? O que você pode fazer agora para tornar a sua equipe em uma equipe verdadeiramente de alto desempenho?

O capítulo sinalizou várias dicas e "segredos" que podem potencializar os seus resultados. Porém, talvez, o mais poderoso seja o "senso de urgência", ou seja, é o senso de AGIR, o alto desempenho e o sucesso são para poucos, em média 5% da população. Muitos vão ler esse artigo, porém provavelmente só 5% vão verdadeiramente ler e responder a cada pergunta com profundidade, irão valorizá-lo e entrar em ação após essa leitura. Lembre-se, de sempre se lembrar: quem você é sempre começa agora!

Referências

CURY, Augusto. *Ansiedade: Como enfrentar o mal do Século*. São Paulo: Saraiva, 2014.

GOLEMAN, Daniel. *O cérebro e a inteligência emocional: novas perspectivas*. Rio de Janeiro: Objetiva, 2012.

WHITMORE, J. *Coaching para performance: aprimorando pessoas, desempenhos e resultados:competências pessoais e profissionais*. Rio de Janeiro: Qualitymark, 2010.

SELIGMAN, Martin. *Felicidade autêntica: usando a nova psicologia para a realização permanente*. Tradução de Neuza Capelo. Rio de Janeiro: Objetiva, 2004.

39

Coaching para o emagrecimento

Emagrecer vai além de uma mudança de comportamento ou atitude, é uma mudança de vida que precisa ser levada muito a sério, tanto por quem deseja emagrecer, quanto pelo profissional que o acompanhará, pois juntos percorrerão um caminho de coragem, determinação, emoções e muita superação

Prof. Rafael Kudo

Prof. Rafael Kudo

Especialista e um dos pioneiros a desenvolver e ministrar cursos de emagrecimento através da programação mental, autor do livro Emagreça pela editora Ixtlan, parapsicólogo, psicopedagogo, Mestre e Doutor em Hipnose Clássica e Ericksoniana (ESP), *Trainer*, *Master Practitioner* em programação neurolinguística (USA), *Master* em *Coach & Mentoring* (BRA), *Master* em Alinhamento de Sistêmicos (BRA), certificado internacionalmente em Holomentoring (USA), certificado internacionalmente em *Coach & Mentoring* pelo ICT (USA), Trigger Points, Myofascial Terapy and Propceptive Training Professional (USA). Psicoterapeuta há mais de 10 anos através da PNL, hipnose, e regressão de memória (CRTH-BR 0525). Há mais de 11 anos na área de desenvolvimento humano, já formou mais de 30 mil pessoas com seus cursos, palestras e treinamentos.

Contatos
http://www.ihpnl.com.br
ihpnl@ihpnl.com.br
(43) 4052-9698 / (11) 4063-6963
WhatsApp: (43) 9962-0660

O *coaching* tem despertado cada dia mais o interesse das pessoas, uma vez que é uma excelente opção para quem busca resultados rápidos, de maneira segura e sustentável. Por meio desse processo, *coach* (profissional) e *coachee* (cliente) têm o objetivo de desenvolver, junto, um plano de ação bem elaborado, que atenda às necessidades e expectativas do *coachee*, de maneira que ele utilize todos os recursos, habilidades e competências disponíveis para o alcance de seus objetivos ou resolução de suas dificuldades. Esse compromisso com o sucesso do cliente, explorando e desenvolvendo seus potenciais (pontos fortes) e o ajudando a caminhar rumo ao seu sucesso, é o que faz o *coaching* ganhar a cada dia mais adeptos, e, em contrapartida, fortalece a área e nos oferece grandes expectativas de sucesso certo.

Quando ouvimos ou pensamos na palavra "*coaching*", logo nos vem à mente algo relacionado à área profissional: pensamos em carreira, negócios, sucesso profissional, cargos, salários, gestores e até podemos visualizar um executivo de terno sorrindo de braços abertos em meio a arranha-céus... Isso é o mais comum, afinal grande parte das pessoas que procura um *coach* o faz para aperfeiçoar questões profissionais ou planejamento de carreira, uma imagem que também é popularizada por alguns institutos que trabalham com essas formações e escolhem cenas como descrevi em seu material de divulgação, Mas o *coaching* é indicado a qualquer pessoa que queira alcançar seus objetivos, suas metas, desenvolver determinadas habilidades e competências, melhorar seu rendimento profissional, pessoal, questões de relacionamentos profissionais, relacionamentos pessoais e muitas outras áreas. Neste livro, por exemplo, você encontrará diversas aplicações do processo de *coaching* para a sua vida.

Dentro das inúmeras possibilidades do *coaching*, encontra-se o emagrecimento. Mas para falarmos do *coaching* voltado ao processo de emagrecimento, antes precisamos abrir nossas mentes para um universo de possibilidades e sucesso, além, é claro, de deixar pra trás velhos preceitos e preconceitos. Quando o assunto é emagrecer, logo relacionamos a regimes, dietas, suplementos alimentares de baixa caloria, exercícios físicos e, em alguns casos, até intervenções cirúrgicas ou o apoio e uso de remédios. É claro que essas opções, quando bem estruturadas e devidamente acompanhadas por um profissional qualificado, nos conduzirão a um emagrecimento saudável – aliás, não queremos dizer aqui que esses processos não funcionam ou que apenas o *coaching* seja a melhor escolha, muito pelo contrário: o intuito é somar, agregar, contribuir e garantir um emagrecimento ainda mais rápido, saudável e sustentável!

Tais processos trabalham efetivamente o corpo: controle e restrição alimentar, aumento e regulação do gasto calórico basal (metabolismo), controle e diminuição da ingestão de calorias, carboidratos, gorduras, açúcar e outros, rotinas e práticas periódicas de exercícios físicos etc. Mas, e a nossa mente? E outras áreas de nossa vida que podem ter relação direta com o nosso ganho de peso? E nossas preferências, gostos, anseios, desejos e prazeres? E o nosso emocional?

É aqui que o *coach* entra para mudar sua vida!

É importante saber que os alimentos nos trazem um imenso prazer! Não apenas pela química que liberam ao serem metabolizados, mas também pelo significado que eles nos trazem. Por exemplo, comer o "feijãozinho da mamãe", refogado com banha, bacon, linguiça e costelinha defumada, feito especialmente para você, pois ela ficou sabendo que você lhe faria uma visita. Ao se servir, você colocará apenas um pouquinho, só para não fazer uma desfeita à sua mãe, ou você comerá com gosto? Perceba que além do sabor e da dopamina, adrenalina e endorfina (hormônios da satisfação) que esse alimento lhe dará, ainda há todo um prazer a mais em comer uma bela "pratada" do feijão, pois sua mamãe fez especialmente para você, com todo amor que somente ela sabe dar. Quando ignoramos esses sentimentos, simplesmente deixamos de nutrir nossa mente com esses prazeres e a consequência mais conhecida disso é o famoso processo sanfona. Pois, quando deixamos a dieta de lado e "quebramos o regime", em vez de buscarmos manter esse prazer com o mesmo padrão alimentar de baixa caloria, desenvolvemos um impulso incontrolável de repor, em poucos dias, toda a caloria que economizamos em todos os meses de dieta. Você certamente conhece alguém que passou por isso.

Da mesma forma, há pessoas que decidem emagrecer com atividade física e, antes mesmo de qualquer programação pessoal, se matriculam na academia e em diversas outras atividades paralelas. Resultado: frequentam o primeiro mês e logo se desmotivam e desistem. Você também deve conhecer alguém que passou por isso, não é? Isso ocorre da mesma maneira de quando nos privamos de prazeres como o de comer determinados alimentos, assim, na ausência repentina deles, nossa mente sofre com a abstinência. Impactos semelhantes serão percebidos ao iniciar a atividade física, no momento em que os prazeres do comodismo, do conforto e do aconchego de nosso sofá ou de nossa poltrona já não existem mais. Além disso, somos fãs incondicionais da rotina. A rotina faz parte de nossas vidas e temos uma parte exclusiva de nosso cérebro para o processamento e manutenção dela, que nos dá segurança e autonomia para nossos comportamentos, atitudes e escolhas. A rotina nada mais é que a repetição periódica de comportamentos que tiveram uma resposta positiva e eficaz no momento em que foram executados e, por isso, gerou-se um aprendizado fortíssimo de segurança, preservação e êxito, por isso é mantido e repetido diariamente, de maneira inconsciente. Quando nossa rotina é modificada drasticamente, ao nos matricular em uma academia ou entrar em uma atividade física intensa e imediata, por exemplo, além de não respeitar ou pensar em nossos prazeres que serão substituídos ou excluídos, também abrimos mão da segurança que a rotina nos proporcionava e obrigamos nossa mente a gerar e buscar novas referências de seguranças imediatas (se houver) e é exatamente nesse momento do processo que se inicia o desânimo, o desejo de não ir à academia e de se voltar à rotina anterior de ócio e comodismo.

O papel do *coach*, nesses casos, é alinhar as expectativas de eliminação de peso do *coachee* às suas possibilidades físicas e, principalmente, aos seus prazeres, ou seja, traçar um plano de ação consistente e eficaz que lhe permita alcançar os seus objetivos sem se privar totalmente do que lhe traz prazer e sem mudar radicalmente sua rotina de vida. Uma vez respeitados os prazeres (motivações) do *coachee*, minimizamos os riscos de desmotivação, desânimo e o abandono do processo, pois assim o nutrimos com possibilidades e não com restrições e limitações. Outra vantagem é inserir uma nova perspectiva alimentar que possibilite ao *coachee* tornar essa rotina um modo de vida. Com isso, findado o processo de eliminação de peso, a chance de o *coachee* retornar ao peso original (efeito sanfona) é praticamente nula, afinal de contas, se até aqui não houve sacrifícios, limitações ou restrições e em todos os momentos de impulsos, desejos e vontades esses sentimentos foram mantidos e respeitados, não há por que mudar o plano agora.

Sabemos todos que, em um processo de *coaching*, seja ele voltado para os negócios, grupos, organizações ou até mesmo para a vida pessoal, todo o processo precisa estar sempre bem desenhado e alinhado ao *coachee*, e que os papéis, ou seja, as partes envolvidas (*coach* e *coachee*), também devem estar muito bem definidos, para que assim, durante o processo se busque diminuir ou extinguir as possibilidades de transferências, projeções ou a criação de possíveis "muletas" ou âncoras, transformando o desenvolvimento em algo restrito ao consultório ou à sala de atendimento. O principal compromisso do *coach* é colaborar com o sucesso do *coachee*, andando ao seu lado pelo caminho que ele mesmo traça e percorre, ou seja, é o de colaborar com o seu êxito, e não o de fornecer as soluções de suas questões.

No processo de *coaching*, quando o assunto é emagrecimento, em determinados momentos o *coach* poderá se deparar com questões além da técnica e da estratégia, questões íntimas, pessoais, emocionais e, em alguns casos, profundas. Apesar do que muitas pessoas pensam, muitas vezes emagrecer não é apenas um comportamento ou uma estratégia, não é apenas uma mudança de hábitos e rotina, mas uma profunda e às vezes difícil mudança de crenças e de identidade. Para algumas pessoas, que há anos vivem uma realidade de obesidade ou sobrepeso, o termo "gordo" já deixou de ser um estado e passou a ser a sua identidade e, nesses casos, a mudança pode ser mais demorada, trabalhosa e até dolorosa. Já outras, que por muito ou pouco tempo foram hostilizadas, sofreram e enfrentaram *bullying*, foram rotuladas e envergonhadas com termos pejorativos e discriminatórios, enfrentar o emagrecimento também poderá ser um grande desafio, pois enfrentarão nesse processo, além de uma nova rotina, suas crenças, sentimentos, histórias e traumas adquiridos durante toda a sua caminhada. E é nesses casos que o *coach* precisará, além de todo o seu conhecimento e habilidade em *coaching*, também dispor de uma postura e uma conduta prestativa, focada no bem-estar, na ressignificação sustentável do *coachee* e, principalmente, na reestruturação e fortalecimento de suas motivações, metas e objetivos.

Uma vez trabalhados, de forma segura e cuidadosa, todos os pilares que envolvem o bem-estar e o alcance do sucesso do *coachee* – nesse caso o emagrecimento – conseguimos resultados rápidos, seguros e com a garantia da manutenção do peso. Isso tudo, junto do mais importante e essencial: sua satisfação e seu bem-estar, que são assegurados e mantidos desde o seu primeiro passo dentro do processo!

Referências

ANDREAS, Steve; ANDREAS, Connirae. *A essência da mente.* São Paulo: Summus, 1993.
ARAUJO, A. *Coach: um parceiro para seu sucesso.* São Paulo: Gente, 1999.
BANDLER, Richard; GRINDER, John. *Sapos em príncipes.* São Paulo: Summus, 1979.
CLARET, Martin. *O poder da PNL.* 8 ed. São Paulo: *Martin Claret,* 2005. (Coleção O poder do Poder).
COUTU, D.; KAUFFMANN, C. *What Can Coaches do For You?* Harvard Business Review. Cambridge: Harvard Business Schooll Publishing Corporation, 2009.
DINSMORE, P.C. *Coaching prático.* Rio de Janeiro, Qualitymark, 2008.
KUDO, Rafael L. H. Emagreça: *perca peso sem regimes, dietas e sacrifícios.* São Paulo: Ixtlan, 2010.
PORCHE, G.; NIEDERER, J. *Coaching: o apoio que faz as pessoas brilharem.* Rio de Janeiro: Elsevier, 2002.
RATEY, John J. *O cérebro: um guia para o usuário.* Rio de Janeiro: Objetiva, 2002.
ROBBINS, Anthony. *Desperte o gigante interior.* 17. ed. Rio de Janeiro: Record, 2006.
_______. *Poder sem limites.* São Paulo: Best Seller, 2007.

40

Coaching Y e Z: o segredo para desenvolver jovens campeões

Tenho utilizado o *coaching*, *assessment*, palestras entre outras ferramentas para desenvolver "jovens campeões", Ys e Zs capazes de utilizar seu alto potencial para transformar sonhos em realidade e, para isso, o *coaching* Y e Z vem apoiá-los no desenvolvimento pessoal e alcance de suas metas

Rafael Prado

Rafael Prado

Começou sua trajetória empreendedora aos 13 anos com a venda de CDs personalizados para seus colegas de escola, teve seu primeiro emprego aos 15 anos em uma escola de inglês e, apesar de sua origem simples, sonhava em estudar em uma universidade pública. Com muito esforço, após tentativas frustradas, conseguiu ser aprovado no vestibular e se formar bacharel pela Universidade de São Paulo (USP) e ainda jovem, aos 23 anos, conquistar o título de Mestre em Engenharia da Informação pela Universidade Federal do ABC (UFABC). Tornou-se palestrante, *master coach*, fundador do MW Group (maior empresa de lançamentos digitais da América Latina) e sócio-diretor da Experiência de Sucesso, que tem como sócia a maior empresa de seminários, a Success Resources.

Contato
raf.prado.celso@hotmail.com

Provavelmente você já deve ter ouvido algumas situações inusitadas em que jovens são protagonistas de soluções incríveis, respostas que deixam gente grande de deixo caído, ideias revolucionárias que geram grande valor para a sociedade. Polivalentes, parece que o céu é o limite... Mas, ansiosos, parece que o mundo vai acabar amanhã se tudo não acontecer do jeito que planejaram. Estamos falando da Geração Y , jovens nascidos entre a segunda metade da década de 1970 e fim da década de 1980, período marcado por conquista de direitos, queda de ditaduras e berço das revoluções tecnológicas, e Geração Z, jovens nascidos a partir de 1989, que passaram pelo *boom* da internet, revolução dos meios de comunicação e comoditização da tecnologia. De maneira geral, esses jovens a cada dia conquistam mais espaço na sociedade, seja no mercado de trabalho, escolas, universidades, governos, associações ou até mesmo, seu ponto de encontro preferido, o mundo virtual.

Nesse universo de jovens de grande potencial, organizações do mundo inteiro têm se dedicado a construir estratégias para obter o máximo do que podem oferecer, entender seu relacionamento com outras gerações e desenvolver essa geração de futuros líderes de empresas, governos ou até mesmo famílias.

Como resultado de diversos estudos (teóricos e empíricos) realizados mundo a fora, percebeu-se que, assim como as gerações anteriores (Tradicionais, *baby-boomers* e Geração X), os jovens Ys e Zs, apesar de suas notáveis potencialidades, também possuíam "calcanhares de Aquiles" geracionais. Os principais são dois: i) Ansiedade; e, ii) Falta de foco.

Ansiedade

Toda a energia e imediatismo direcionado ao alcance de seus desejos muitas vezes resulta na excessiva ansiedade que pode ser prejudicial para próprio autodesenvolvimento do jovem Y ou Z, sobretudo no mercado de trabalho, quando isso é facilmente mal-interpretado pelas tradicionais hierarquias das Gerações X e *baby-boomers.*

Falta de foco

A vontade de fazer milhares de coisas ao mesmo tempo, busca por conhecimento e sensação de múltiplas aptidões, muitas vezes impacta na capacidade de os jovens Ys e Zs manterem o foco para concluir seus projetos pessoais e profissionais. Provavelmente você conhece a história de algum Y ou Z que se encantou temporariamente com algo e nesse momento de encantamento pensava que era exatamente aquilo que ele queria para a vida (por exemplo, escolha de um curso, profissão ou até mesmo *hobby*), mas rapidamente percebeu que não tinha nada a ver consigo e abandonou o que tinha começado.

Para trabalhar essas questões, encaro o *coaching* como a mais desafiadora das ferramentas, pois foco e ansiedade são duas características do processo. Sem foco, o *coachee* não conseguirá dar os passos necessários para atingir sua meta e, para atingir sua meta, o *coachee* deverá vivenciar um processo gradual de pequenas conquistas, que são as premissas para atingir o estado desejado, ou seja, a ansiedade descontrolada apenas afasta o *coachee* de sua meta.

Quem vos escreve é um jovem Y de 26 anos que passou por todo esse processo e pôde comprovar seus resultados. Por esse motivo, tenho utilizado o *coaching*, *assessment*, palestras entre outras ferramentas para desenvolver "jovens campeões", ou seja, jovens Ys e Zs capazes de utilizar seu alto potencial para transformar sonhos em realidade e, para isso, o *coaching* Y e Z vem apoiá-los no desenvolvimento pessoal e alcance de suas metas.

Coaching Y e Z

O *coaching* Y e *coaching* Z surgem como ferramentas direcionadas aos jovens Ys e Zs capazes de tangibilizar sonhos em realidade, ou seja, jovens que fazem acontecer e que para atingir o máximo de seu potencial, ou ir além, precisam calibrar algumas características que vamos tratar mais para frente.

Sendo assim, o *coaching* Y se direciona para jovens Ys, com faixa etária entre 25 e 35 anos. É muito comum trabalharmos no *coaching* Y com "jovens líderes", que acabaram de lograr cargos de liderança nas mais variadas organizações. Ou então, "jovens empreendedores", que estão iniciando seus próprios negócios ou que acabaram de receber investimentos para suas *start-ups*.

Os principais temas e desafios da Geração Y em uma sessão de *coaching* estão relacionados a:

- Finanças pessoais
- Empreendedorismo
- Carreira

- Tomadas de decisão
- Especialização
- Casamento
- Morar no exterior

Já o *coaching* Z se direciona a jovens Zs, com faixa etária entre 15 e 24 anos. Apesar de se tratar de um período muito focado na vida estudantil (sobretudo entre 15 e 19 anos), há entre os jovens de 20 a 24 anos agendas convergentes aos temas dos jovens Ys.

Em resumo, os principais temas e desafios da Geração Z em uma sessão de *coaching* estão relacionados a:

- Vestibular
- Orientação vocacional
- Relacionamento com os pais
- Estágio e *trainee*
- Primeiros relacionamentos
- Intercâmbio
- Autodesenvolvimento

Agora que você já sabe os principais temas tratados nas sessões com jovens Ys e Zs, vamos aprofundar um pouco mais as características dos jovens campeões.

As cinco características dos jovens campeões

Ao longo de minha experiência com diversos jovens campeões que conheci em pesquisas, palestras, *coaching* e colaboração em projetos de grandes universidades, pude mapear cinco principais características que você, *coach*, deve conhecer para levar suas sessões *to the next level*. São elas:

1. Indignação construtiva
2. Rapidez
3. Capacidade de criar redes
4. Pensamento fora da caixa
5. Atitude empreendedora

Indignação construtiva

A indignação construtiva existe porque os jovens Ys e Zs de alto potencial acreditam que podem fazer a diferença, seja numa empresa, sociedade ou mesmo em sua vida pessoal. Está intimamente ligada a um arcabouço de crenças e valores e própria identidade pessoal.

Dicas para o *coach*: os jovens de hoje querem transformar o meio e atingir seus objetivos a partir de suas convicções, mas muitas vezes perdem o tom quando antecipam fases do futuro para o presente. Todos sabemos que não há como começar a construir uma casa pelo telhado, sendo assim você deve apoiar seus jovens *coachees* com as perguntas poderosas que os tragam para a realidade.

Rapidez

A rapidez está vinculada à agilidade que esses jovens têm para tomar decisões e resolver problemas em situações inusitadas. Está muitas vezes ligada também ao seu desejo de conquistar seus objetivos no menor tempo possível.

Dicas para o *coach*: desafie-os a encontrar os obstáculos que estão colocando para si mesmos ao agirem sem pensar, deixando de avaliar os riscos de suas atitudes que podem "atrasar" o alcance de suas metas.

Capacidade de criar redes

Muito mais do que se relacionar bem com outras pessoas, são capazes de criar novas redes de relacionamento sendo seu "nó" central. Conhecido como *netweavers*, ou seja, tecelões de redes, esses jovens são extremamente influentes, tendo capacidade de articulação de pessoas no meio virtual e presencial.

Dicas para o *coach*: desafie-os sobre a importância de encontrar "quem mais" pode apoiá-los em suas empreitadas, metas, sonhos. Tenha certeza que você será a próxima pessoa a entrar na lista de relacionamentos desses jovens se você lhes oferecer valor e autodesenvolvimento.

Pensar fora da caixa

Essa característica é uma combinação de visão sistêmica, espírito inovador e ousadia, possível porque esses jovens estão desde muito novos acostumados a lidar com inúmeros assuntos diferentes todos os dias. O resultado é que os jovens dessas gerações têm alta capacidade de "ligar os pontos" e é isso que permite o efeito "pensar fora da caixa".

Dicas para o *coach*: se há algo que você deve prestar atenção para a capacidade desses jovens de produzirem *insights*! Apoie-os com perguntas poderosas que os instiguem a resgatar suas experiências, vivências internacionais, livros e vídeos que tiveram contato, entre outras fontes de informação.

Atitude empreendedora

Está associada ao poder de execução, otimismo e automotivação. De modo geral, a atitude empreendedora estimula esses jovens a buscarem conhecimento, mentores, recursos, etc. para transformar suas ideias em realidade. Possuem, também, grande capacidade de regeneração, ou seja, habilidade para lidar com sucessos e, em caso de fracassos, de se recuperar da situação extraindo aprendizado.

Dicas para o *coach*: formule perguntas suficientemente reflexivas de maneira que o *coachee* consiga encontrar o caminho para desenvolver (ou reconhecer) suas habilidades empreendedoras. Muitas vezes fazê-lo pensar como um grande empreendedor que ele tenha afinidade pode ser uma forma de ajudá-lo a encontrar respostas.

Conclusão

Parabéns! Agora você conhece um pouco mais sobre o universo dos jovens Ys e Zs e espero que tenha encontrado dicas valiosas para suas sessões de *coaching*.

Ao longo deste capítulo você aprendeu que os jovens da geração Y e geração Z têm "calcanhares de Aquiles" geracionais:

1. Ansiedade
2. Falta de foco

E, com o intuito de desenvolver esses jovens Ys e Zs, introduzimos o conceito de *coaching* Y, direcionado a jovens de 25 a 35 anos tendo como principais desafios:

- Finanças pessoais
- Empreendedorismo

- Carreira
- Tomadas de decisão
- Especialização
- Casamento
- Morar no exterior

E o conceito de *coaching* Z, direcionado a jovens entre 15 a 24 anos, tendo como principais desafios:

- Vestibular
- Orientação vocacional
- Relacionamento com os pais
- Estágio e *trainee*
- Primeiras decepções amorosas
- Intercâmbio

Falamos também que os jovens campeões possuem cinco características em comum e para atingir seu potencial pleno podem aperfeiçoá-las a partir do *coaching*:

1. Indignação construtiva
2. Rapidez
3. Capacidade de criar redes
4. Pensamento fora da caixa
5. Atitude empreendedora

Acredito que fazer a diferença na vida das pessoas depende de nossas sinceras intenções. Fico feliz que tenha lido este capítulo até o final. Compartilho com você, que tive sorte de encontrar algo pelo que sou apaixonado, podendo agregar valor para diversas pessoas a partir do *coaching*, palestras ou até mesmo este livro. Espero que possamos trocar experiências em outras ocasiões.

41

Como dar sentido à vida?

A resposta pode ser bastante pessoal, mas arrisco dizer que ao estabelecer relacionamentos saudáveis com aprendizado, troca e a oportunidade de conhecer o amor, o ser humano é capaz de se realizar

Raquel Fonseca

Raquel Fonseca

Master Coach Integral Sistêmico, formada pela FEBRACIS, *Master* pela FCU, Flórida, EUA, fez Direito pela FMU. Pertence à Associação dos Diplomados pela Escola Superior de Guerra, em Política e Estratégia, MBA em Administração, significativa experiência profissional como executiva, por 25 anos, em empresa de grande porte na área da saúde, Certificação Internacional para aplicar programa de identificação de temperamentos, SOAR, corporativa e individualmente. Proprietária da Fonseca & Fonseca Consultoria e Assessoria. PhD na Arte e Filosofia do Coaching, pela FCU.

Contato
raquelfons@uol.com.br

Como dar sentido à vida?

É possível desenvolver a vida de tal maneira que se crie uma nova realidade, que pode ser chamada de existência?

Como isolar o vírus da influência negativa e cortar o cordão umbilical que alimenta o vazio da alma, tornando-a como um buraco negro, que vai consumindo a vida, sucumbindo, destruindo.

É preciso desenvolver um novo estilo como essência e isso pode acontecer a partir de agora; se, verdadeiramente, você desejar.

Primeiro vieram com a ideia de transformar a vida em momentos.

Assim a mídia acompanhou, aceitou e divulgou por meio de apelos comerciais e incentivos para que o preenchimento da vida acontecesse.

Como se pudesse ser preenchida com coisas que têm preço, que são adquiridas, compradas, encomendadas, mandadas fazer; e, por vezes, furtadas, roubadas, mata-se o outro para obter aquilo que compreende: vai preencher a alma.

Esse estilo de vida, composto por momentos, tem levado muitos à loucura, após o êxtase, após o vazio que se preenche, por vezes, pela mão egoísta, que faz do outro e dele mesmo, objetos para realizar o "preenchimento", para obter "momentos".

Isso é materialismo acompanhado de "egotismo", quando o eu se coloca além do outro.

E para manter dentro de si o saciar do prazer adquirido pelos "momentos", precisa de mais prazer e momentos, que passam a custar muito.

Todo mercado se autorregula e, nesse caso, a lei da procura se torna maior e a oferta cada vez mais custosa.

Quando o ser humano estabelece essa mecânica no viver; para justificar, cria sua comunidade, procura seus iguais, e grita por meio do que tem. Pode ser, por exemplo, o ronco do motor, a velocidade, o som mais alto, o perfume mais caro, a viagem da moda, a roupa da moda, o restaurante da moda.... Sem se importar se gosta ou não, paga pelos "momentos".

Compra o lugar do outro, que se submete a vender.

E numa simbiose, assume a história de vida do outro, pois lhe falta uma história.

Por vezes, compra o nome do outro, para continuar a comprar o que nem se pode vender.

Mas me surpreendo com a forma dessa busca incessante de novas opções que sai dos momentos e cria os instantes.

Assim, pelos impulsos primitivos se autodestrói. Pois passou a cultuar as coisas e se tornou espectro de ser humano, permitiu que sua vida fosse controlada de fora para dentro, eliminando a autorresponsabilidade.

Instantes de beleza.

Instantes de prazer.

E a vida passa num instante.

Instantes com os amigos, se é que tem.

Instantes com a família, será que ama?

Instantes consigo mesmo, será que tem coragem de olhar para si próprio? Ah, por um instante somente.

E através dos instantes desenvolvem-se os amantes.

Amantes de marcas, de coisas, de lugares, de sabores, de cheiros. Amantes de si próprios.

Marcas existem para identificar.

Qual é sua marca?

Coisas para serem utilizadas.

Como as preserva?

Lugares para lembrar que "mapa não é território".

Sabores comprovam que o olfato funciona; lembram que ao estarem gripados há dificuldade para respirar e o alimento perde o sabor.

Esqueceram que podem se identificar com um lugar e amar as pessoas, desenvolvendo relacionamentos saudáveis que signifiquem revitalização, aprendizado, troca e, muito provável, oportunidade de conhecer o amor.

Experimente, agora, um novo estilo de viver. Considere que é possível escrever uma nova história, olhando para frente, para o alto. Voltando a sonhar acordado. Que se pode reconhecer o valor de uma marca, e identificar por meio da atenção que se concede ao próximo, dialogando, ouvindo sua história. Reconheça que juntos podemos ser melhores.

Conta-se uma história que numa floresta havia um homem perdido, por mais que buscasse a saída, sentia-se como num labirinto. Cansado, já desanimado, olha para o lado e vem um outro homem.

Renova-se a esperança e ele diz: — Amigo, que bom encontrá-lo, eu estou perdido.

Ouviu claramente o outro responder: — Eu também.

Com o ânimo que voltou, ele diz, se aproximando do outro, fixando seu olhar nele: — Não faz mal, agora estamos juntos, você me diz os caminhos por onde andou e eu lhe direi os caminhos que percorri. Juntos encontraremos a saída.

Os sabores e odores, cheiros apreciados estão relacionados a si próprio e aos que estiveram ao seu redor na infância, por exemplo. Memória olfativa, memória gustativa. Tornando marcantes as fases do viver.

Há os que prosseguem, sem admitir o vício, e o vazio se torna cada vez maior, pois como a alma pode alimentar-se de coisas?

Há também os que, num momento de lucidez, pedem socorro, ou sussurram: socorro.... Com o fôlego a extinguir-se e a vida dentro deles também.

Ser humano!

Como ser humano, perguntam:

Como desenvolver o ânimo, a coragem, a força?

Se prestarem um pouco mais de atenção, obedecerem e amarem a si próprios; tal orientação está inserida na verdade do Grande Mestre quando diz: ama teu próximo como a ti mesmo e a Deus sobre todas as coisas.

Sem amor próprio, sem domínio próprio, sem julgamento de si próprio, como pode amar o outro?

Aqui entra o princípio da autorresponsabilidade.

Primeiro, você cuida de si próprio, para conseguir olhar, amar, cuidar, apoiar o outro.

E então vem a assertiva: a Deus, sobre todas as coisas.

Quando se busca preencher a vida com coisas, fica evidenciado um engano quanto ao foco. É preciso colocar ordem no mundo interior e saber diferenciar o urgente do importante, e ainda do circunstancial.

Como se libertar desse mundo apelativo que realiza os desejos na fração de segundos, que se tornou virtual e real? Que o luxo vira lixo quando a vida se vê sob a ameaça, sobretudo de ser destruída por ela mesma?

Frente a essa ausência de experiência com a vida, lhes digo que, ainda assim, a vida está presente, embora falte o significado, a missão e o propósito.

É possível mudar. Há esperança. Há antídoto.

Nessa busca por ajuda, "todo aquele que busca, encontrará".

E poderá ter sua vida transformada.

Mas antes da transformação vem a mudança.

Como sair desse ciclo vicioso, ciclo insano, ciclo viciado?

Desenvolver o autocontrole, o domínio próprio é um dos caminhos. Mas, para isso, é preciso que exista um fator motivador, uma razão, um propósito.

Reconhecendo onde está, quem se tornou ou no que se tornou.

Onde se concede lugar para novas ações, que se baseiem em decisões morais responsáveis.

Reformar a saúde, por exemplo. Pois, seu corpo físico é a casa onde você mora. E tem profunda relação com a mente.

Sim, uso a expressão reformar e toda reforma requer ajuda, especialistas, profissionais preparados para essa obra. Se coisas precisam desse toque experiente, quanto mais o ser humano quando decide mudar.

Eliminar o acúmulo de mágoas, mentiras, falta de perdão e outros sentimentos tóxicos que são entregues em forma das mais variadas emoções.

Criando novos hábitos simples e saudáveis, como dormir, tomar água, abster-se de drogas, caminhar, respirar ar puro, tomar sol, contemplar a natureza... Aquietar-se, diante da magnitude do universo. Sentir-se parte da obra da criação.

Buscar a educação, no sentido de aprendizado, boa leitura.

Vou usar uma expressão, que constantemente, o professor Dr. Douglas de Matteu cita: Lembre-se de se lembrar e continuar se lembrando...

Agora digo a importância de buscar alimentar a mente de forma sólida. E lembre-se de se lembrar de continuar se lembrando "As más companhias corrompem os bons costumes."

> *"A ignorância não aumenta a humildade ou a espiritualidade"*.
> Fundamentos da Educação Cristã, p. 44 , Ellen G. White.

Para transformar a vida em existência é preciso inteligência.

Por meio dessa educação, que busca a prática, o conhecimento, a mente é habilitada a usar as faculdades que todo ser humano possui.

Ativar os recursos internos e transformá-los nas melhores ações.

Nessa busca pela capacitação vem a compreensão, o entendimento que a vida não é regida por circunstâncias, modismos, ou pelo outro. Mas a grande e magnífica descoberta é que cada um é responsável por sua própria vida.

É seu o controle. Está em suas mãos a chave. É sua a decisão.

De acordo com as escolhas que fizer obterá, escreverá uma nova história e aprenderá através dela.

Quer acelerar resultados realizando as mudanças necessárias?

Já experimentou as duas novas dimensões: para frente e para o alto?

Deixando de olhar para trás, mas ressignificando os fatos ocorridos no passado.

Vivendo o presente, sem fazer do agora uma prisão.

Olhando com esperança o futuro. A esperança é antídoto contra a ansiedade.

Na busca pela mudança do caráter também haverá mudança biológica.

De acordo com os ajustes que a pessoa faz o corpo responde.

"A reconfiguração do cérebro acontece com base nas coisas que fazemos, vemos, experimentamos e nas quais pensamos"
Timothy R. Jennings

Anthony Robbins é enfático ao repetir, repetir é repetir: tem poder quem age.

Portanto, a ação impacta no pensamento, que reflete no sentimento que altera as emoções.

É de dentro para fora a mudança e pode ser genuína, de acordo com a motivação. E isso, somente você pode fazer por si.

Escolhas positivas, como escolher ser feliz, ser paciente, ser bondoso, perseverante, ser amável, ser pontual, ser honesto, corajoso, sorridente, sincero, acolhedor, estudioso, animado, praticante de um esporte, esperançoso, generoso, alegre, saudável.... E ser grato, agradecido.

Gratidão é fundamental para uma vida feliz e saudável.

A prática diária da gratidão ativará áreas importantes do cérebro, promovendo um novo estado mental.

Exercite essa virtude, a gratidão, como um atleta convicto e decidido a ganhar a prova numa olimpíada.

Por meio da gratidão, o caráter do indivíduo recebe uma nova e bela embalagem, que é percebida e essa pessoa, que transcende gratidão, estabelece de maneira prática a diferença entre motivação e inspiração.

Experimente hoje incluir a gratidão em sua vida e escrever, ao final do dia sete motivos de gratidão, relacionados ao dia findo. Adotando essa prática diariamente, faça seu Diário de Gratidão. Promova assim um novo estilo de vida.

Comece agora, busque papel e caneta e responda:

- Você está satisfeito(a) com a vida que tem?
- Quais áreas de sua vida precisam de imediata mudança?
- Escreva três decisões que podem mudar sua vida.
- Quais novos hábitos farão parte de sua vida? A partir de quando?

Como se trata de uma dádiva, que é rara, única, insubstituível, "incomparável" e perecível.

E quando essa dádiva tem prazo de validade? Como tratar, como guardar, como preservar, como utilizar?

Depende de você fazer desse presente algo com significado, que tem sentido e para todo aquele que tem vida, saber a importância de preservá-la.

De acordo com a história, Alexandre, o Grande, teve um filho que se tornou o rei Filipe, da Macedônia e fundou uma cidade e pôs-lhe o nome de Filipos, na Europa, deixando um importante legado.

Por volta do ano 61 d.C., o apóstolo Paulo escreveu uma carta aos Filipenses e compartilho trecho dessa escrita: "... seja vossa amabilidade conhecida por todas as pessoas. Breve voltará O Senhor.

Não andeis ansiosos por motivo algum; pelo contrário, sejam as vossas solicitações declaradas na presença de Deus por meio de orações e súplicas com ações de graças.

Concluindo, caros irmãos, absolutamente tudo o que for verdadeiro, tudo o que for honesto, tudo o que for justo, tudo o que for puro, tudo o que for amável, tudo o que for de boa fama, se houver algo de excelente ou digno de louvor, seja isso o que ocupe o vosso pensamento." Texto registrado em Filipenses capítulo 4, Bíblia

A Deus toda honra e glória!

Referências

ROBBINS, Anthony. *Desperte o seu gigante interior.* 22.ed. Rio de Janeiro: Bestseller, 2012.
JENNINGS, Timothy R. *Simples demais.* Tatuí, SP: Casa Publicadora Brasileira, 2012.
WHITE, Ellen G. *Fundamentos da Educação Cristã.* Tatuí, SP: Casa Publicadora Brasileira, 1996.
Biblia King James. 2.ed. Abba Press. 2013.

42

Coaching: um processo integrativo para uma vida plena

Começo este capítulo provocando uma reflexão sobre o que seriam os resultados e o risco de acelerar uma jornada sem entender se seu destino é o que realmente faz sentido para nossas vidas. Pois, dentre alguns riscos inerentes a um processo de *coaching*, considero esse um dos mais críticos. Escolhi tecer as próximas páginas pelo campo das metáforas com uma leve pitada de poesia, da mesma forma que conduzo uma sessão zero, ou seja, o primeiro encontro com o *coachee*

Rebeca Toyama

Rebeca Toyama

Fundadora da Academia de *Coaching* Integrativo, diretora da GFai Coaching, palestrante e *coach* com certificação internacional em *Positive Psychology Coaching* e formação nacional em *Coaching* Ontológico e *Personal Coaching* com o Jogo da Transformação pelo método *Self-Empowerment*. Desenvolveu carreira na área automobilística, e possui longa experiência como empreendedora e professora universitária. É administradora de empresas, com especialização em comércio exterior, tecnóloga em processamento de dados, especialista em marketing pela Madia Marketing School e também em psicologia transpessoal e eneagrama pela ALUBRAT. Participou do Programa de Capacitação para Resultados - da Fundação Dom Cabral. Atualmente, integra o corpo docente da Universidade FENABRAVE (Federação Nacional da Distribuição de Veículos Automotores), ALUBRAT (Associação Luso-Brasileira de Transpessoal) e Instituto Filantropia. Atua como coordenadora de comitês de governança corporativa e organiza a Coluna *Reencantando Empresas* no Jornal Empresas e Negócios.

Contatos
rebeca.toyama@gfai.com.br
(11) 2500-5873

Protagonismo e responsabilidade

Acredito que todos os seres vivos estão no planeta para cumprir uma missão, pessoal e intransferível, e que por conta dessa missão recebemos um pacote de talentos, pontos fortes e competências. Por algum motivo, que nesse momento não vem ao caso, muito cedo, geralmente ainda na infância, somos levados a nos identificar com uma missão que não é exatamente a nossa. E as influências para que isso ocorra são muitas e de fontes das mais diversas: desejo dos pais, admiração por uma pessoa, expectativas financeiras, mídia, professores.

Sem contar, ainda, a influência das famosas mensagens "bruxas", ou crenças limitantes, aquelas que se instalam dentro de nós e acabam virando verdade absoluta e influenciando nossas tomadas de decisão, o que inclui nossa carreira. Veja se você conhece alguma: "Com tal profissão ficarei rico mais rápido"; "Trabalhar com tal carreira não dá dinheiro"; "Quem trabalha não fica rico"; "Deus ajuda quem cedo madruga"; "Quem não chega a um cargo de executivo até os 30 é um fracassado"; "Mulher com filho não tem chance de crescer na carreira"; "Homem casado tem preferência nas promoções de cargo". Alguns exemplos de uma lista infinita de modelos mentais.

A intenção aqui não é invalidar e muito menos reforçar nenhuma das mensagens citadas acima, mas sim entender que para todas elas existem exceções assim como casos que as confirmam e daqui vem um dos desafios do *coaching*: o de tornar a pessoa protagonista de sua vida, fortalecer o *coachee* para que exerça a escolha, fazer parte da regra ou da exceção, tirar do volante da vida as crenças limitantes e assumir a direção de seu destino.

Propósito, missão, visão, valores

Para que essa transformação ocorra, primeiramente precisamos relembrar nosso propósito de vida, isto é, que diferença queremos fazer no mundo. É dele que nasce a missão, a estratégia central para conquistarmos nosso propósito.

Mas para nos reconectarmos a esse propósito maior, precisamos compreender nossa visão de mundo que, quando saudável, é a vívida e imaginativa concepção de como o mundo vai ser quando seu propósito for em grande parte realizado.

E aqui temos outro desafio do *coaching*, transformar o *coachee* num observador diferente dele mesmo e do mundo, ampliar sua visão de mundo. Pois, se ele acredita não ser capaz, provavelmente passará a vida toda evitando fazer coisas. Se ele acredita que não pode confiar nas pessoas, passará a vida evitando relacionamentos. E se ele acredita que a sociedade é isso ou aquilo e não tem jeito mesmo, nem sequer passará por sua cabeça que isso pode ter sido diferente no passado ou que poderá ser melhor no futuro.

A natureza, em sua sabedoria, manda para cada ser humano um pacote completo de valores, competências, talentos e pontos fortes de acordo com sua missão. E você já pode imaginar o que acontece quando saímos da nossa. Uma vez que estejamos numa outra missão, estaremos desguarnecidos das ferramentas necessárias para o sucesso, os esforços para alcançar os resultados serão imensos. Seria como um gato querendo nadar ou um serrote, martelar. Por isso, uma das grandes importâncias de relembrarmos nossa missão de vida é que isso nos ajuda a reconhecer nossos talentos, valores e virtudes.

Numa carreira de sucesso, ou numa vida plena, nos realizamos servindo ao outro por meio do que temos de melhor respeitando nossos valores pessoais; como consequência, obtemos bons resultados. Mas é muito comum receber *coachees* que acreditam piamente que o sucesso pode vir somente por meio de esforços e sacrifícios, e que ganhar dinheiro fazendo o que gosta ou com o que tem facilidade de executar não vale. É como se uma laranja quisesse colaborar com uma receita de creme de papaia, pois participar do suco de laranja não tem graça. Costumo perguntar: o que há de errado em ser remunerado ou reconhecido com o que há de melhor em nós?

Um ser completo integrado

A metodologia com a qual trabalho recebeu o nome de *coaching* integrativo, por buscar a integração das várias dimensões do ser, e para explicar isso uso a seguinte metáfora: a natureza nos envia quatro excelentes conselheiros para nos apoiar nas tomadas de decisão, e cada um deles deveria ter 25% de poder de voto, o que totalizaria 100%. Mas, por algum motivo, que também não vem ao caso, as pessoas acabam dando mais espaço para um em detrimento do outro, chegando até mesmo a anular a influência de um deles, pois se permito que uma dimensão ocupe 70% do meu ser, sobraram apenas 30% que nem sempre serão distribuídos igualitariamente para os outros três.

Estamos falando da razão, emoção, sensação e intuição, que deveriam ser nossos grandes conselheiros nas tomadas de decisão de nossas vidas. Na atividade em que trabalhamos esse tema, essas dimensões tomam vida como se fossem personagens e isso nos ajuda a entender como essa dinâmica acontece dentro de nós. Assim extraímos dessa atividade a melhor forma de promover essa integração.

Talvez a mais presente na sociedade atual, na dimensão da razão habita o "certo" e o "errado", enfim, a crítica, a necessidade por estar sempre certo e a crença limitante de achar que um dia saberemos tudo sobre algo. Não tenho nada contra pessoas racionais, mas essa dimensão, quando inflada, costuma travar a pessoa, pois para tomar uma decisão, ela entende que precisa de mais informações ou para iniciar uma carreira, um curso de marketing, depois de finanças e assim por diante. Para trocar de área de atuação, necessita de mais um idioma, quem sabe um MBA, em seguida um mestrado, depois doutorado. Isso porque ela acredita que não está pronta, e espera que um dia dominará um conhecimento em sua totalidade.

Considero a emoção a mais polêmica, pelo seu potencial explosivo: nessa dimensão habita o "gosto" ou "não gosto", a necessidade de ser amado ou querido por todos. O que seria fantástico, mas esse comportamento costuma limitar as ações da pessoa. Uma decisão tomada raramente agrada a todos e uma pessoa ao buscar esse caminho pode perder o foco nos resultados e objetivos, demandando muito tempo para se posicionar ou até mesmo evitando tomar decisões. Como escolher uma profissão conciliando o sonho da mãe às expectativas do pai? Como decidir pelo projeto x ou y agradando as áreas de marketing e finanças, colaboradores e gestores? O medo aqui é perder o amor dos envolvidos caso suas expectativas não sejam atendidas em sua totalidade.

A mais tangível de todas, na dimensão da sensação está tudo o que há de concreto, inclusive a ação. Então, o que tem valor por aqui são as conquistas materiais e o fazer, ficar parado pensando ou sentindo, não tem valor. Se observarmos o comportamento da sociedade é muito comum vermos pessoas atuando no piloto automático ou no automatismo, isto é, fazendo coisas sem pensarem ou sentirem o motivo que as levou a tal ação e muito menos o que se espera delas. É frequente algumas pessoas procurarem o *coach* para melhorar suas competências de liderança, e logo na primeira sessão costumo perguntar como funcionam suas agendas, até mesmo para combinarmos os horários das sessões. Não raro ouço que há dificuldade até para encontrar tempo para almoçar. Cuidar da saúde, nem pensar. Os vilões costumam ser: reuniões, gestores, equipe, cliente, matriz, sobrando até para o governo. E quando convido a pessoa a refletir sobre o assunto ou a questiono como se sente nessa situação, tece comentários como se pensar e sentir fosse bobagem, isso quando eu não ouço como resposta: "eu não tenho tempo para essas coisas". Então, sorrindo respondo: "ótimo, já encontramos o primeiro e talvez o maior desafio desse processo, liderar sua agenda, tornar você protagonista de sua própria história, e somente após essa tarefa cumprida, poderemos caminhar para o objetivo de liderar os outros".

Na dimensão da intuição, o grande diferencial do ser humano, é onde nasce a criatividade, os *insights* e a conexão com o sagrado, independentemente de religião. Para explicar essa dimensão, convido o *coachee* a ir até uma livraria e folhear a biografia de algumas *pessoas* de destaque na sociedade, de preferência uma que ele admire. Assim, ele descobre que a maioria dessas pessoas em algum momento de sua jornada conseguiu integrar a dimensão da intuição em sua vida e que somente depois disso conseguiu concretizar sua obra ou missão. Alguns conseguem essa integração pelo caminho da religiosidade ou da filosofia, outros a encontram escalando montanhas, em retiros espirituais ou até na superação demandada nos esportes.

Mas como não aprendemos essa integração no banco da escola, em vez de usarmos essas dimensões a nosso favor, ficamos reféns delas, perdemos autonomia e muita energia. Imagine a seguinte situação: o despertador toca às seis da manhã, você abre os olhos e resolve ficar mais um pouquinho no aconchego da cama, eis que aparece então a razão, com todo seu poder de crítica dizendo: "por isso que nada dá certo em sua vida, você é um preguiçoso, bem que sua mãe tinha razão quando puxava sua orelha". Você prontamente resolve saltar da cama e a emoção logo se manifesta: "Você merece ficar na cama mais um pouquinho, acorda cedo todo dia. Afinal, o que são quinze minutinhos? Para que tanto sacrifício? O importante é ser feliz".

Escolhi um exemplo entre milhares, mas o impasse está armado: se o corpo, representando a sensação, saltar da cama, a emoção contrariada se manifesta através do mau humor. E, se o corpo resolve atender a emoção e ficar na cama, a razão contrariada vai se manifestar com uma coisa que todos conhecemos: a culpa.

Observe que numa pequena tarefa, logo no início do dia, foi despendido um volume enorme de energia vital, sem produzirmos nenhum benefício para ninguém. E nessa balbúrdia toda não há espaço para a intuição, e por isso tanta dificuldade com a criatividade, concentração ou *insights*. As pessoas acabam gastando boa parte de sua energia para gerenciar conflitos internos que acabam de forma inconsciente transbordando, pois imagine você passando ao lado de uma pessoa no exato momento em que está vivenciando uma crise interior, qual ou como será sua resposta ao seu: "bom dia!" ou "como vai você?". Dessas atitudes podem nascer grandes conflitos em grupos ou empresas, pois o que recebe a "resposta atravessada" entende que o problema é ele, e assim reage.

O *coaching* integrativo busca, claro, a integração de todas essas dimensões para atuarem de forma saudável. Quando isso acontece, as decisões são tomadas com mais fluidez por considerarem os aspectos racionais, intelectuais, cognitivos, reconhecendo as questões emocionais e relacionais, compreendendo a dimensão da sensação, o campo da ação, do concreto, das finanças, do tempo e do espaço. Estando devidamente alinhadas com a intuição que traz a conexão com os valores pessoais, virtudes e propósito de vida.

A importância da experiência

O *coaching* integrativo tem como um dos objetivos transformar o *coachee* num observador mais consciente. É muito comum ouvir durante o processo: "nossa, como meu chefe está diferente!" ou "nossa como minha equipe mudou!". Essa mudança é um indício que o processo está indo bem, pois, o *coachee* está conseguindo integrar as descobertas das sessões em sua vida prática.

Cada sessão proporciona uma nova descoberta e o desafio é transportá-lo para seu cotidiano contribuindo na consecução dos objetivos almejados. Nesse desafio contamos com a ajuda das tarefas. Geralmente ao término de cada sessão convido o *coachee* a identificar uma oportunidade de experimentar aquela nova descoberta fora da sessão, em seu dia a dia. Costumo brincar que não precisa ser nada extraordinário como escalar o Monte Everest, mas que seja uma ação que estabeleça uma nova sinapse, zonas ativas de contato entre uma terminação nervosa e outros neurônios.

Para que o aprendizado ocorra não basta acionar a dimensão da razão. O corpo, as emoções e a intuição precisam ser integrados. Nesse momento da sessão, costumo comentar que livro de autoajuda, por si só, não faz milagre. Muito pelo contrário, tenho observado pessoas que se tornaram bastante intransigentes, cheias de verdades absolutas absorvidas nos livros, mas com muita dificuldade de concretizar sonhos e projetos ou relacionar-se com seu semelhante. E quero deixar claro que não tenho nada contra livros, caso contrário não estaria participando deste! A mensagem aqui, porém, é que somente por meio da experiência o eixo evolutivo é acionado. Por isso é importante que as tarefas provenientes de um processo de *coaching* proporcionem as experiências necessárias para que o aprendizado aconteça não somente na mente do *coachee*, mas que toque seu coração e se transforme em ações mais saudáveis e alinhadas com seus valores pessoais.

Um ser único

No fim do processo, o *coachee* passa a ter a consciência de que ele é um ser único e que tentar corresponder às expectativas dos diversos papéis que exerce na sociedade sendo algo que ele não é talvez não seja a melhor estratégia para alcançar bons resultados.

O *coaching* integrativo busca acelerar resultados de forma sustentável ao integrar as dimensões internas e alinhar ações ao propósito e missão de vida, respeitando valores e virtudes pessoais. Acredito que nesse contexto o sucesso pode transcender, gerando paz interior e uma felicidade que podemos chamar de "incondicional", pois terá significado verdadeiro para nós mesmos.

43

O poder da decisão

Potencializando sua forma de decidir

Entenda como este método exclusivo e poderoso pode aprimorar sua forma de decidir e, assim, acelerar seus resultados.

Neste artigo você vai compreender:

- Como tirar suas escolhas do piloto automático;
- Os sete passos para uma decisão eficaz;
- Como o *coaching* intensivo pode ajudá-lo nisso

Regiane Martins

Regiane Martins

Coach de Alta Performance, Especialista em Tomada de Decisão, Criadora do Programa "O Poder da Decisão" - *Master Coach* pelo Center for Advanced Coaching/CAC – EUA; *Practitioner* em PNL pela The Society of NLP – EUA; Certificada em *Neurocoaching* pelo Instituto Brasileiro de Coaching; Certificada pelo Empretec; MBA em Gestão de Pessoas pela FGV. Como Treinadora Pessoal desenvolve as melhores e mais inovadoras técnicas e soluções de desenvolvimento Humano aplicadas ao *Coaching* na atualidade. Cadastre-se em meu site, veja dicas poderosas sobre tomada de decisão e conheça mais sobre o programa "O Poder da Decisão".

Contatos
www.regianemartins.com.br
www.lifecoachingcenter.com.br
contato@regianemartins.com.br
contato@lifecoachingcenter.com.br

Fiquei me perguntando, por que você pararia para ler este texto? Afinal de contas, somos bombardeados, diariamente, por milhares de informações: noticiários, jornais, facebook, e-mails, instagram, twitter... E fica cada dia mais difícil selecionar as informações mais relevantes, não é mesmo?

Então eu resolvi dar a você algumas razões para isso e escrever para VOCÊ... Que quer otimizar o seu tempo, suas decisões e sua vida, seja você da geração y, geração x, *baby boomers* ou da nova geração z. Todos são muito bem-vindos se quiserem potencializar sua forma de decidir e, por consequência, obter resultados muito mais eficazes e acelerados em suas vidas.

Vou começar convidando você a pensar diferente... de forma estratégica, naquilo que você faz instintivamente todos os dias: decidir.

Diariamente, tomamos pequenas decisões, sem perceber, e isto não é ruim. Imagine se você tivesse que pensar cada vez que fosse respirar ou levantar um braço. Você decide se vai levantar às 7 ou às 8h, se vai calçar primeiro o pé direito ou esquerdo do sapato, o que vai comer no café da manhã, o que vai dizer para seus filhos e esposa... E o dia vai passando... e você vai decidindo...

As pequenas decisões diárias ocorrem automaticamente, sem precisarmos pensar a respeito. Mas sempre chega o dia... em que você precisa decidir algo realmente importante em sua vida, e que não dá mais para adiar, nem decidir no modo automático.

Aliás, você já se sentiu confuso, estressado, angustiado, sozinho e até mesmo paralisado diante de uma decisão realmente importante em sua vida? Pois eu já...

E bem-vindo ao mundo da tomada de decisão. Um mundo solitário e cheio de dúvidas, desafios e responsabilidades. Mas se console; você não está sozinho nisso. Isso é vivenciado por você, por mim, por empresários, executivos, colaboradores, pais de família, donas de casa e por outras milhares de pessoas em todo o mundo.

Na minha atuação como *coach* acompanho de perto essas dificuldades, e percebi, então, que o que traz tanta insegurança e desconforto na hora de decidir é a falta de uma estratégia específica para isso.

Como resposta a esta demanda de decisões mais eficazes, seguras e estratégicas, principalmente quando se trata de questões importantes, seja na vida pessoal ou profissional, desenvolvi o *Coaching* Intensivo para Tomada de Decisão e o programa "O Poder da Decisão".

Decisões difíceis

Você já ouviu falar do drama vivido no livro "A escolha de Sofia" de William Styron? Nele, uma mãe judia é forçada a escolher entre salvar seu filho ou sua filha, ambos crianças, da execução. Ela teria que escolher apenas um deles para permanecer vivo e caso não escolhesse, os dois morreriam.

E há a história vivida por Emílio Botin, Presidente Mundial do Grupo Santander, no final da década de 90, quando conduzia a aquisição de um dos maiores bancos espanhóis, acabou por demitir a própria filha para preservar o negócio.

Temos empresários que se veem obrigados a escolher entre despedir centenas de colaboradores ou decretar falência. Vemos casamentos falidos onde as pessoas ficam paralisadas ante as consequências da decisão.

Mas o que significa decidir? Decisão significa escolher a melhor alternativa entre as melhores possibilidades.

Quando se fala em decisão, não há certo nem errado, mas há a escolha e suas renúncias. A escolha significa optar por uma e renunciar a outra ou outras possibilidades. E isso traz medo e até paralisia.

Mas uma coisa é certa: não existe escolha sem risco. Precisamos trabalhar no seguinte cenário: existem escolhas com risco elevado e outras com risco minimizado e controlado, resultado de muita reflexão e consciência. E é sobre este último tipo que passaremos a conversar.

"Existe o risco que você não pode correr e existe o risco que você não pode jamais deixar de correr."
Peter Drucker

Não ficaria muito mais fácil se existisse uma estratégia por trás de decisões como essas? Um por que e um para quê? Uma ampla consciência?

Eu vou mostrar, a seguir, algumas dicas simples e objetivas que sistematizei e utilizo no processo de *coaching* intensivo para a tomada de decisão. E o que você vai ler é a minha visão e conclusão sobre como decisões difíceis podem se tornar algo muito mais organizado e estratégico, baseada não em textos teóricos, mas na minha experiência de atendimento.

Vamos lá!

Sete passos de coaching intensivo para uma decisão eficaz

1) Realidade

Lide apenas com a realidade. Olhe a situação como ela realmente é, não como você imagina que seja, nem como gostaria que fosse. Separe os fatos dos julgamentos, considere apenas o que é, e exclua os achismos.

Perguntas facilitadoras: o que está acontecendo? O que, realmente, está acontecendo? O que eu posso estar considerando que não seja uma verdade absoluta?

2) Valores

Tenha claros seus valores de vida.

E o que são valores? Valores são aquilo que temos de mais importante na vida. São estados emocionais, abstratos que norteiam nossas decisões. Amor, amizade, realização, segurança, independência são alguns exemplos de valores fins.

Quando você entende o que realmente é importante para você, a decisão fica bem mais fácil.

Perguntas facilitadoras: o que é mais importante para você na vida? O que isto proporciona? E o que é mais importante nesta decisão? Se eu escolher a opção "A" estarei coerente com estes valores? E a opção"B"?

3) Crenças

Observe e analise tudo aquilo que você acredita sobre esta decisão e suas opções. Por exemplo: resolver isso é impossível para mim; essa decisão é muito difícil para mim; não vale a pena...

Pense e perceba tudo o que pode estar atrapalhando você a decidir de maneira eficaz.

Você conhece alguém que decidiria isso facilmente? O que ele faria?

Perguntas facilitadoras: o que você acredita sobre esta decisão? O que você pensa sobre a opção "A", "B", "C"? Que crenças você possui em relação a isso que podem ser questionáveis? Qual seu maior desafio?

4) Possibilidades

Você já parou pra pensar em todas as possibilidades que realmente tem?

O convite aqui é para que você saia do óbvio e amplie os cenários e possibilidades de solução, considerando alternativas antes não exploradas. E que você tenha uma visão mais sistêmica e ampla abrindo espaço para novas opções.

Primeiro perceba todas as possibilidades evidentes, e em seguida, as amplie; não se contente apenas com duas opções, pois quem tem apenas duas opções tem pouca liberdade de escolha, está limitado a escolher apenas entre uma e outra. Permita-se.

Perguntas facilitadoras: quais as opções que você tem? Que mais? Que outras possibilidades existem e que você ainda não está vendo?

5) Riscos

Reunidas as opções, analise os riscos e as consequências de cada uma. Verifique os ganhos e perdas de cada alternativa, seus custos e benefícios. Ou seja, analise e mensure exatamente para onde cada uma das possibilidades poderá levá-lo.

Uma boa dica aqui é se visualizar vivenciando cada uma das opções e percebendo quais serão as consequências desta escolha. Permita-se fechar os olhos e experimentar o que aconteceria caso você escolhesse a opção a, b, c, d.

Uma boa visualização permite que você entre em contato com o futuro no presente, faz com que você tenha até sensações físicas de como seria vivenciar aquela opção.

Perguntas facilitadoras: o que eu ganho com esta opção? E o que eu perco com esta opção? Qual o melhor e o pior cenário? Quais as consequências dessa escolha?

Essa decisão irá impactar terceiros? Quem são eles? Como fazer para minimizar este impacto?

6) Flexibilidade

Tenha um plano B, ou seja, crie uma segunda opção para o caso dos resultados não saírem exatamente como esperado.

Isto irá conceder-lhe mais segurança e tranquilidade para efetivar a decisão pois uma das maiores dificuldades dos meus clientes ao decidir é pensarem que estão decidindo para sempre, e que se aquela aposta der errado, tudo estará perdido.

Claro que não... por isso a importância de estar preparado.

E isto não significa aceitar a derrota de sua decisão, mas estar preparado caso algo diferente aconteça. Significa considerar que dentro de uma dinâmica, nem sempre controlamos todos os seus aspectos.

Perguntas facilitadoras: o que posso fazer caso minha decisão não tenha o resultado pretendido? Qual será meu plano b?

7) Ação

Ação aqui significa coragem para decidir. Honrar a decisão que tomou. Chega um momento em que temos que parar de avaliar e entrar em ação. De nada adianta toda esta análise e reflexão se você deixar o medo dominá-lo.

Este é o ponto fundamental da tomada de decisão e algumas pessoas se perdem exatamente aqui. Aliás, medo faz parte da natureza humana e, em alguns casos, ele é até muito útil. Entretanto, se formos dominados por ele, não há estratégia que possa nos auxiliar.

Não basta a análise. É preciso agir, decidir, e colocar em prática o último dos sete passos, para que possamos realmente desfrutar dos resultados de uma decisão eficaz.

Pergunta facilitadora: que ações são necessárias para que eu realmente me comprometa com minha decisão? Quando?

Todos estes são passos tirados da metodologia de aceleração de resultados pelo poder da decisão que é o *Coaching* Intensivo para Tomada de Decisão. Apenas sete passos definidos estrategicamente para ajudá-lo a decidir. Porque quando eu começo a decidir melhor, automaticamente meus resultados serão melhorados e acelerados.

Este é um passo a passo focado diretamente na sua necessidade. Com ele você estará preparado, de uma forma simples, mas estratégica para a tomada de decisões conscientes e eficazes.

Sabe o que é melhor de tudo isso? É que quando você decide, os outros não decidem mais por você. E sua vida começa a ter o destino e a forma que você mesmo dá. E quando você começa, não quer mais parar...

Mas, por que decidir é assim tão importante?

Porque para ter os melhores resultados você precisa ter ações diferenciadas, mas antes de qualquer ação vem a sua decisão. Primeiro eu decido e depois parto para a ação. Não existe ação sem decisão.

E a grande chave para seu sucesso e aceleração de resultados é a decisão, de agir rumo aos seus objetivos.

Convite:

Segundo William Glasser, retemos apenas:

"10% do que lemos,
20% do que ouvimos,
30% do que vemos,
50% do que vemos e ouvimos,
70% do que discutimos,
80% do que experimentamos e
95% do que ensinamos aos outros."

Então, convido você a colocar em prática, desenvolver o hábito de tomar decisões eficazes com estes sete passos. É simples, prático e a recompensa é clara: assumir de uma vez por todas o controle de sua vida por meio de suas decisões, e acelerar cada vez mais os seus resultados positivos!!!

Por que no final das contas, tudo isso é uma questão de decisão, a sua decisão.

Torcendo pelo seu sucesso, sempre!
Grande abraço,
Vejo você em breve,
Regiane Martins

44

Coaching comportamental Um processo criativo

Assessorar mudanças de cenário em gestão não é uma tarefa fácil, pois envolve uma mudança decisiva no comportamento dos líderes. O *coaching* comportamental sistêmico foca na estratégia para o desenvolvimento do negócio, tendo como meta os resultados. Visa abraçar, ao mesmo tempo, o indivíduo, a equipe e todos os *stakeholders*, atuando de forma micro e macro em um binômio potencial individual e necessidades da empresa

Regina Vera Dias

Regina Vera Dias

Com mais de 27 anos de experiência em psicologia organizacional e clínica, foi uma das pioneiras a introduzir práticas de *coaching* no mercado corporativo, integrando conceitos e métodos da psicologia clínica, organizacional e metodologias – voltadas ao desenvolvimento humano em organizações como: Bank Boston, Cargill, Honda, Pfizer, Voith Hydro, Voith Paper, Voith Turbo, Voith Industrial Services do Brasil, Symantec, SMC, Mondial Assistance, CNH, Tegma, Banco Mercedes-Benz, dentre outras.

Contatos
www.reginavera.com.br
reginavera@rvbio.com.br
br.linkedin.com/pub/regina-vera-dias/52/81b/b19/

"Não há cura sem criatividade e criatividade sem cura. Toda cura é criativa."
David Grand

Muito se fala sobre o comportamento humano, sobre sintomas e suas consequências, porém pouco se sabe onde se localiza e como transformar **processos cognitivos.** Como transformar **atitudes negativas** em **processo criativo** de forma permanente?

O que leva muitos a vencer e outros não? O sucesso depende da sorte? Depende do merecimento?

Por que algumas pessoas criadas em famílias prósperas e com muito talento fracassam enquanto outros, que vêm de origem muito simples e passaram por lares desajustados, pais negligentes de alguma forma muito peculiar conseguem transformar esse sofrimento em ação, conseguem se superar e ter sucesso?

Por que os herdeiros muitas vezes não são bem-sucedidos e sequer conseguem refletir o desempenho que seus pais tiveram no passado?

Alguns autores dizem que ser herdeiro é diferente de ser sucessor, talvez esteja aí o motivo de muitas empresas familiares não atingirem o sucesso com seus herdeiros.

Desempenho e criatividade devem ser vistos como questões da história de vida inteira de uma pessoa, da sua experiência atual, filosofia de existência e do senso de *self*.

Se nascemos puros e livres de vícios, o que será que acontece para que mudemos o caminho ao longo de nossa vida?

Nascemos puros e ao longo da nossa vida somos diretamente influenciados pela nossa família e pelas nossas feridas durante a caminhada. A resposta é uma só e está na base do comportamento, na origem das nossas emoções e sentimentos, registrados no subcórtex cerebral onde estão o sistema límbico e reptiliano.

A experiência interpessoal por meio dos processos neuronais molda a estrutura e função do cérebro, ou seja, somos a consequência dos nossos registros internos, o que aprendemos e vivemos ao longo da nossa história é registrado pelo nosso cérebro, que se adapta a tudo para garantir a continuidade e a sobrevivência.

Aquilo que foi muito bom, nossas conquistas reconhecidas na infância, o carinho e cuidado dedicado pelos nossos pais, cria uma expectativa muito positiva sobre nós mesmos, o que chamamos de autoestima. Ela que nos orienta para resultados positivos.

O inverso vem do sofrimento da nossa alma. Jung chamava de *self*, e a neurobiologia e a neurociência chamam de cérebro emocional e reptiliano. É lá que se encontra nosso principal inimigo, os traumas, que orientam para o insucesso de forma negativa e destrutiva.

Esse registro acontece quando somos muito jovens e ainda não temos recursos próprios para administrar, processar respostas. Precisamos muito do outro, nos tornamos vulneráveis ao que acontece à nossa volta, em nosso ambiente. É por isso que a relação que travamos com nossos pais afeta nosso funcionamento mental e cognitivo, que passa a fazer parte da nossa história e determina nas nossas escolhas futuras e de quem seremos no trabalho, na vida na sociedade e de como morreremos um dia.

Gosto muito de um poema clássico de Dorothy Law Nolte e Rachel Harrys, pois nos permite refletir sobre como o exemplo que os pais dão aos filhos diariamente exerce grande influência em seu comportamento, assim como pode influenciar outras pessoas, sejam sua equipe ou seus filhos.

As crianças aprendem o que vivenciam
Se as crianças vivem ouvindo críticas, aprendem a condenar.
Se convivem com a hostilidade, aprendem a brigar.
Se as crianças vivem com medo, aprendem a ser medrosas.
Se as crianças convivem com a pena, aprendem a ter pena, aprendem a ter pena de si mesmas.
Se vivem ridicularizadas, aprendem a ser tímidas.
Se convivem com a inveja, aprendem a invejar.
Se vivem com a vergonha, aprendem a sentir culpa.
Se vivem sendo incentivadas, aprendem a ter confiança em si mesmas.
Se as crianças vivem a tolerância, aprendem a ser pacientes.
Se vivenciam os elogios, aprendem a apreciar.
Se vivenciam a aceitação, aprendem a amar.
Se vivenciam a aprovação, aprendem a gostar de si mesmas.

Se vivenciam o reconhecimento, aprendem que é bom ter um objetivo.
Se as crianças vivem partilhando, aprendem o que é generosidade.
Se convivem com a sinceridade, aprendem a veracidade.
Se convivem com a equidade, aprendem o que é justiça.
Se convivem com a bondade e a consideração, aprendem o que é o respeito.
Se as crianças vivem com segurança, aprendem a ter confiança em si mesmas e naqueles que as cercam.
Se as crianças convivem com afabilidade e amizade, aprendem que o mundo é um bom lugar para se viver.

"*Para compreender o funcionamento cognitivo (razão ou inteligência), é preciso entender o aspecto emocional. Os dois processos são uma unidade: o afeto interfere na cognição, e vice-versa. A própria motivação para aprender está associada a uma base afetiva.*"
(VYGOTSKY, 2014)

Nossas feridas são resultantes da educação e dos traumas

"*Os sintomas traumáticos não são causados pelo acontecimento desencadeador em si, mas pelo resíduo congelado energético que não foi usado para atitude de luta ou fuga que permaneceu preso no sistema nervoso onde pode causar danos ao nosso corpo e espírito.*"
(PETER LEVINE, 1999)

Todos nós passamos ao longo de nossas vidas por momentos de privações, emocional ou financeira, assédios morais, situações de humilhação e outras mais sérias como exposição à vida.

O importante é como nos defendemos, nos protegemos ou atacamos, isso define a forma como nos adaptamos para sobreviver a partir disso. Muitos saem mais fortes desses eventos e encontram formas de se transformar através da espiritualidade, de um dever com a sociedade ou mesmo porque não têm outra opção, porém na maioria das vezes simplesmente deixamos isso "guardado" na mente inconsciente para viver a partir disso.

Quando isso acontece, alguns comportamentos cognitivos adaptativos são criados e passam a orientar nossas atitudes e se tornam habilidades essenciais ou comportamentos disfuncionais.

Quanto mais emoção contenha determinado evento, mais ele será gravado no sistema nervoso. Você esquece, mas o cérebro não!

O cérebro, para garantir a vida, que é sua função primordial, frente à situação de forte impacto emocional, faz um trabalho magnífico nos fazendo esquecer momentos de trauma, encapsulando e registrando no cerebral subcortical profundo o que aconteceu na íntegra, como se fosse a cena de um filme de aventura e terror.

Porém, invariavelmente ao longo de nossas vidas repetimos de forma inconsciente a mesma aventura em cenários diferentes, "ativamos" essas memórias com muita emoção, como se fosse um *flashback*. Isso quer dizer que aquilo que aconteceu no passado se parece com o momento do presente criando um **link** em uma relação de causalidade. Nessa hora o cérebro quer se libertar de toda pressão e peso que carrega até aquele momento, mas você ainda não aprendeu a processar o evento. Repetimos muitas vezes essa mesma atitude impulsivamente na tentativa de resolver o passado, o que é saudável, mas inócuo. Nesse momento lidamos com o cérebro e seus efeitos na esfera emocional e diante do tão enigmático bloqueio de performance. "Eu tenho consciência dos meus erros, mas não consigo mudar".

O que fazer para desbloquear? Como transformar meus traumas em força criativa?

Como permitir que meus potenciais se manifestem livremente sem me fazer adoecer ou ser impulsivo, ansioso, sentir pânico, sofrer de depressão, ter compulsões, pôr tudo a perder em relacionamentos, ter a sensação de já ter passado por isso repetidas vezes sem conseguir mudar?

Quer dizer que os traumas são sempre impeditivos? Claro que não. Tome como exemplo pessoas que foram assaltadas e como elas reagem à vida depois disso, ficam assombradas ou passam a ser mais estratégicas em sua vida pessoal e profissional?

O *coaching* comportamental possibilita encontrar no cérebro o bloqueio da criatividade e a ansiedade por performance e liberar as habilidades e os talentos criativos para aprimorá-los.

O *coaching* comportamental é realizado a partir de um "escaneamento" cerebral que possibilita um diagnóstico sistêmico dos padrões comportamentais originados pelas redes neuronais. Tem como objetivo o desbloqueio e a busca da expansão do desempenho e criatividade. Abordagens e metodologias da psicologia e com base nas terapias de processamento cerebral, terapia do trauma e neurobiologia interpessoal (SIEGEL) e a neurociência. Como resultado o cérebro muda seus padrões alterando a cognição.

> "*O cérebro possui capacidade neuroplástica e de neurogênese, ou seja, o cérebro pode crescer e mudar sua estrutura e função. O que embasa a mudança efetiva das atitudes comportamentais.*"
> (PETER LEVINE, 1999)

Em casos como esse, outras metodologias de *coaching* revelam-se menos eficientes e eficazes, pois não se trata de desenvolver competências novas, mas sim de extrair o que gera muita ansiedade de performance, depressão e falta de competências emocionais.

Aprendi a buscar dentro do *coaching* comportamental os momentos luminosos que podem transformar o *coachee* e desbloquear seu cérebro, despertando habilidades e aumentando e muito seu desempenho profissional.

Quando meu *coachee* trava, já sei onde procuro estimular as mudanças, bastam alguns encontros para desbloquear o cérebro e ele muda.

Robin Williams foi meu grande inspirador no filme Patch Adams: o amor é contagioso. No dia da sua morte me perguntei como alguém com tantas habilidades, competência e inspiração decide terminar sua vida? Foi aí que me senti pronta para escrever esse artigo, pois de nada valem nossos objetivos concretos se não estamos envolvidos com a força da nossa alma, nosso *self*, é ele que nos sustenta na tomada de decisões, na escolha do caminho e traz a verdade sobre quem somos e quem pretendemos ser.

Patch Adams talvez fosse seu desejo interno, o de criança, mas em algum momento da sua vida foi ferido e essa ferida adaptou seu comportamento criando atitudes efusivas, intensas e alegres de seus personagens, das quais muitos se beneficiaram como eu.

Porém, um dia talvez tenha entrado em contato com seus fantasmas, deixando o personagem alegre e encontrando seus traumas todos armazenados e descoberto a tristeza, o que não suportou.

O mesmo ocorre muitas vezes com os *workaholics*, muito preocupados com os resultados de seus trabalhos, que se tornam personagens que fazem dinheiro para os outros e não percebem por que fazem isso nem a vida que estão deixando de viver. A intensidade de seus objetivos é muito maior que seus limites corporais, mas em algum momento suas almas, seus inconscientes e seus cérebros, que até então estavam calados, se manifestam através de perdas: família, saúde, emprego, etc.

Momentos de crise, muitas vezes, servem para nos aterrar e não enterrar.

***Coaching* no centro da estratégia do business pode alavancar os resultados da empresa?**

Mapeando necessidades de mudança juntamente ao clima organizacional, descubro quais comportamentos-chave produzirão as mudanças macro no *business*, usando para isso diversas ferramentas e processos: *coaching* individual, em grupo, 360 graus, pesquisa do perfil de liderança, pesquisa de clima, *assessment*, *job rotation*, plano de sucessão, treinamentos e *workshops* customizados.

Uma empresa bem gerida traz empregos e trabalha de forma sustentável. Garante clientes satisfeitos e contribui de forma consciente e justa com o planeta.

"Podemos caminhar em direção ao sucesso, mas para isso existe uma regra e caminho único: comece por você mesmo.

Ser líder tem a ver com como lidero o meu lado humano e o que faço e por que faço.

Precisamos começar a aceitar e acreditar que muitas vezes, principalmente quando repetimos os mesmos erros e nos debruçamos nas mesmas situações, algo está bloqueado dentro de nós".

45

Autogestão, carreira e felicidade

Que tal gerir aquilo que fará parte da sua vida pelo menos 2.640 horas por ano?

Renata Nogueira

Renata Nogueira

Psicóloga com ênfase Organizacional, consultora empresarial e *Coach* formada pelo Instituto Brasileiro de Coaching (IBC), com certificações internacionais BCI (Behavioral Coaching Institute), ECA (Europen Coaching Federation), GCC (Global Coaching Community e IAC (International Association of Coaching).

Contatos
renata_michelle@hotmail.com
teamconsultersrh@hotmail.com

O cenário profissional atual está repartido em duas vertentes, de um lado as empresas que precisam de bons profissionais e justificam a escassez de talentos e do outro as pessoas que precisam de emprego e que justificam a falta dele. O apagão de talentos tão comentado na atualidade não se fundamenta na ideia da ausência dessas pessoas, pois elas estão espalhadas pelos mais diversos lugares, mas sim na falta de preparo e investimento e no que denominamos como necessidade de autogestão.

Da iniciação à carreira profissional aos momentos atuais são necessários bons cuidados. Talvez o seu primeiro emprego não seja definitivo, mas os seus comportamentos iniciais podem garantir uma melhor eficácia nos seus resultados e sonhos futuros.

Inicie identificando nas primeiras experiências dificuldades e comportamentos positivos espontâneos.

Que tal gerir aquilo que fará parte da sua vida pelo menos 2.640 horas por ano?

➔ Significado de trabalho

"[...] A imaginação criadora e o trabalho para mim andam de mãos dadas, não retiro prazer de nenhuma outra coisa."
Sigmund Freud

A percepção acerca do trabalho tomou diferentes rumos no decorrer da nossa história, porém, ainda hoje nos deparamos com o seu sentido arraigado por conotações negativas, mas, diferente do que ocorria antigamente, hoje é possível verificar um novo arranjo, uma nova percepção, um sentido dotado de humanidade, antes ofício de uma maioria desfavorecida, hoje necessidade de todos.

Segundo DEJOURS (2004, p.28), trabalho é:

> "[...] Gestos, saber-fazer, um engajamento do corpo, a mobilização da inteligência, a capacidade de refletir, de interpretar e de reagir às situações; é o poder de sentir, de pensar e de inventar, etc" (grifo do autor).

Defino da seguinte forma, trabalho é um meio de evolução intrapsíquica, realizado com gestão e empenho estará ligado a boas perspectivas de qualidade de vida.

Ainda que visto de forma mais qualitativa na atualidade, algumas pessoas não compreendem o quanto o trabalho pode ser promissor para as suas vidas.

Dentro dessa nova realidade, além de uma vitória comparada com o cenário anterior, onde o trabalho estava ligado à ideia apenas de sobrevivência ou benefício econômico, ganhamos um leque de possibilidades e responsabilidades, entre elas escolher e gerir o seu próprio desenvolvimento.

E há quem diga que escolher é tarefa árdua, porque ela pode ser assertiva ou não e voltar nesse caso para muitos é perder. Não! Voltar é recomeçar. Seja em uma escolha atual ou em um processo de terapia, resgatar o nosso marco infiltrado no inconsciente e compreender os comportamentos atuais a partir desse viés, sempre será necessário.

Fazendo um paralelo com o nosso desenvolvimento humano e buscando compreender melhor o conceito de responsabilidade durante todo o nosso período maturacional, visualizamos uma fase inicial de vida do desbravar de possibilidades, do tocar e querer saber o porquê de tudo, são tantas novidades, um verdadeiro *playground* aos nossos olhos. Em um segundo momento, iniciamos uma espécie de fase conflituosa, pois começamos a compreender que existem regras e responsabilidades e, ao mesmo tempo, o nosso desbravar de tudo ainda está aguçado. E aí chegamos na fase adulta, com novas cobranças sociais, uma espécie de padrão que é empurrado apenas para que seja digerido, mas o marco é seja responsável, porém, lá dentro ainda permanece o seu lado criança e adolescente. O tabu da responsabilidade existe, pelo medo de arcar com as consequências, esse medo que engessa e muitas vezes não permite evoluções. E por mais que você esteja cercado de opiniões, a palavra final sempre será a sua. A partir desse momento, a responsabilidade compartilhada não se fundamenta mais.

Bem, para cada pessoa a intensidade desse processo será vivenciada de uma forma. Então o importante é pensar, como estão as suas escolhas? Você tem feito escolhas? Os seus resultados atuais estão de acordo com o que realmente você deseja? Avalie, nesse momento, a sua felicidade nos últimos seis meses. Está satisfeito com o conjunto das suas respostas?

Sim! O termômetro para saber se está tudo certo é o seu grau de felicidade. É a sensação de estar pleno, pelo menos na maior parte do tempo e esbanjar um belo sorriso de dentro pra fora ao falar sobre o que faz. É aquela energia vital observável, comum a todos os que gostam do que fazem e naturalmente transcender isso para o outro. Mas, lembre-se, assim como é possível e real a obtenção do prazer, se não for bem administrado é passível também de sofrimento. Em que patamar você está?

Caso a resposta seja não, volte e recomece, sem medo, apenas faça, a ação é um aliado e se você acreditar de verdade e identificar um dom para isso, será bem-sucedido. O que falta para muitos é ajustar a engrenagem. Parar por um instante para gerir a sua própria empresa, buscando sucesso ou equilíbrio e tirando da zona de conforto. Para isso é necessário identificar as suas afinidades, pontos fortes e melhorias. Lembre-se, todos nós nascemos para alguma coisa, dispomos de um leque de possibilidades, que identificadas trarão bons resultados profissionais. Qual a sua verdadeira vocação?

Escreva abaixo os seus cinco talentos ou fatores marcantes e indique também cinco fatores de melhoria:

____

____

____

____

____

____

____

____

Avaliação externa

Avalie também qual é a sua marca aos olhos das pessoas que estão a sua volta.

Permita-se ouvir a impressão que as pessoas têm de você, escolhendo um grupo de pessoas aleatórias e verifique o quanto a sua autopercepção está o ajudando ou o autossabotando. Faça pelo menos duas importantes perguntas.

Quais são as suas características mais positivas?

O que precisa ser ajustado para um melhor desenvolvimento?

Esteja aberto para o *feedback* e trabalhe as respostas com muita seriedade e serenidade.

Outros fatores contribuirão à manutenção da sua autogestão:

- Cerque-se de quem some e agregue as suas atividades;
- Trabalhe o seu marketing pessoal com responsabilidade, evite exageros;
- Estude para todo o sempre, incansavelmente, seja curioso e tente tornar isso uma prática diária;
- Tenha em mente a necessidade de ter foco, ousadia e que é necessário sempre agir.

Lembrando que muitas vezes não cabe apenas ao indivíduo se adaptar, o ambiente também precisa ser estruturante. É natural que após um processo de "preparo" profissional você possa escolher de fato onde quer estar. Nesse sentido, as empresas dispõem de *headhunters* apenas para mediar o processo como fontes de orientação.

Recebemos também alguns importantes estímulos externos, que não são definitivos aos resultados, mas que geralmente influenciam positivamente ou negativamente:

➔ O papel singular da família

Os pais ou cuidadores exercem um papel essencial na formação de uma criança e também na formação profissional. Eles influenciam diretamente o desenvolvimento dela. Alguns cuidados precisam ser tomados, como, por exemplo, sair da perspectiva da influência para a perspectiva do acompanhamento, lembrar que o seu sonho não é necessariamente o sonho do seu filho. O apoio familiar em caso de "pedras no caminho" também é necessário, assim como a linguagem, que influencia nossas crenças, ascensões e limitações. Frases de estímulo profissional são boas aliadas.

➔ O papel da sociedade - escola

O acolhimento social é um evento presente e impactante. Todos os nossos sentidos ficam aguçados. Excelente momento para o aprendizado, quando estamos abertos a ouvir e criar os primeiros ensaios e esboços do nosso senso crítico. Dessa forma, a preocupação quanto a um ambiente estruturante se faz necessária, mas lembrando que a perfeição nunca será encontrada, como bem nos mostra a cultura oriental, que preenche objetos quebrados com ouro, com o intuito de valorizar aquilo que já teve uma história, resquícios e imperfeições do tempo e que pode tornar-se mais bonito e valoroso.

E por falar em felicidade

A principal estratégia de marketing da atualidade está fundamentada não na venda do produto em si, mas no quanto isso trará de benefícios para a vida do cliente, equilíbrio, qualidade, entre outros. E também como no momento do atendimento as palavras transmitidas influenciarão diretamente a sua escolha positiva ou negativamente. Essa é uma vertente interessante e que traz identificação imediata. O ser humano, em quaisquer atividades que esteja incluído, sempre levará a sua essência e necessidade de ser cuidado, feliz e amado.

Reconheça a sua necessidade de ser feliz e elabore um planejamento para torná-la contínua na sua vida.

A felicidade é um estado, quando cultivada torna-se permanente. Como destacado na música de Marcelo Jeneci "felicidade é só questão de ser...". Ou encontrada nas palavras geniais de Mahatma Gandhi "Não existe um caminho para a felicidade. A felicidade é o caminho". Mera poesia? Não, aqui temos a arte embasada e envolta de realidade.

Felicidade, criatividade, desafio- Não apenas a capacidade de sentir, mas de criar esses cenários. Não espere pelo seu gestor ou equipe para se enquadrar na realidade de um grupo seleto e disponível de pessoas que se divertem e têm o sucesso como consequência natural dos fatos.

Foco no seu verdadeiro sonho- claro que é possível ter mais de uma profissão, mas no geral identificar uma e trabalhar significativamente para que ela aconteça lhe trará melhores resultados.

Equilíbrio- traz benefícios em longo prazo e deve ter sua atenção especial, como acontece com tudo aquilo que desejamos e empenhamos foco. Saber o ponto de "desligar" o foco do trabalho também é importante, ou pelo menos ficar temporariamente em *"stand by"*. Isso responde muitas perguntas acerca de pessoas que se esforçam sem limites e não chegam ao objetivo desejado.

Converse com pessoas que você admira- você ganhará uma excelente oxigenação e motivação, ao perceber que implicado no processo, muito do que acontece com você, já foi administrado por essa pessoa. Essa conversa com um bom profissional trará também um norte, não para você fazer igual, apenas para alinhar da melhor forma tendo outros exemplos.

Procure um profissional caso esteja com dúvidas ou não consiga identificar sozinho. Psicólogos que trabalham com orientação vocacional ou um *coach* de carreira são os profissionais indicados. Eles dispõem de ferramentas valiosas e intervenções poderosas para junto com você alcançar o objetivo, partindo da percepção e necessidade de olhar a sua singularidade.

O que as pessoas bem-sucedidas têm em comum? Elas amam o que fazem e não desistiram no primeiro obstáculo, também compreenderam que tudo que acontece verdadeiramente está conectado com as nossas escolhas e comportamentos adotados. Aprenderam a ver a vida como ela é, modificando e mantendo o necessário e resolveram assumir o seu papel, protagonizando em um lugar de destaque a sua própria história. A partir desse momento é possível, acolha e mantenha apenas o que lhe faz bem. Perceba as oportunidades e crie pontes para que aconteçam. Identifique a importância que você tem no mundo e olhe para frente a maior parte do tempo. As pessoas bem-sucedidas estão fazendo nesse momento algo para fortalecer o bem mais precioso que elas possuem, a percepção de si mesmas com foco em resultados e no futuro e estão fazendo planos, se não os executando.

Lembre-se, sem risco não há mudança! Convide o seu medo limitante e a estagnação para duelarem com você e vença! Endosso essa perspectiva com as doces palavras de Carlos Drummond de Andrade "A cada dia que vivo, mais me convenço que o desperdício da vida está no amor que não damos, nas forças que não usamos, na prudência egoísta que nada arrisca e que, esquivando-nos do sofrimento, perdemos também a felicidade".

46

Aplicação estratégica do *coaching*

Coaching é uma tecnologia transformativa que, quando aplicada de forma estratégica, seja na vida pessoal ou nos negócios, gera as condições necessárias para a obtenção de resultados extraordinários

Rodrigo Lourenço

Rodrigo Lourenço

Especialista em Desenvolvimento do Potencial Humano, *Master Coach, Trainer* em PNL, escritor, hipnoterapeuta, palestrante, consultor, empresário e presidente da Sociedade Brasileira de Líder Coaching. Atua profissionalmente desenvolvendo pessoas de forma humanística para que possam despertar seu potencial infinito e superar seus limites.

Contatos
www.rodrigolourenco.com.br
contato@rodrigolourenco.com.br
(44) 3035-3577

Coaching é uma tecnologia transformativa em que um profissional (*coach*) auxilia o cliente (*coachee*) a identificar seu estado atual (ponto A), a definir claramente o estado desejado (ponto B) e a descobrir por si mesmo a jornada para atingir esse estado desejado.

Coaching pode ser definido como um fenômeno sistêmico que não deve ser engessado e vai muito além de uma metodologia. Através de perguntas poderosas faz a ponte entre o inconsciente e o consciente, trazendo à tona as respostas elucidativas que ampliam a mentalidade e o campo de visão do cliente, gerando *insights* que permitem identificar novas possibilidades, o que, por sua vez, gera escolhas mais assertivas rumo ao estado desejado.

Reflita sobre o processo de transformação de uma lagarta em uma borboleta. Perceba que a lagarta precisa romper sozinha o casulo antes de completar sua transformação. Da mesma forma, o *coachee* precisa descobrir sozinho as suas respostas, pois as perguntas feitas pelo *coach* demandam respostas relacionadas àquilo o *coachee* deseja alcançar. Por exemplo, o que você responderia caso um *coach* lhe perguntasse: **Qual o próximo passo em direção ao seu objetivo?**

Note que essa pergunta leva a diferentes respostas, pois é genérica, mas a resposta é pessoal e, além disso, o projeta a uma ação. Normalmente, a pergunta mais poderosa surge intuitivamente na sessão de *coaching* e é especifica ao caso do *coachee*, o que permite um nível mais profundo de transformação.

1 + 1 = 3

Segundo a matemática, a soma 1+1 é igual a 2, mas disso você já sabia. No entanto, será que esta regra matemática também aborda algo tão subjetivo quanto à soma da capacidade humana? Ou é valida somente para somar unidades não subjetivas?

Certamente você já ouviu em algum momento que duas cabeças pensam mais que uma, mas será que elas pensam o equivalente a somente duas cabeças?

De forma simplista, para a solução de determinado problema cada indivíduo identifica apenas uma solução possível, portanto separados chegam a duas soluções, mas será que depois de analisarem juntos as possibilidades eles terão somente duas alternativas?

Considerando que o *coaching*, como já mencionado, é uma tecnologia transformativa em que um profissional, por meio de perguntas poderosas, possibilita ao cliente identificar por si mesmo novas possibilidades, será que nesse caso o "poder do *coaching*" não multiplica as capacidades do cliente?

Com base nessas reflexões, tenho a ousadia de defender a tese de que *coaching* é um processo em que 1 + 1 = 3, pois o *coach* (1), pelo *coaching*, auxilia o *coachee* a multiplicar suas próprias capacidades (transformando-o em 2 já que amplia sua capacidade) para identificar novas soluções para o mesmo problema. Dessa forma, no processo de *coaching*, o *coach* somado ao *coachee* com sua capacidade ampliada equivale à habilidade de solução de três indivíduos e não apenas dois, ou seja, 1 + 1 = 3.

Coaching formal e coaching informal

Tradicionalmente o processo de *coaching* é exercido formalmente em um "coachingtório" (similar ao consultório de um psicólogo) em sessões em que se encontram o *coach* e o *coachee*.

No entanto, o *coaching* também pode ser feito de maneira informal, em qualquer ambiente – inclusive muitas pessoas já utilizam o *coaching* informal sem saber que estão fazendo *coaching* e até mesmo sem ser com um *coach* formado.

A melhor maneira para a aplicação estratégica do *coaching* é justamente a informal, realizando perguntas estratégicas para a obtenção do resultado desejado.

Aplicação estratégica do *coaching*

Utilizado como uma tecnologia transformativa, o *coaching* possibilita identificar novas alternativas, permitindo escolhas mais assertivas e consequentemente novos comportamentos que levam a melhores resultados.

Visando a aplicação estratégica do *coaching* em ambiente informal, apresento algumas alternativas e contextos em que ele pode ser aplicado no dia a dia gerando resultados extraordinários.

Ampliação de mentalidade

Possibilitar a expansão da consciência e permitir a identificação de novas escolhas quando temos um colaborador que só enxerga um ponto de vista, quando um amigo pede um conselho, quando formamos líderes, quando desejamos tornar as pessoas mais flexíveis. Nesses casos, podemos fazer a aplicação estratégica do *coaching* por meio de perguntas como:

- Quais outros meios de atingir esse objetivo?
- Como a outra pessoa enxerga essa situação?
- Diferente daquilo que já fez, o que pode fazer agora?
- Além disso, o que pode ser feito agora? E além disso?

Identificação de propósito maior

Os benefícios em identificar um propósito de vida são inúmeros, dentre os principais podemos citar o aumento do desejo de viver, o senso de propósito e o sentimento de pertença a algo muito maior que nós mesmos.

Tão importante quanto identificar o propósito de vida é identificar o propósito maior por trás de cada objetivo específico. Isso desperta uma motivação interna sem precedentes para a realização, possibilitando a aceleração de resultados por meio do *coaching*.

Um exemplo é o caso de uma estudante de biomedicina com obesidade e que desejava emagrecer, mas não se sentia motivada com esse objetivo e já tinha tentado academia, nutricionista e remédios para alcançar esse desejo, mas sem sucesso.

Com essa cliente identificamos que com a redução de peso ela teria mais saúde e consequentemente mais tempo de vida. Com mais tempo de vida ela poderia salvar mais vidas. A cliente percebeu então que se emagrecesse vinte quilos ganharia saúde para viver uns dez anos a mais, o que lhe permitiria auxiliar a salvar a vida de aproximadamente 20 mil pacientes a mais. Ou seja, ela concluiu que 20 mil pessoas no futuro dependem do emagrecimento dela agora. O resultado desse *insight*? Depois da segunda sessão de *coaching* de emagrecimento ela já tinha perdido cinco quilos.

Para auxiliar a identificação do propósito maior por trás de objetivos específicos, podemos fazer a aplicação estratégica do *coaching* por meio de perguntas como:

- O que você ganha se atingir esse objetivo?
- Além disso, o que mais você ganha se atingir esse objetivo?
- Quem mais vai ganhar quando você atingir esse objetivo?
- Qual o impacto que atingir seu objetivo vai causar no mundo?
- Como será a sua vida após conquistar esse objetivo?

Qualidade nos relacionamentos

Um relacionamento é a ligação afetiva, profissional ou de amizade entre duas ou mais pessoas que se unem em prol de um objetivo em comum, seja casamento, criação dos filhos ou o desenvolvimento de um projeto profissional.

Comumente nos deparamos com situações conflituosas em que um dos envolvidos fez algo errado, ou deixou de fazer algo importante sob a perspectiva de outro indivíduo. Nesse cenário até mesmo uma boa justificativa daquele que cometeu a falta pode abalar os alicerces da relação, mas então como proceder?

Imagine o seguinte cenário: a esposa vai ao salão de beleza e fica linda pensando em seu marido, mas ao chegar em casa o marido não percebe a mudança de visual da esposa, então a esposa chateada por não receber a devida atenção que esperava do marido começa a discutir e reclamar com ele. Nessa situação, o marido poderia se calar, poderia discutir e reclamar sobre as vezes que também não recebeu atenção, poderia tentar se justificar ou pedir desculpas pela falta, mas o quanto isso seria assertivo no momento? Agora, se em vez de ter uma dessas atitudes comuns, ele dissesse algo como: "Amor, me desculpe, realmente não notei que estava ainda mais linda para mim e não quero magoá-la em nenhum momento, por isso você pode me dizer em quais outros momentos você também sente que eu não estou dando a devida atenção a você?"

Perceba que a pergunta abre possibilidade para amplificar o contexto da discussão, mas se o marido se mantiver centrado e continuar perguntando, demonstrará interesse na solução e que realmente se importa com sua amada. Dessa forma rapidamente o conflito será dissolvido e ele conhecerá o ponto de vista da esposa.

Talvez no começo o caso em questão não tenha tanta importância para ele, pois se trata de uma pequena mudança no visual de sua amada, mas com essa atitude, perguntando e demonstrando interesse, ele perceberá que para ela que passou o dia inteiro no salão de beleza pensando em agradá-lo este caso tem outra proporção e então ele terá a escolha de se dedicar para não gerar mais esse tipo de conflito, além de poder por meio de perguntas esclarecer que mesmo a amando genuinamente nem sempre conseguirá agradá-la, mas que irá se dedicar para continuar melhorando a cada dia.

Analisando o cenário acima, no qual o marido utilizou a essência do *coaching*, que consiste em fazer perguntas e ouvir atentamente sem fazer julgamento, você acredita que o nível do relacionamento continuará o mesmo que antes ou estará dando um passo em direção a um relacionamento mais harmonioso e sustentável?

Se o seu objetivo é obter mais qualidade nos relacionamentos, pode realizar a aplicação estratégica do *coaching* por meio de perguntas como:

- O que exatamente eu fiz?
- Como eu poderia ter feito diferente?
- Como você poderia ter agido diferente?
- Como podemos agir para preservarmos a nossa relação?
- Qual atitude seria mais adequada nesse momento?
- Esta atitude é proporcional à importância desse cenário?
- O que fez você pensar dessa forma?
- O que levou você a pensar isso sobre mim?
- Como posso demonstrar que esse seu pensamento está equivocado?

Self coaching

Talvez uma das melhores maneiras de aplicar o *coaching* de forma estratégica em sua vida seja pelo *self coaching*, que poderia ser traduzido por "*coaching* de si mesmo" ou "autocoaching", porém vai muito mais além disso.

Você não precisa necessariamente reservar um horário para fazer *self coaching*, ele pode ser aplicado a qualquer horário e em qualquer contexto, mas para isso é importante ter em mente o significado das palavras autossabotagem e *dantotsu*.

Autossabotagem é a capacidade de elaborar desculpas para permanecer onde nos encontramos, ou seja, são as desculpas que damos a nós mesmos para não mudar. Por sua vez, ***dantotsu*** é um termo em japonês que significa "lutar para ser o melhor do melhor".

Para obter resultados com o *self coaching* em sua vida é importante você estar disposto a realizar um "autodantotsu", ou seja, lutar para ser o melhor do melhor que você pode ser, lutar consigo mesmo para eliminar a autossabotagem que o aprisiona em sua zona de conforto.

Com isso em mente, você fica livre para decidir ou não começar um processo de *self coaching* de forma estratégica e simples em sua vida. Ele consiste em fazer perguntas para si mesmo e responder com sinceridade, possibilitando assim mudanças em seus comportamentos de maneira sustentável para se chegar a melhores resultados em sua vida.

Para isso você deve fazer a si mesmo e responder mentalmente perguntas como:

- Quais são minhas alternativas para esse caso?
- Qual a consequência se eu não fizer nada?
- O que de pior pode acontecer?
- Eu realmente preciso disso agora?
- Qual a minha intenção positiva em fazer isso?
- Qual a intenção positiva do outro ao ter essa atitude?
- Como eu poderia ter feito diferente?

Chegamos ao fim desse texto, mas ele pode ser o começo de sua nova vida rumo ao seu objetivo, e por isso aproveito para lhe fazer uma pergunta: **qual o seu próximo passo em direção ao seu objetivo?** Caso a resposta seja contratar um *coach*, estou a sua disposição.

47

Aplicação do *coaching* para acelerar os resultados corporativos

Os ganhos obtidos pelas organizações com o desenvolvimento do processo estruturado de *coaching* vão além do aumento da produtividade e do lucro. A melhoria do relacionamento interno, novas perspectivas de crescimento e o apoio técnico recebido pelos profissionais para atingirem resultados melhores são fatores que geram confiança e credibilidade, fortalecendo positivamente a imagem da empresa junto aos profissionais e elevando assim o *psycap* organizacional

Rosina Franco

Rosina Franco

Master Coach com certificação pela BCI – Behavioral *Coaching* Institute e ICC – International *Coaching* Council, especialista em *coaching* corporativo com formação em MBA em *Coaching* pela FAPPES, com formação nos Assessment Quantum como Analista Quântica pela Universidade Quantum, em Alpha Assessment e ViaME pela SB*Coaching*. Especialista e pós-graduada em Gestão de Pessoas e Gestão da Qualidade com Graduação em Administração de Empresas. Atuou mais de 15 anos como Consultora de Empresas (mais de 30.000 horas) em desenvolvimento organizacional, com ênfase em gestão estratégica de negócios. Atuou como diretora de RH em empresa de médio e grande porte, como gestora da qualidade em processos de certificação de gestão da qualidade, gestão ambiental e sustentabilidade em empresas de diversos segmentos. Docente, instrutora e palestrante (mais de 12.500 horas) para milhares de pessoas em todo o Brasil nas áreas comportamentais e técnicas como: gestão administrativa, qualidade, recursos humanos, liderança, motivação de equipes e desenvolvimento pessoal. Atua como *executive coach* para executivos e organizações, com *team coaching* e na formação de líderes *coaches* (com aproximadamente 5000 horas de prática).

Contatos
www.iccdobrasil.com.br
rosina.franco@iccdobrasil.com.br
(11) 2277-6899 / (11) 99684-6122

Após 20 anos de prática em *business consulting*, inúmeras horas investidas em treinamentos e desenvolvimento pessoal e profissional sempre com o propósito de estar preparada técnica e emocionalmente para oferecer o melhor ao meu cliente e gerar resultados elevados nos serviços prestados, sentia que ainda faltava algo, algo que completasse o trabalho, que desse um novo *design* ao que eu fazia e foi aí que conheci o *coaching*.

Ao concluir o primeiro módulo da formação de *coaching*, entendi o quanto podia evoluir nos trabalhos agregando a eles essa nova metodologia. E foi assim que decidi inovar e reformular completamente cada serviço oferecido ao mercado.

Depois da formação completa, com o *master coaching* e o MBA em *coaching*, foi possível alinhar meu desenvolvimento pessoal e profissional ao desenvolvimento corporativo. De uma maneira muito mais consistente e com uma visão clara e ampla da aplicação do *coaching* para acelerar os resultados no mundo corporativo, iniciei uma reestruturação de todo o trabalho, foi como começar uma nova etapa na minha história e carreira profissional.

Durante muitos anos, um dos trabalhos que mais desenvolvi no mundo corporativo, meu carro-chefe, tem sido a preparação de líderes empresariais por conta dos *gaps* existentes na formação dos profissionais que ocupam essa função e do impacto que geram nos resultados dos negócios.

O mercado em constante movimento e num ritmo acelerado de evolução requer dos profissionais, especialmente dos que ocupam posição de liderança nas organizações, um desenvolvimento também mais acelerado, que atenda mais prontamente à demanda atual.

Como já concluído em diversas pesquisas feitas por universidades brasileiras e internacionais, o despreparo da liderança resulta em prejuízo sério para todas as partes envolvidas. A empresa acumula insucessos, perda de produtividade, desmotivação do time, perda de talentos, desperdícios de materiais, energia e foco. Os liderados, por sua vez, quando não creem na liderança, projetam essa imagem a toda a organização, portanto passam a não acreditar na empresa, no negócio e na sua missão. Consequentemente pouco geram de valor e não mantêm o nível de engajamento necessário.

Quando há despreparo na liderança, os profissionais se conflitam ou se aquietam em suas zonas de conforto como um mecanismo de defesa e de manutenção do seu *status quo*. Sem inovação, sem crescimento, o time e a empresa ficam estagnados e passam a correr grandes riscos no mercado altamente competitivo como o de hoje, quando não entram em declínio.

Após concluir a aplicação do *coaching* em liderança para 14 turmas do programa de desenvolvimento de líderes – quando aplicado internamente – ou do programa *coaching* em liderança e desenvolvimento gerencial – quando aplicado para turmas abertas em forma de *pool* de empresas, envolvendo a participação de mais de 180 *coachees* – pudemos confirmar os resultados das pesquisas e a necessidade gritante do desenvolvimento de pessoas para atuar na liderança de empresas pequenas, médias e inclusive nas grandes corporações. Isso também serve para os diversos setores da indústria, comércio e serviços.

Identificamos também uma das principais causas de fracasso de novos empreendedores que imaginam atingir um alto resultado em seus empreendimentos apenas com elevada dose de entusiasmo.

Foi com o propósito de contribuir com essas pessoas e para desenvolvê-las como gestores e líderes empreendedores de excelência, comprometidos com sua missão e com os objetivos do time e das organizações a que pertencem, que estruturei um programa completo de transferência de *know-how* de técnicas de liderança e gerenciamento embasados na metodologia do *coaching*. Isso foi possível depois de longas pesquisas e práticas com as ferramentas e técnicas testadas cientificamente e aplicadas em diversos cantos do mundo por *coaches* altamente especializados.

O programa é composto de 12 módulos para o desenvolvimento de habilidades de liderança, incluindo seis sessões em *teams* para os assuntos comuns e seis sessões individuais para tratar as particularidades de cada *coachee*. Duas ferramentas de *assessment* oficiais são aplicadas além dos *assessments* normais utilizados nas sessões. Uma avaliação 360º ao final do programa e por último o desafio final que é na essência um grande estímulo à utilização das práticas do *coaching* na arte de liderar pessoas para atingir os resultados almejados no negócio. Tudo isso em 54 horas de puro *coaching* aplicado.

A escolha dos temas para compor os 12 módulos do programa foi feita após a conclusão de uma pesquisa realizada em 375 empresas de médio e grande porte, sendo 75% nacionais com estilo de administração familiar e 25% multinacionais com administração profissional.

A partir desse diagnóstico inicial a conclusão foi que parte do conteúdo deveria focar em técnicas de práticas que resultassem em melhora imediata da performance profissional e assim gerar maior resultado a curto prazo. A partir do resultado dessa pesquisa, foi estruturada a matriz de competências THPO – técnicas, humanas, pessoais e organizacionais. Os temas foram organizados por tipo de competências.

Nas competências técnicas, a ênfase é dada nas habilidades de integração e relacionamento interpessoais, na postura e construção da imagem positiva do líder perante superiores, pares e liderados. As competências humanas tratam das questões que envolvem o comando e a motivação das pessoas envolvidas, do *feedback* motivador e impulsionador de melhorias. Já nas competências pessoais são abordadas as questões de rompimento de bloqueios e superação de desafios pessoais, da autoliderança como princípio básico da arte de liderar equipes, do uso da criatividade e inovação para sair da zona de conforto e gerar as mudanças e melhoria contínua. As competências organizacionais focam de forma assertiva as habilidades de planejamento e organização para as ações alinhadas às metas e aos objetivos da empresa. Trata do direcionamento e foco da equipe para a conquista dos resultados esperados pela organização. Da priorização das tarefas estratégicas, definição de responsabilidades, à utilização dos conhecimentos e dos potenciais de forma otimizada e o direcionamento da equipe com foco em resultados mensuráveis.

Os módulos são compostos de temas sofisticados e complexos de gestão de processos nas organizações e conceitos de gestão de pessoas, contextualizados para as pequenas, médias e grandes empresas, aplicáveis nos diversos segmentos de mercado, que, quando estrategicamente aplicados de forma simples e prática, geram a transformação do pensamento e o entendimento dos *coachees* sobre as reais necessidades das organizações em que atuam.

Algumas técnicas foram agrupadas em temas específicos, mas, de uma forma geral, o essencial para uma gestão de alta performance foi contemplado nos dois programas, tanto no programa de desenvolvimento de líderes quanto no programa *coaching* em liderança e desenvolvimento gerencial.

Os temas foram cuidadosamente selecionados e elencados de forma estratégica no planejamento do trabalho, de maneira que um sucede o outro e complementa a visão e o entendimento da atuação do líder de excelência. Inicia-se pelo planejamento estratégico pessoal (PEP) e o planejamento estratégico organizacional (PEO), seguidos de comunicação e negociação para líderes, gestão do tempo, liderança e gestão de times, delegação e *empowerment*, relacionamento intra e interpessoal, motivação e desenvolvimento de equipes, otimização dos processos e produtividade, formação e manutenção de times de alta performance, resiliência e agente de mudanças, energização e equilíbrio emocional e, por último, a formação de líder *coach*.

As melhores técnicas aplicadas para a gestão e otimização de processos bem como de gestão de pessoas estão contidas em cada módulo do programa *coaching* em liderança e desenvolvimento gerencial, tornando-os ricos e consistentes e proporcionando ao participante uma formação concisa, integrada e ampla de suas responsabilidades como líder e gestor organizacional. Esses temas são desenvolvidos em sessões de *team coaching*.

A intercalação das sessões de *team coaching* e sessões de *coaching* individual também foi uma estratégia que deu certo. Primeiramente temos uma sessão de *team* e em seguida uma sessão individual, e nesta há a oportunidade de abordar, se necessário, um conteúdo específico, reforçar algum item ou esclarecer dúvidas do *coachee* sobre a sessão de *team*. Cada sessão individual foi planejada com esmero e é composta de uma série de técnicas de *coaching* que gera um enorme aprendizado ao *coachee* e fortalece todo o conteúdo desenvolvido anteriormente na sessão de *team*, dando uma formação sólida aos líderes. A sessão individual também permite a identificação dos bloqueios individuais e as principais necessidades de cada *coachee*. Para o *coach* é uma oportunidade valiosíssima, pois um detalhe, uma "sujeira" mental pode comprometer o resultado de todo o trabalho. Questões que nem sempre nas sessões de *teams* são possíveis de identificar.

A prática intensa do *coaching* no desenvolvimento do trabalho torna o processo dinâmico, acolhedor e desafiante. Cada encontro é um convite à inovação e superação.

As melhores práticas do *professional, positive, executive e business coaching* aplicadas de forma assertiva e pluralizada, em atividades individuais e em grupo, sessões de *team*, sessões individuais, sessões de *laser coaching* propiciam um ambiente favorável ao desenvolvimento e crescimento dos profissionais elevando-o a níveis antes nunca imaginados.

A cada sessão o *coachee* se descobre e começa a entender a sua força e poder de realização. Um *assessment* específico para análise de forças é aplicado durante o programa para munir o *coachee* de informações sobre sua essência, seus comportamentos e especialmente sobre como utilizar de forma inteligente toda a sua energia para gerar resultados maiores.

A seguir temos alguns gráficos dos resultados obtidos com a conclusão do processo de *coaching* e uma análise do impacto positivo que gera na vida pessoal, profissional e organizacional dos profissionais que concluíram o programa *coaching* em liderança e desenvolvimento gerencial.

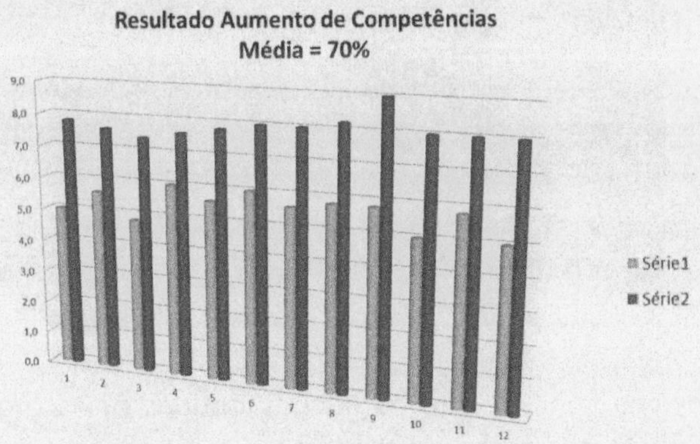

Da 1ª a 14ª turma, sempre mantendo como espinha dorsal a matriz de competências THPO, melhorias foram sempre sendo incorporadas no sentido de oferecer mais conteúdo. Percebemos que a cada mudança implantada no programa de desenvolvimento de líderes, os resultados foram cada vez melhores. A média do aumento de performance dos times foi de 68%.

Resultado do Aumento de Performance pós Processo de Coaching

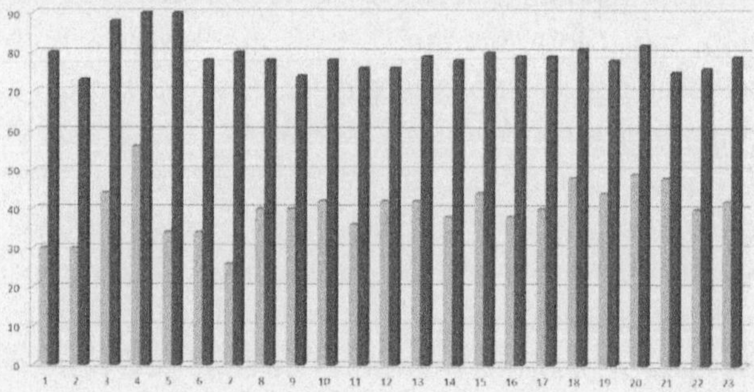

O aumento do nível de motivação do time foi espetacular e percebido a cada sessão ou *workshop*. A vontade de aprender mais e ter acesso a técnicas e ferramentas que realmente geram valor era colocada como aspecto principal pelos *coachees* durante os eventos. A elevação da motivação de líderes para atuarem com liderança de alta performance subiu de 45% para 95%.

Motivação e energização para gerir equipes de alto desempenho

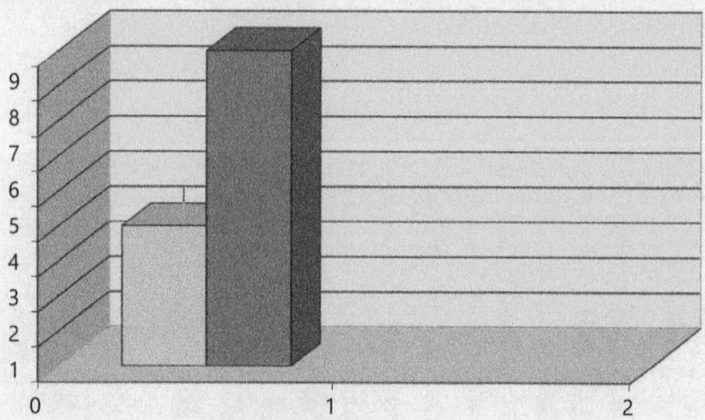

Podemos concluir que os ganhos obtidos pelas organizações com o desenvolvimento do processo estruturado de *coaching* vão além do aumento da produtividade e do lucro. A melhoria do relacionamento interno, novas perspectivas de crescimento e o apoio técnico recebido pelos profissionais para atingirem resultados melhores são fatores que geram confiança e credibilidade, fortalecendo positivamente a imagem da empresa junto aos profissionais e elevando assim o *psycap* organizacional.

48

Expansão ou retração: em qual movimento você está?

Um dos grandes desafios da vida é saber que direção tomar. Ou ainda, em que movimento estou? Para crescer, preciso expandir? Ou retrair? Um pequeno texto para auxiliá-lo em sua busca interna

Soraya S. Lauschner Fernandes

Soraya S. Lauschner Fernandes

Coach Professional, Analista Comportamental e *Leader Coach* pelo IBC Instituto Brasileiro de Coaching com certificação Internacional pela ECA European Coaching Association e GCC Global Coaching Community (Alemanha/Suiça), Consultora em Panorama Neuro Social, Consteladora Sistêmica, Terapeuta Metatrônica Quântica, Advogada com especialização em Direito Tributário, empresária há mais de 15 anos.

Contatos
www.academycoach.com.br
soraya@cedrorosa.com.br
https://www.facebook.com/academycoach.com.br

Os físicos nos dizem que o universo está em constante expansão. Desde o *big-bang*, que alega que nosso universo surgiu de uma energia concentrada do tamanho de uma bola de tênis, sua expansão foi iniciada. Mas chegará o dia, daqui a bilhões de anos, que ele voltará a se retrair até tornar-se novamente energia concentrada do tamanho de uma bola de tênis, para novamente voltar a explodir, expandir e assim continuar num movimento infinito.

Com os estudos científicos de hoje, já podemos dizer que sabemos um pouquinho sobre o universo, apesar de ainda termos muito a conhecer, já demos um salto enorme em relação há 100 anos.

A biologia, por sua vez, nos diz que nosso corpo está em constante movimento de retração e expansão. Quando respiramos, nossos pulmões se expandem ao máximo para receber o ar que entra, quando liberamos, o movimento que se segue é o de retração. Tal como os pulmões, o coração também trabalha com o movimento de retração quando segura o sangue e de expansão quando libera para as veias o líquido mantenedor de nossas vidas.

Mas, afinal, o que toda essa conversa sobre coração, universo e bolinha de tênis tem a ver com *coaching*? Bem, tem muito.

Estamos falando, mais especificamente, dos movimentos de **expansão e retração**. Se esses dois movimentos estão presentes nos conceitos de criação do universo, no dia a dia de nossa saúde física, como poderiam não estar presentes no contexto de nossas vidas?

Em muitos momentos passamos por eles. Geralmente começam em um setor, como os relacionamentos, a saúde, as finanças, a vida social, seja lá em que área for, eles sempre aparecem... E, acreditem, todas as pessoas passam por esses movimentos ao longo de suas vidas, umas mais, outras menos, mas todas passam.

Na saúde podemos reconhecer o movimento de expansão quando precisamos mudar nosso estilo de vida para algo que deixe nosso corpo mais saudável, então expandimos e buscamos aquilo que faça bem ao nosso organismo, como uma academia que nos inscrevemos, uma alimentação que revemos, nos informando, ou seja, estamos expandindo, buscando, crescendo.

O movimento de retração seguindo o mesmo exemplo ocorre quando os extremos se fazem presentes: exagero nos exercícios, privação alimentar, o que é prejudicial se disfarça de benefício. Nesse momento precisamos perceber para onde estamos indo e utilizarmos o movimento de retração, retrair, rever, resguardar, repousar. Tal qual o coração, que sabe exatamente o momento de retrair para posteriormente expandir jorrando para nossas veias toda a energia vital que movimenta nosso corpo.

Também na área financeira passamos por isso, principalmente empresários e profissionais autônomos, já que esses movimentos são condizentes com a própria sobrevivência. Saber em que momento a empresa deve expandir, ou em que momento deve retrair, faz toda diferença entre viver e morrer. Se o momento exige que cresça, faça investimentos, busque parcerias, é preciso estar pronto para isso. Assim como é preciso estar preparado para se retirar da batalha, caso as circunstâncias demonstrem que o momento é de recolher, retrair.

Mas a pergunta primordial é: como vou saber? Como saber qual o melhor momento de retrair, ou de expandir? A resposta é: não saberá!

E o que faremos, então?

A física quântica tem um princípio chamado de Princípio da Incerteza de Heisenberg: você não pode conhecer simultaneamente com igual precisão a posição e a velocidade de um elétron. Trazendo isso para a realidade de nossas vidas, podemos dizer que: há um limite para aquilo que podemos conhecer com precisão e não existe um ponto não tendencioso a partir do qual podemos conhecer qualquer coisa.

Não existe nada no mundo que garanta com 100% de precisão e certeza que algo vai ou não em determinada direção, ou ainda que chegará ao destino sem qualquer interferência.

Então não é possível escapar das incertezas que permeiam nossas vidas. Qualquer certeza correta só é correta em determinado contexto.

Não podemos prever o futuro, mas podemos nos abrir a novas possibilidades, pensar profundamente e aprender novos caminhos.

Aqui, meu caro, entra o trabalho de um bom *coach*, que não vai transformar suas incertezas em certezas completas, até porque, como vimos, isso não é possível, mas pode auxiliá-lo a ver as coisas que até então não podiam ser vistas, apenas mudando a direção em que a luz brilha sobre o objeto (nesse caso suas dúvidas). Ele pode ajudá-lo a sentir coisas que não foram sentidas, e fazer perguntas que não foram feitas. Isso fará você perceber em que movimento está: retração ou expansão? Ou ainda para qual movimento precisa ir.

Mas, o que é *coaching*?

Talvez, amigo leitor, você já saiba o que é, ou já tenha uma vaga ideia. Mas se não souber direito, vou tentar transmitir da maneira mais simples possível: o *coaching* é um trabalho que busca atender algumas necessidades, como alcançar metas, solucionar problemas, desenvolver habilidades; é um processo de aprendizagem comportamental, emocional. Pode ainda ser entendido como um processo conduzido por um profissional, que é o *coach*, visando auxiliar o seu cliente, o *coachee*, a identificar o estado em que se encontra e chegar ao estado a que quer chegar.

No trabalho de *coaching*, três perguntinhas básicas são feitas:

Onde estou hoje?
Para onde quero ir?
Como chegarei lá?

O *coach* não faz nada de mágico, quem faz é o *coachee*. Mas ele tem uma malinha de ferramentas especiais que podem fazer uma enorme diferença na hora de avaliar que movimentos sua vida está trilhando. Por isso dizemos que um trabalho de *coaching* é um acelerador de resultados fantástico!

Muitos clientes comentam que depois de passarem por um processo de *coaching* se perguntavam por que não tinham feito aquilo antes. Como um cachorro que corre atrás do rabo, assim se sentiam, dando voltas.

Então, não tenha medo nem vergonha de pedir ajuda. Não corra mais atrás do rabo. Descubra em que movimento você está... Deve expandir ou retrair? Só você tem a resposta!

49

Coaching: criando um estado mental para resultados extraordinários

Nesse capítulo quero convidá-lo a conhecer a arte de criar um estado mental para resultados. Aqui vamos analisar e mapear o cérebro, criando novos hábitos voltados diretamente para resultados sustentáveis. Conheça como as mentes de indivíduos de alta performance funcionam. Está pronto para iniciar o processo de construção de uma mente poderosa?

Thiago Correia

Thiago Correia

Master Coach Trainer e *Master Coach* de Carreira (Especialista em Transições de Carreira e *Coaching* Vocacional) formado pelo Instituto Ms Coaching de Carreira. Formado em Administração de Empresas e Marketing, Pós-Graduado pela Fundação Getulio Vargas - FGV RJ em Gestão Empresarial e Especialista em Negócios Internacionais pela University of Tampa - Flórida - EUA. Fundador da Intellect Coaching - Escola de Desenvolvimento Humano, realiza palestras pelo Brasil nas áreas Vendas, Liderança, Equipes de Performance, Motivação, Marketing, Gestão de Carreiras e Pessoas.

Contatos

www.intellectcoaching.com.br
thiago@intellectcoaching.com.br
(11) 2952-3480
(11) 99584-9016

Antes de iniciar minha teoria sobre como orientar nosso cérebro a resultados, queria falar um pouco de como iniciei minhas pesquisas e trabalhos sobre *coaching*. Não foi à toa que há anos estudo como o principal órgão do sistema nervoso funciona. Luto diariamente com as sequelas do meu lado esquerdo do corpo (braço e perna) oriundas de três AVCI´S (Acidente Vascular Cerebral Isquêmico). Depois de meu 1º AVC, procurei uma formação em *coaching*, pois queria conhecer essa ferramenta que nos EUA se tornou uma das mais importantes para busca de resultados.

Posso lhe garantir que a imersão nesse treinamento fez uma mudança profunda em minha vida, foi uma enxurrada de autoconhecimento e muito entusiasmo. Nessa formação em *coaching* pude entender e confirmar a eficácia em treinamentos comportamentais. Logo depois de minha primeira formação, procurei especializar-me em *coaching* de carreira. Esse foi um tema que me encantou, pois eu tinha necessidade de ajudar as pessoas a conseguirem encontrar satisfação e resultados em suas profissões. Eu fazia parte dos 77% da população mundial que estava infeliz em sua carreira, e tive a certeza que Deus me preparou os AVC´s como instrumento para iniciar essa minha nova carreira.

Em meus atendimentos a profissionais em transição de carreira, algo me intrigava profundamente. Como profissionais tão preparados, inteligentes, formados em ótimas universidades do Brasil, não conseguiam resultados que julgavam ser bons? Aprofundando sempre as sessões com meus clientes, percebia que o descontrole emocional (pressão) e a falta de objetivos eram fatores preponderantes para os insucessos em suas carreiras.

Estudei um *case* muito conhecido que relata especificamente como a resistência mental é importante. Uma das maiores elites de soldados pelo mundo é a Marinha Americana. Os marines, como são conhecidos, foram estudados por dez anos consecutivos. Os treinamentos começavam com uma seleção de recrutas que em muitos casos eram considerados triatletas e até maratonistas. As fases de seleção se passavam e a maioria dos considerados com uma fisiologia perfeita não ficavam até o final. Isso fez com que os oficiais americanos identificassem que os melhores soldados americanos tinham uma resistência mental muito mais apurada e eficaz do que aqueles que possuíam fisiologias perfeitas.

Estudos realizados pela Universidade de Harvard, comprovaram que 50% da performance durante competições estão ligadas ao cérebro. Se pensarmos em grandes atletas que marcaram a história como Ayrton Senna e Michael Jordan, a concentração e a inteligência emocional eram muito mais apuradas do que as de seus concorrentes.

Você já deve ter escutado essa frase no seu trabalho: "Hoje não estou bem para trabalhar, estou com a cabeça ruim". É típica dos casos em que o sistema límbico não está voltado para resultados. O sistema límbico cuida do processamento de nossas emoções e também é responsável por regular os processos emocionais, como o medo e a ansiedade.

Outra parte importante de nosso cérebro para estudo nesse capítulo é o córtex pré-frontal. Ele é responsável por ações executivas como: planejamento e monitoramento de metas.

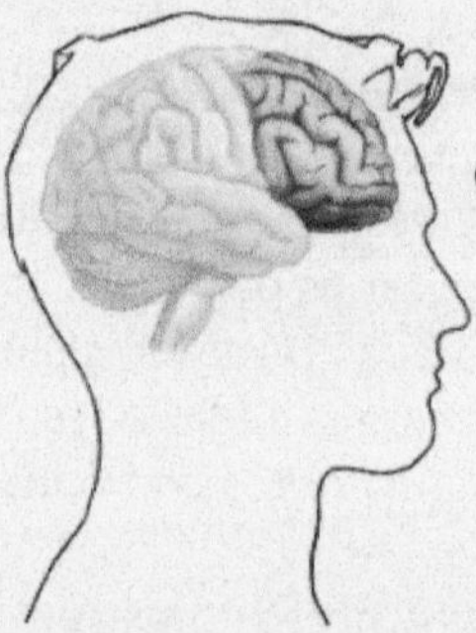

Nosso cérebro pesa menos de 1,5kg e precisa de 20% da energia de todo o nosso corpo para funcionar. Não há como questionar, esse órgão, mesmo tão pequeno, precisa de toda essa energia para exercer suas funções, mas peço um minuto de sua reflexão:

Você está usando 100% de sua capacidade intelectual na sua vida profissional?

Resposta: claro que não! Somos verdadeiros *iceberg´s*!

Você sabia que apenas 10% do *iceberg* está para fora da água? O *iceberg* tem um potencial gigantesco, porém apenas uma pequena parte está sendo usada. Nosso cérebro é a mesma coisa, não usamos integralmente, assim limitamos nossa capacidade de geração de resultados extraordinários.

Em meus atendimentos a clientes, algumas semelhanças se tornavam mais claras quando o assunto era insatisfação com a vida profissional e atingimento de metas. Em 99,9% dos casos, os clientes possuíam enraizadas as suas atitudes: procrastinação e falta de resiliência.

A metodologia que criei é chamada: criando um estado mental para resultados. Ela é composta por três etapas, e com elas quero tirar você dessa zona de conforto, trabalhar forte na criação de uma mente que não procrastina e com alta taxa de resiliência.

No meu *e-book*: *"A Porta se abriu depois do AVC"* escrevo uma frase que me faz muito sentido, e talvez possa fazer parte da sua vida daqui por diante:

"Se a vida fosse fácil, eu a chamaria de Miojo".

Vamos trabalhar agora com a metodologia?

A metodologia é constituída em três etapas:

1º) ETAPA: visualização do estado atual.
2º) ETAPA: visualização do estado desejado.
3º) ETAPA: construindo e mapeando hábitos de sucesso.

Como em toda metodologia que propicia uma mudança comportamental, a necessidade de entrega de sua parte tem que ser integral, ou seja, o sucesso depende exclusivamente de suas forças.

Desafio neste exato momento você a construir um estado mental de resultados para sua vida.

<u>Primeiro passo é:</u> responda o que pensa sobre a imagem abaixo: Qual foi sua percepção?

O copo:

Está meio cheio?

ou

Está meio vazio?

A percepção é a função cerebral que permite você a organizar e interpretar as impressões sensoriais. Não há resposta certa ou errada da figura acima, cada indivíduo tem sua percepção e nesse sentido o certo é do jeito que você pensa. Você sabia que estudos realizados com jovens americanos, mostraram que eles conseguem identificar sua cara metade em apenas três minutos de visualização do(a) menino(a)? Claro.... É fato que os jovens, no início de sua vida amorosa, consideram que todos os seus "amores" serão seus companheiros para sempre! Mas o que levo em conta aqui é a capacidade de percepção diferenciada que o jovem tem.

Se atualmente você está entendendo que sua percepção é de que algo novo precisa ser realizado, a sua hora chegou! Saiba que a percepção para resultados é o primeiro sinal que impulsiona você a sair da zona de conforto, e buscar realmente um novo desafio.

Como falei anteriormente, não há certo ou errado. Mas, sinceramente, você acha que os mais otimistas ou as pessoas que possuem melhores resultados profissionais diriam o que sobre a figura?

A percepção de pessoas com resiliência alta sempre é positiva, ou seja, mesmo em condições adversas, percebem que algo de bom pode acontecer. Lembra do *case* do vendedor de chinelos no deserto? Pois bem, aquele que teve a percepção negativa diz ao chefe que seria impossível alguém vender chinelo no deserto, pois lá ninguém usava. Já aquele vendedor que teve uma percepção positiva, ligou para o chefe e disse: "Chefe... aqui é sensacional!!! Vou vender para todo mundo, ficaremos ricos!!!! Afinal, aqui ninguém usa... ainda!

1º Etapa: visualização do estado atual:

Nessa fase iremos identificar quais são os comportamentos e atitudes que de alguma forma barram você a trazer resultados extraordinários.

1) Na escalada de 0 a 10
(Zero = péssimo * 5 = mediano * 10 = excelente).

Qual é seu índice de satisfação com resultados?

____

2) Quais são as atitudes ou comportamentos que mais o atrapalham para conseguir resultados profissionais?

____

3) Quando você teve seus maiores resultados, quais eram os sentimentos que estavam consigo? Como você se sentia? Quais eram suas forças naquele momento?

____

2º Etapa: visualização do estado desejado:

No *coaching*, o foco é no futuro, ou seja, no estado desejado. Para determinar um estado desejado e enviar ao cérebro informações e percepções positivas, a importância de construir um objetivo realista é extremamente importante.

Há uma frase que faz todo sentido para nossa etapa: "Só conseguimos atingir aquilo que somos capazes de ver".

1) Qual resultado profissional preciso concretizar para que eu me sinta realizado neste campo? (Podem ser considerados números ou atitudes que irão proporcionar-lhe percepções de realização profissional).

____

Sabendo o que precisa fazer, chegou a hora de traçar um objetivo concreto. Essa é umas das principais fases do projeto, afinal uma pessoa sem objetivos é uma pessoa morta.

Vamos supor que minha resposta tenha sido: "Para eu me sentir realizado profissionalmente, quero mudar de área e ser promovido(a)".

Para elaborar e escrever um objetivo, quero ensinar uma regra de ouro:

1º) O objetivo tem que ser específico: (detalhado e efetivo)

2º) Ele precisa ser mensurável: (há como medir se está próximo do objetivo?)

3º) O que ganharei se atingir esse objetivo? ($$$ ou satisfação /comportamentos)

Meu objetivo é:

____

3º Etapa: construindo e mapeando hábitos de sucesso:

Mapear novas atitudes e comportamentos é extremamente importante para alcançar resultados. Na primeira etapa do processo, você identificou e escreveu quais eram as barreiras que atrapalhavam os resultados de sua vida profissional.

Mas mudar de atitude ou comportamento não é nada fácil! Se isso fosse simples, o mundo talvez não estivesse enfrentando essa inversão de valores.

Você possui hábitos tão naturais que, no dia a dia, acaba nem percebendo. Pois é, temos o hábito de escovar os dentes todos os dias, de dirigir sem sequer pensar em qual marcha colocamos no câmbio, enfim, temos muitos hábitos que são naturais em nossa rotina.

Maxwell Maltz nos anos de 1960 comprovou que o hábito de fazer algo, seja estudar, correr ou praticar exercícios físicos é criado quando repetimos uma rotina por 21 dias consecutivos, no mesmo horário, e pelo mesmo intervalo de tempo.

Já que nosso cérebro consegue identificar e nos dar incentivos de percepções positivas em 21 dias, pergunto a você... Por que não criamos hábitos de ter resultados e sucessos?

A resposta é simples e objetiva, o nosso cérebro está condicionado ao resultado não satisfatório, e ele nos traz o incentivo de percepção negativa de que algo não vai dar certo.

Minha metodologia é fazer com que o hábito do resultado extraordinário apague a percepção negativa que já tem armazenada em seu cérebro. Para tanto, vamos mapear todas as novas atitudes e comportamentos que queremos tornar hábitos diários.

Mapeando comportamento:

1) Quais os caminhos e atitudes que devo perseguir incessantemente para nunca mais ter resultados insatisfatórios?

____

2) Quando pensar em procrastinar, que atitude tomará para melhorar, e como fará para que esse novo hábito se torne frequente em sua vida?

____

3) Escreva aqui seu novo hábito de sucesso, detalhe as informações e comportamentos que fará dia a dia. Quero que mostre como fará para que sua percepção positiva apague a negativa que reinava em seu cérebro.

____

4) Quando pensar em desistir de alguma coisa em sua vida, quero que lembre da história ou da pessoa que lhe mostrou ter uma resiliência fora do comum e nunca desistiu de seus objetivos? Escreva aqui o nome e a história dessa pessoa.

____

Você concluiu as três etapas da metodologia criando um estado mental para resultados. Não esqueça sempre de fazer e refazer essa metodologia, pois objetivos serão evaporados diariamente. Mas com sua força de vontade e persistência, seu cérebro jogará a seu favor.

Esse projeto eu ofereço ao Gilberto Correia da Silva (meu padrinho), que me ensinou a nunca desistir da vida!

50

Metas desafiadoras tornam sua vida plena

"Não existe um único homem sobre a face da Terra que não seja capaz de fazer mais do que ele imagina."

Henry Ford

Vander Luis Devidé

Vander Luis Devidé

Psicanalista, Professor de Filosofia e *Master Coach*. Com quase duas décadas de experiência, um dos grandes diferenciais em suas palestras consiste em sua inconfundível habilidade em versar sobre os mais diversos temas, aliando técnica e sensibilidade, proporcionando a cada participante uma experiência realmente transformadora! Além de atendimento clínico em São Paulo, atua também como *Master Coach*, realizando Palestras e Treinamentos na área de Desenvolvimento Humano & Organizacional em Empresas, Escolas e Setor Público. Autor do livro *Não perdoe! Se não souber o que é perdão* e coautor do livro *O segredo do sucesso pessoal*.

Contato
vanderdevide@gmail.com

"Os resultados falam por si".

É muito comum ouvirmos esta expressão em reuniões de avaliação, sempre generosamente recheadas de números, estatísticas e gráficos. Se os indicadores são positivos, comemora-se e se procuram formas de se melhorar ainda mais; se estão abaixo do desejado, criam-se estratégias e planos de ação para reverter a situação o mais breve possível. É emblemático que grande parte dessas pessoas não cultivem essa mesma prática em suas vidas, avaliando e melhorando a si. Profissionalmente estão sempre participando de reuniões estratégicas, planejamento anual, desenvolvimento de produtos, porém se esquecem de aplicar essa mesma fórmula em prol de seu progresso.

Gostaria então de convidá-lo para participar de uma importante reunião de avaliação sobre a sua vida. Já lhe adianto que, também neste caso, *os resultados falam por si...* Mas também que, uma vez ciente destes resultados, grandes mudanças poderão ocorrer se houver um sincero comprometimento em aprimorar-se diariamente. Convido você a superar seus limites e crenças limitadoras e permitir-se ir muito além do que acredita atualmente, pois *coaching* é superação! *Coaching* é uma vida de resultados!

Você se sente satisfeito com o que tem feito com a sua própria vida?

Caso sua resposta seja afirmativa, minha outra pergunta é: *"Dá para melhorar?"*, pois nada é tão bom que não possa ser melhorado. Caso seja negativa, a questão passa a ser: *"O que você tem feito para melhorar?"*.

Essas simples perguntas podem funcionar como um honesto inventário emocional, uma vez que nos damos conta de que podemos ser muito mais do que estamos oferecendo a nós mesmos e ao mundo. Sendo essa consciência suficientemente sincera, poderá então nos despertar o importante desejo de melhoria, de superação e de mudança. E para mudar precisamos considerar dois importantes pontos de referência: o estado atual e o estado desejado, pois entre esses dois pontos é que a jornada acontece.

Muitas pessoas não mudam por que não identificam a própria necessidade de mudança, ou até mesmo por que não conseguem enxergar dentro de si os recursos necessários para se transformarem. E nessa busca por si, não hesitam em recorrer a um terapeuta ou a um *coach*, ou a ambos, em busca de auxílio nessa importante travessia rumo ao seu *"melhor eu"*. Afinal, a construção de uma existência feliz ou infeliz está associada ao conjunto de crenças internas que influenciam nossa visão de mundo, nos mobilizando ou imobilizando...

A arte de perguntar

Por isso, com grande habilidade, o *coach* propõe ao *coachee* (cliente) uma série de questionamentos, auxiliando-o a *"trazer à luz"* as suas próprias ideias, exatamente como o filósofo Sócrates fazia há 25 séculos em seus diálogos, utilizando-se da técnica da *maiêutica*, que literalmente significa *"ciência ou arte do parto"*. Permita-me compartilhar um trecho da explicação dada pelo próprio Sócrates, segundo os registros de Platão, contida no diálogo conhecido como Teeteto: *"A minha arte obstétrica tem atribuições iguais às das parteiras, com a diferença de eu não partejar mulher, porém homens, e de acompanhar as almas, não os corpos, em seu trabalho de parto."*

Assim sendo, compara a atividade filosófica com a arte do parto, sendo o filósofo parteiro de almas, ideias, transformações! E qual seria a principal ferramenta para auxiliar nesse processo de dar luz a si próprio? Até hoje continua sendo a arte de perguntar. Um bom *coach* possui o dom de formular perguntas eficazes, que geram reflexões profundas, estimulando o cliente a compreender uma situação e encontrar soluções (por si mesmo), rompendo crenças limitadoras. Uma sessão de *coaching* encoraja o cliente de tal forma, que ele se surpreende realizando tarefas até então tidas como inimagináveis.

Coaching é um processo que conduz à mudança. Oferece suporte ao cliente que deseja sair de seu estado atual em direção ao seu estado desejado. Trabalha com sonhos, metas, objetivos, tarefas, resultados e realização pessoal; de acordo com John Withmore, *"o coaching consiste em liberar o potencial de uma pessoa para incrementar ao máximo o seu desempenho. Consiste em ajudá-lo a aprender em vez de lhe ensinar"*.

Uma breve sessão de *coaching*

Gostaria de lhe propor algumas perguntas bem pertinentes. Peço que, por favor, procure respondê-las sem pressa e com a máxima sinceridade:

1. Quais foram suas três maiores conquistas nos últimos 12 meses?
2. O que fez para conquistá-las?
3. Houve empenho e estratégia de sua parte ou aconteceram naturalmente?
4. Acredita que os resultados poderiam ser melhores se tivesse feito um *"algo a mais"*?
5. Quais três conquistas deseja para os próximos 12 meses?
6. O que você está fazendo efetivamente para conquistá-las?
7. Quais são os seus recursos existentes?
8. Quais são os recursos que você precisa adquirir ou desenvolver?
9. Existe algum obstáculo, interno ou externo, que o esteja impedindo de avançar?
10. Você tem um plano para superar tais obstáculos? Qual?
11. O que acredita que pode fazer a partir deste momento para ir em direção aos seus objetivos?
12. Você tem consciência de quais pontos precisam de especial atenção para evitar atrasos na conquista destes objetivos?
13. Existe algo que você possa fazer para acelerar seus resultados?

Essas são perguntas extremamente oportunas, pois ao fornecermos respostas claras, o passo seguinte é a confecção de um bom plano de ação que me conduza do ponto A ao ponto B. E isso significa fixar metas, pois sem metas não nos movimentamos e nem manifestamos toda a potencialidade existente em nosso interior. Simplesmente passamos a reproduzir um viver monótono, vivendo sem paixão e sem propósito, como sabiamente escreve Rhandy Di Stéfano: *"A necessidade de ter metas desafiadoras é tão primordial no ser humano que, sem estas, sua vida se torna entediante e sem sentido"*.

Sem partida não há chegada

Antigamente, quando planejávamos uma viagem, nosso auxílio era um mapa ou as indicações de alguém que já tivesse percorrido o caminho e nos fornecesse detalhes e pontos de referência, que utilizaríamos para saber que estávamos no caminho certo. Hoje ao planejarmos uma viagem, graças ao auxílio da tecnologia, podemos visualizar por completo o trajeto, com todos os detalhes, como se de fato já estivéssemos lá. Porém, ainda não temos tecnologia disponível que nos proporcione o teletransporte; por mais que eu veja todos os detalhes da viagem, sem atitude ficarei somente no virtual.

De idêntica forma, o processo de *coaching* lhe fornece poderosas ferramentas que possibilitam ver com clareza todos os detalhes da sua viagem *"do ponto A ao ponto B"*, mas você não irá se transportar automaticamente entre esses dois pontos: é preciso empreender a viagem, ou seja, realizar as tarefas a que se propõe, pois elas o movimentarão e o aproximarão de seus objetivos definidos.

Quando falamos em *"aceleração de resultados"*, também estamos enfatizando a importância de não gerar atrasos. Ao deixar de realizar uma única tarefa, ou mesmo metade de uma tarefa, automaticamente já estarei gerando atrasos em meu processo. Nesses momentos, convém nos valermos do princípio do prazer e do princípio da dor.

Princípio do prazer e princípio da dor

É salutar compreendermos que somos todos motivados pelo prazer ou estimulados pela dor. Pense em suas ações, desde as mais simples até as mais complexas: fazemos o que fazemos por experimentarmos o prazer como consequente resultado, assim como é verdade que fazemos ou deixamos de fazer muitas coisas no intuito de evitarmos a dor, presente ou futura. Posso decidir cursar uma faculdade tanto pelo prazer do estudo quanto pela evitação da dor futura advinda de uma provável dificuldade de colocação no mercado de trabalho cada vez mais exigente. Posso passar a me exercitar fisicamente pelo prazer de uma vida saudável ou pela dor após uma ameaça de infarto.

Essa linha de raciocínio é muito útil nas sessões de *coaching*, pois é perceptível que nosso cliente se movimentará ou pela forte crença de que sentirá prazer ao conquistar aquele objetivo, ou por considerar a dor que aquela falta de atitude poderá causar no futuro. Por isso, ao traçarmos objetivos ou ao percebermos uma leve autossabotagem na caminhada, encontre a resposta para essas poderosas perguntas:

1. O que você ganha atingindo o resultado que se propõe?
2. Como você se sentirá desfrutando do objetivo desejado?
3. O que você deixa de ganhar não alcançando sua meta?
4. Como você se sentirá se não atingir o resultado desejado?

Relembrando sucessos

Esta é outra ferramenta de *coaching* que considero extremamente poderosa, pois nos permite acessar recursos internos por vezes esquecidos. Podem existir momentos em que nos sentimos imobilizados diante de um determinado problema, sem nos darmos conta das inúmeras vezes pelas quais passamos dificuldades parecidas, ou até mesmo maiores, e vencemos.

1. Quais mudanças importantes você já realizou em sua vida?
2. Qual delas você considera ter sido o seu maior desafio?
3. Quais circunstâncias, internas e externas, o impulsionaram a promover essa mudança?
4. Quais foram os passos dados para concretizar essa mudança?
5. Em quais valores, crenças, atitudes e comportamentos você se embasou para conquistar sucesso nessa mudança?
6. Como você se sente quando pensa nessa mudança?
7. Consegue me dizer que força é esta que existe dentro de você, e que já lhe permitiu realizar essa e tantas outras mudanças e ser bem-sucedido?
8. Como você pode utilizar nesse momento essa força grandiosa para conquistar o seu novo objetivo?

Ao término de uma sessão como essa, nos sentimos *"empoderados"*, com forças suficientes para realizarmos as transformações que ansiamos em nossa vida. Eu gosto muito dessa palavra: empoderamento. E ao que me consta, foi nosso ícone da educação brasileira, Paulo Freire, o primeiro a traduzir o termo *empowerment* para o português. Ele nos define empoderamento como a *"capacidade do indivíduo realizar por si mesmo as mudanças necessárias para evoluir e se fortalecer"*.

Quando não nos sentimos empoderados, inconscientemente renunciamos à nossa própria essência.

Road map

Ao falarmos em *"aceleração de resultados"* não poderia deixar de abordar também esta outra ferramenta do *coaching* que julgo bastante didática, uma vez que nos permite detalhar todo o caminho até a conquista do objetivo. Basicamente, o *road map* é uma linha do tempo, onde torna-se possível visualizar graficamente todos os passos necessários para se alcançar o objetivo desejado. Da forma mais simples, ele é representado apenas por uma linha reta, com a principal característica de ser um planejamento que se inicia do final (estado desejado) para o início (estado atual), ou seja, ao se definir a meta a ser conquistada, a pergunta chave é: *"O que aconteceu um passo antes de sua meta virar realidade? O que você fez? Quais foram suas ações?"*. E ao anotarmos as respostas na linha, repetimos a pergunta sucessivamente, até chegarmos ao momento do estado atual. Naturalmente nossas respostas transformaram aquela simples linha reta em um verdadeiro mapa, repleto de tarefas que, uma vez cumpridas, certamente nos conduzirão ao estado desejado.

Saliento também a importância de, após concluído o *road map*, submetê-lo a outras ferramentas, como o *smart*, por exemplo, que auxiliarão na verificação da consistência de cada passo.

Quando e onde podemos utilizar o *coaching*?

Tanto pode ser um processo pessoal (autoconhecimento e autodesenvolvimento) como um processo profissional. Quando realizo, por exemplo, em escolas e empresas, normalmente os objetivos envolvem a motivação dos funcionários, solução de conflitos, desenvolvimento de liderança, desenvolvimento pessoal, aprender a dar e receber *feedback* etc. A lista de atuação é interminável, assim como a lista de benefícios! Afinal, é sobejamente sabido que *"uma empresa só muda se mudarem as pessoas que nela trabalham"*.

Muito comum e gratificante também, é quando constatamos os benefícios do *coaching* na vida de pessoas que não estão em processo de *coaching*. Calma, eu explico: é quando recebemos um sincero agradecimento do cônjuge ou dos filhos do cliente, pois a mudança positiva é nítida e incontestável.

Portanto reflita:

Qual é o seu maior sonho?

O que você acredita que pode fazer a partir de hoje para concretizar esse sonho?

Tenha metas desafiadoras e faça da sua vida uma obra inigualável! Ralph Waldo Emerson preconizou que *"Nosso principal objetivo é encontrar alguém que nos motive a fazer tudo que somos capazes"*.

E você? Já encontrou esse alguém que o motive a ser cada vez melhor? Já encontrou o seu *coach*?